全国职业院校国际贸易专业
"新形态"教材

21世纪高职高专规划教材
国际经济与贸易系列

国际贸易实务

主　编　张　卿　曹　云
主　审　黄光明
副主编　徐　琼　汪志林

International Trade Practice

中国人民大学出版社
· 北京 ·

PREFACE

前言

改革开放40多年来，我国经济发生了翻天覆地的变化，我国现已成为全球第二大经济体、货物贸易第一大国、外汇储备第一大国、服务贸易第二大国、对外投资第二大国，对世界经济的增长贡献率达30%，持续成为推动世界经济增长的主要动力源。对外贸易作为拉动国民经济发展的三驾马车之一，始终保持着良好的发展态势，尤其是2001年我国加入世界贸易组织（WTO）以来，进出口贸易总额由2002年的6 208亿美元增加到2019年的45 753亿美元。近15年来，我国对外贸易经受了人民币升值、出口退税调整、银行加息、原材料价格上涨、国内物价上涨、劳动力成本提高、2008年金融危机、中美贸易摩擦等多重压力的考验，逐步进入产业结构调整、对外贸易转型升级的发展阶段，进出口贸易发展速度放缓，从追求速度向追求质量转变。同时期的世界贸易也同样进入低速发展阶段，我国则利用这一调整期培育和推进自主品牌出口，大力发展跨境电商业务，启动了中国制造向中国创造转变的战略。我国虽然进出口增速下降了，但依然是世界经济发展的最大推动力，并逐步由贸易大国向贸易强国迈进。

党的二十大报告指出："教育、科技、人才是全面建设社会主义现代化国家的基础性、战略性支撑。"进出口业务需要的是懂理论、会运用、能操作的技术技能型人才，而现阶段我国这方面人才缺口很大，远远不能满足进出口企业的需求。因此，我们必须加大国际商务方面实用型高级专门人才的培养力度，最大限度地满足经济发展对人才的需求。为适应国际贸易的发展变化和职业教育理念的不断更新，我们组织长期从事进出口业务的资深人士和职业教育领域从事国际贸易专业教学的老师共同编写了这本主要适用于外经贸专业院校学生和外经贸行业在职人员培训的实用型校企"双元"教材，为这些人员提供有关国际贸易尤其是出口业务的最新规则、最新做法、基本操作程序和其他相关基础知识。本课程的学习目标是：了解一点理论，熟悉一些规则，学会运用所学知识，能够进行业务实操。

本教材以进出口业务为主线，以合同为中心，以国际贸易惯例为依据，系统地介绍了进出口业务的通常做法。教材围绕国际货物买卖合同，按模块划分为行业认知、合同条款、交易磋商和合同履行四个模块：模块一围绕国际货物买卖合同展开，介绍一些与国际贸易行业有关，尤其是与国际货物买卖合同有关的基本知识；模块二根据国际贸易规则和惯例，详细介绍了国际货物买卖合同中的 11 个主要条款；模块三根据有关法律的规定，详细介绍了交易磋商的四个环节和合同签订；模块四根据业务实际，简单介绍了出口合同履行和进口合同履行的主要环节。为明确学习目标、掌握所学内容，每部分内容前有“知识要点”和“技能要求”，中间有“讨论分析”“实训操作”等专栏，结尾有“学习测试”。

参加本书编写的有张卿（模块一、各模块前言）、曹云（条款一）、唐曼兰（条款二、条款三）、王晓林（条款四）、汪志林（条款五）、徐琼（条款六）、郝美彦（条款七 1）、孟祥年（条款七 2）、卫薇（条款七 3）、叶颖（条款七 4）、董琳娜（条款八）、赵继梅（条款九至条款十一）、许寒（交易磋商项目一）、夏青海（交易磋商项目二、项目三）、赵宝山（模块四）。全书由张卿负责总纂、初审，并做了最后的修改和审定。本教材主审安徽省华安进出口有限公司总经理黄光明先生长期从事进出口业务的操作和管理工作，对本教材的编写大纲和具体内容都进行了非常认真的审核并提出了很多有益的建议。另外，在教材编写过程中我们还得到了其他很多业内人士的指点和帮助，在此一并表示衷心的感谢。

由于编写时间仓促、编者水平有限，书中错误或不当之处在所难免，敬请广大读者批评指正。

编　者

CONTENTS

目录

模块一　行业认知 …………………………………………………… 1

认知一　教材与教学 …………………………………………………… 2

认知二　对外贸易的产生与发展 …………………………………………… 5

认知三　从事国际贸易的基本条件 ………………………………………… 9

认知四　国际货物买卖合同 …………………………………………… 12

认知五　出口贸易的基本业务程序 ……………………………………… 19

模块二　合同条款 …………………………………………………… 23

条款一　品名与品质条款 ……………………………………………… 24

条款二　数量条款 …………………………………………………… 35

条款三　包装条款 …………………………………………………… 43

条款四　价格条款 …………………………………………………… 53

条款五　运输条款 …………………………………………………… 90

条款六　保险条款 …………………………………………………… 121

条款七　支付条款 …………………………………………………… 138

条款八　进出口商检条款 ……………………………………………… 181

条款九　不可抗力条款 ………………………………………………… 192

条款十　索赔条款 …………………………………………………… 198

条款十一　仲裁条款 ………………………………………………… 206

模块三　交易磋商 …………………………………………………… 215

项目一　交易前的准备 ………………………………………………… 216

项目二　交易磋商环节 ………………………………………………… 223

环节一　询盘 ………………………………………………………… 224

环节二　发盘 …… 225
环节三　还盘 …… 231
环节四　接受 …… 232
项目三　签订合同 …… 237

模块四　合同履行 …… 245
业务一　出口合同履行 …… 246
环节一　申领出口许可证、备货 …… 246
环节二　催证、审证和改证 …… 248
环节三　托运、关检申报及投保 …… 257
环节四　制单结汇 …… 262
环节五　业务善后 …… 267
业务二　进口合同履行 …… 271
环节一　开证、改证、租船订舱、投保 …… 271
环节二　审单付款、关检申报、提货、索赔 …… 274

参考文献 …… 279

行业认知

模块一

行业认知

党的十八大以来，我国经济保持中高速增长，开放型经济体制逐步健全，中国特色社会主义进入新时代。2019 年，我国国内生产总值达 99.1 万亿元，稳居世界第二，对世界经济增长的贡献率达 30%左右；进出口总额达 31.54 万亿元；对外投资 1 369.1 亿美元，仅次于美国和日本；外汇储备超过 3 万亿美元，稳居世界第一。

党的十九大明确指出，中国特色社会主义进入新时代，在全面建成小康社会的基础上，分两步走，在本世纪中叶建成富强民主文明和谐美丽的社会主义现代化强国。关于对外开放，十九大报告提出“中国开放的大门不会关闭，只会越开越大。要以‘一带一路’建设为重点，坚持引进来和走出去并重，遵循共商共建共享原则，加强创新能力开放合作，形成陆海内外联动、东西双向互济的开放格局。拓展对外贸易，培育贸易新业态新模式，推进贸易强国建设”，强调“开放带来进步，封闭必然落后”“中国坚持对外开放的基本国策，坚持打开国门搞建设”“发展更高层次的开放型经济”。这是以习近平总书记为核心的党中央适应经济全球化新趋势、准确判断国际形势新变化、深刻把握国内改革发展新要求做出的重大战略部署，必将为实现两个一百年的中国梦注入强大的动力。

要实现党的十九大报告中提出的有关对外开放的主要任务和部署，必须加快培养满足对外开放需要的各类外向型人才，尤其是外经贸类的技术技能型专业人才，并且要加强在职人员专业知识和技术技能的培训，以适应新时代的要求，解决很多外向型企业专业人才紧缺、知识老化、手段落后、应变能力差、市场研判能力不足等问题。

在学习本教材主要内容之前，读者有必要了解一些与进出口贸易实务有关的基本问题和基本常识。

认知一

教材与教学

一、国际贸易实务的主要内容

近一个世纪以来，各国贸易界、金融界、法律界人士根据国际贸易的实际做法，形成了一系列有关货物买卖、运输、保险、国际结算等方面的法律、法规、贸易惯例、条约等，并将这些成果与国际贸易的具体做法结合起来，逐步形成并不断完善了一套关于国际货物买卖合同的磋商、签订、履行的系统知识。它对指导进出口业务、规范操作程序，对我国外向型企业跨出国门、从事国际贸易、与国际市场接轨起着举足轻重的作用。本书将以国际货物买卖合同为中心，阐述合同的主要条款、合同的磋商与签订以及合同的履行等几方面的内容。

（一）本教材的主要内容

本教材内容分为文字和配套资源两部分。文字部分分为行业认知、合同条款、交易磋商、合同履行四大模块，后三个模块构成了进出口业务一个完整的体系，缺一不可；配套资源主要有课件、慕课、微课、短视频等，是根据文字部分内容制作的辅助教学资源。

行业认知是为读者学习后三个模块的专业知识所做的铺垫。本模块主要是针对没有从事进出口业务经历并对国际贸易行业知之甚少的学习者，让他们在学习专业知识之前了解一些与国际贸易行业有关的情况。

合同条款是交易磋商、合同签订及合同履行的基础。本模块主要根据现行国际贸易规则和惯例，详细阐述了国际货物买卖合同中品名与品质条款、数量条款、包装条款、价格条款、运输条款、保险条款、支付条款、出入境检验检疫条款、不可抗力条款、索赔条款、仲裁条款共 11 个条款的主要内容、相关国际贸易规则和惯例的解释说明，以及订立这些条款的方法、要求、实际运用及注意事项等。

交易磋商是指买卖双方就合同条款或其他贸易条件进行协商以期达成交易的过程。本模块主要对交易磋商前应做的各项准备工作、交易磋商的基本程序及国际货物买卖合同的签订做了全面的阐述，尤其就交易磋商基本程序中询盘、发盘、还盘和接受应具备的基本条件、法律效力及相关国际贸易规则做了重点讲解。

合同履行是当事人双方的共同责任，是实施合同条款的过程，涉及进出口企业、银行、检验检疫机构、海关、运输、保险、有关政府机构等相关部门，环节多且程序复杂，而且很多环节必须由相关专业人员按照不同的行业制定的规则进行操作，进出口业务人员无法独立完成，只有各部门通力协作，合同履行才能顺利进行。本模块主要介绍出口合同履行和进口合同履行的主要环节，但每个环节的具体操作不是本教材的重点，具体内容将会在其他课程中体现。

（二）本教材的重难点

1. 本教材的重点

一是模块二中的价格条款。价格是国内外贸易中买卖双方最为关心和关注的条款，价格的高低决定了双方的利益，是交易能否达成的关键。而国际贸易中的价格与国内贸易中的价格又有很多不同，不能简单地用我们已经习惯的价格概念来理解国际贸易中的价格。

二是模块二中的支付条款，简单地说就是付款，也是买卖双方最为关心和重视的条款。国内贸易中，我们可以通过现金、微信、支付宝、银行转账等各种方式完成付款，程序相对简单，操作容易；而国际贸易中，付款方式虽然不多，但每种方式都受到相关国际规则或惯例的约束，并且每种付款方式下买卖双方承担的风险也不同，程序复杂，操作有一定的难度。

三是模块三——交易磋商，也就是合同磋商或商务谈判。交易磋商是任何交易必须首先经过的一个环节，是双方争取各自利益的过程，是合同履行的基础。国际贸易中的交易磋商必须按照规定的程序进行，否则磋商的结果将没有法律效力，交易也将无法达成。

2. 本教材的难点

本教材的难点主要有六个，其中三个是教材中具体的专业知识，另外三个是教学实施过程中必须解决的难题，否则教学目标将难以实现。

(1) 就具体的专业知识而言，本教材有以下三个难点：

一是模块二价格条款中的价格术语，这是国际贸易价格的重要组成部分，是与国内贸易价格的最大区别。按照《国际贸易术语解释通则》的规定，不同价格术语的价格构成、风险费用划分及买卖双方责任都有区别，要清楚地区分每种价格术语的内涵并准确和灵活地运用价格术语是难点。

二是模块二支付条款中的信用证，它是国际贸易中风险相对较小的付款方式，受《跟单信用证统一惯例》的约束，因为程序复杂、要求严格，所以使用频率不高、范围不广。但学好并运用好信用证后再学习其他支付方式就简单很多，所以信用证这部分内容不仅是教材的重点更是学习的难点。

三是模块三交易磋商中的发盘和接受，它们是交易磋商必须经过的两个重要环节，是合同签订的前提及合同履行的基础，受《联合国国际货物销售合同公约》的约束，正确判断发盘和接受的法律效力是难点。

(2) 就教学实施过程中必须解决的难题而言，本教材有以下三个难点：

一是对国际贸易规则和惯例的理解。本教材无论是合同条款还是交易磋商，甚至是最后的合同履行，每一项内容、每一个知识点都是以国际贸易规则或国际贸易惯例为依据进行阐述和说明的，要读懂并正确理解所有这些规定非常困难，要记住这些内容更是难上加难。

二是理论与实际的结合。进出口业务是一项比较复杂的工作，每一个条款、每一个程序和每一个环节都是有严格规定的，但同时随着情况的变化又是灵活多样的，应该说每一笔业务都是一个变化无穷的组合，任何两笔业务不可能完全一样。学习的目的是运用，学以致用难度非常大。

三是职业素养的教育。进出口业务是一项跨越国家或地区的经济交往活动，它不仅仅牵涉某一个个体或团体的利益，也关乎国家利益，更代表一个国家的形象。整个业务活动会涉及很多人，更会涉及一定数量的货物和资金。作为从事进出口业务的人员，除了具有必备的专业知识和素养外，团队意识、合作意识、诚信意识、规矩意识、爱国精神、敬业精神、吃苦耐劳精神等方面的素质更重要，这些教育应贯彻教学全过程。

二、国际贸易实务的教与学

国际贸易实务是一门理论性很强、实践要求也很高的理实一体化的专业主干课程，无论是教或学都有非常大的难度，因此，本课程的教与学应该有别于其他课程，具有自己的特色。

（一）学习要求

本教材适合于职业类院校学生的学习，如果自学，难度会非常大，必须有大量配套的学习资料，如各种国际贸易惯例、规则或法律文件的解读文本，以及相关的案例分析汇编等；如果是正在从事进出口业务的业务员，可以边做边学，但应该要有相关的专业人员指点，否则也很难掌握。对于在校生而言，要想学懂、弄通本课程，应该注意做到以下几点：

(1) 课前预习很有必要，哪怕是简单的浏览也会起到一定的效果。

(2) 课堂上认真听课，把握好课程的重难点；积极与老师配合，积极主动思考，及时回应老师的问题，活跃课堂气氛，提高学习效果。

(3) 认真做好笔记或批注，尤其是老师为了更好地让学生理解教材，增加相关示例或案例，包括解释，以及其他有用的课外知识。

(4) 对于老师布置的课堂练习、操作训练或小组讨论等，一定要按照老师的要求动动脑、动动手、动动嘴，不能等着、看着、待着。

(5) 课后复习可以巩固学习成果，除了完成老师布置的任务以外，应该学会关注国内外经济形势，学习并了解一些相关知识，必要时收集相关资料，不断扩大自己的知识面。

(6) 自觉遵守学校的规章制度，尊重老师和同学，团结互助。

(二) 教学要求

教学无定式，只要能达到既定的教学效果，实现既定的教学目标，就是成功而有用的教学。简单概括本课程的教学目标，应该是：让学习者学懂、弄通、学以致用。

作为理实一体化的专业骨干课程，国际贸易实务教学应该围绕一个"活"字展开。一是课堂教学要"活"，应该让每个学生都"动脑""动嘴""动手"，积极参与到整个课堂教学中；二是课堂提问要"活"，老师的提问应突出综合性、实践性和运用性，学生应学会听课、学会归纳、学会陈述；三是练习训练要"活"，无论是课后作业还是课堂中的操作训练，都应该体现学生自主的特点，例如，课后作业可以由学生自主命题、独立完成，课堂操作训练可以由学生独立完成或团队共同完成，但答案可能会呈现多样性；四是考核方式要"活"，学生课程成绩一般由过程考核与学期综合考核组成，过程考核应该包括课堂表现、课堂提问、练习训练等各方面，学期综合考核不限于闭卷考试，方式可以多样化，不倾向于死记硬背，关键是理解和运用；五是育人方式要"活"，应做到"四不四要"，即：不影响课程体系、不生搬硬套、不简单说教、不脱离实际，要润物无声、要潜移默化、要明确导向、要贯穿始终。

【学习测试】

1. 你对国际贸易这个行业了解多少？你认为国际贸易主要做什么？
2. 你为什么要选择国际贸易类专业？今后打算做什么？
3. 你将如何学好这门课？有什么计划？

认知二

对外贸易的产生与发展

一、国际贸易的产生与发展

对外贸易（Foreign Trade）是指一国（或地区）对另一国（或地区）所进行的商品、劳务和技术的交换活动。国际贸易则是在对外贸易的基础上发展的国与国之间所进行的商品、劳务和技术的交换活动。从概念上可以看出，对外贸易的产生必须具备国家（或各自为政的社会实体）和产品交换这两个基本条件，因此，从人类历史发展的角度来分析，对外贸易产生于原始社会末期、奴隶社会初期，但这时的对外贸易只能说是处于萌芽阶段。奴隶社会及封建社会由于自然经济占统治地位，生产的目的主要是消费，以交换为目的的商品生产在整个生产中微不足道；又由于生产力水平低下，社会分工不发达，交通工具简陋，贸易范围有限，因此对外贸易发展缓慢，国际市场还未真正形成，更不存在所谓的国际贸易。

西欧在封建社会末期出现了萌芽状态的资本主义生产，生产力水平有了较大幅度的提高，劳动产品的交换已经很频繁，很多城市逐渐成为欧洲的贸易中心。1492 年哥伦布发现美洲大陆，1498 年达·伽马绕行好望角，新航线开辟，贸易范围得以扩大，欧洲贸易中心也从地中海扩展到大西洋沿岸，很多欧洲城市成为国际贸易港口，贸易范围遍及亚洲、非洲和美洲，逐渐形成了区域性的国际商品市场。它的发展同时也促进了国际交换的发展，国际贸易正式形成。产业革命后，社会生产力迅速提高，形成了与之相适应的资本主义分工体系，加上现代化交通和通信工具的出现，把世界连成一体，形成了世界市场，由此导致世界货币的出现，最终形成了资本主义经济体系和相应的经济秩序。第二次世界大战后，国际贸易取得了巨大发展，世界贸易的增长速度超过世界生产的增长速度，世界各国的贸易依存度不断提高，新的世界贸易格局逐渐形成。20 世纪 80 年代以来，世界各国经济越来越紧密地相互联系、相互依存，逐渐形成全球性的贸易体系，经济全球化趋势愈加明显，区域集团化是其主要的表现形式，如欧盟（EU）、东盟（ASEAN）、亚太经合组织（APEC）、北美自由贸易区（NAFTA）、石油输出国组织（OPEC）等。

当今世界正处在一个变革和调整时期。2007 年美国发生次贷危机，随后引发了自 20 世纪 30 年代大萧条以来最严重的一次全球性金融危机，主要发达国家及新兴经济体相继陷入衰退，世界经济增速放缓，同期全球贸易亦呈现下降的趋势。面对危机，由主要发达国家和重要发展中大国组成的 20 国集团成为世界经济协调的重要组织，共同制定了刺激世界经济增长的行动计划。2009 年世界经济止跌企稳，开始由衰退走向复苏。2010 年，世界经济温和复苏，基本走出了国际金融危机的阴影。但近年来频发的自然灾害，特别是 2011 年 3 月 11 日的日本大地震和随后的核爆炸事件给刚刚开始复苏的世界经济蒙上了一层阴影。这都预示着世界经济仍在调整中震荡，世界经济格局已呈现出新的变化，快速崛起的中国日益成为影响世界的重要因素。21 世纪的前 20 年，国际政治和经济局势发生了深刻的变化，世界科技革命日新月异，产业结构调整和产品升级换代步伐加快，国际经济合作和交往更加密切，世界多极化和经济全球化的趋势在曲折中发展，亚太地区经济发展更加活跃。同时，在日趋激烈的国际经济竞争和综合国力较量中，我们面临着来自世界各方的压力，尤其是2018年3月由美国挑起的中美贸易战，前景扑朔迷离。为进一步加快社会主义现代化进程，实现全面建设小康社会和社会主义现代化强国的目标，实现中华民族伟大复兴的中国梦，在国际合作与竞争中取得主动，我们必须增强忧患意识，居安思危，奋发图强。

二、我国对外贸易的发展

我国对外贸易起步较早，发展较慢，我国古代对外贸易有三次飞跃。一是汉武帝时代开辟了从新疆经中亚通往中东和欧洲的"丝绸之路"，以及从四川到印度的"蜀身毒路"（身毒指印度）；二是两宋时代港口、船舶和商船队的发展，促进了海上贸易的发展；三是随着明朝航海技术的发展，各国商人进入中国，中西方交易不断，加上郑和七次下西洋，扩大了海上贸易。通过对外贸易，我国的丝、茶、瓷器等传统产品不断输往其他国家，同时也从这些国家换回我们所需的一些商品，但交换的商品仍以奢侈品为主。当时的对外贸易是为封建统治者服务的，发展缓慢。乾隆年间因视华侨为"天朝弃民"，华侨任外国殖民者屠杀，制造业丧失了维持2000多年的世界领先地位，对外贸易失去了持续发展的基础，昔日高居世界经济顶层的中国从此败落。尤其是鸦片战争后，我国的进出口贸易则完全依附于帝国主义，运输、保险、海关全部由外国人控制，没有自主权，对外贸易长期逆差。

新中国成立后，我国废除了帝国主义在中国的一切特权，实行了对外贸易统制，逐步建立起全国统一的社会主义对外贸易。但是，我国在新中国成立后的30年中，基本上走的是一条闭关锁国、自我发展的道路，我国对外贸易则走过了一段曲折、艰苦的发展历程，大起大落、走走停停、发展缓慢，到1976年，全国进出口总额仅为134.33亿美元。

1978年12月下旬党的十一届三中全会召开，会议上党把工作重点转移到社会主义现代化建设上来，实行对外开放、对内搞活经济的政策，着手经济体制的改革；1982年，党的十二大把对外开放确立为党的基本路线的重要内容之一，这一时期，我国对外开放有了突破性进展；1984年，《中共中央关于经济体制改革的决定》明确提出"把对外开放作为长期的基本国策"，到90年代初，我国全方位、多层次的对外开放格局已初步形成；1992年，党的十四大进一步提出了扩大对外开放的目标和任务，这一时期对外贸易迅速发展，对外开放在规模上已达到较高的水平，到1999年我国的进出口总额达到3 607亿美元，居世界第九位；2001年12月11日，我国正式加入世界贸易组织；2002年，党的十六大要求我们坚持将"引进来"和"走出去"相结合，全面提高对外开放水平，并且应该适应经济全球化和加入世界贸易组织的新形势，在更大范围、更广阔的领域和更高层次上参与国际经济技术合作和竞争，充分利用国际与国内两个市场，优化资源配置，拓宽发展空间，以开放促改革、促发展；2004 年，我国进出口贸易总额突破 1 万亿美元，高达 11 547.4 亿美元，比上一年增长 35.7%，相当于“入世”之前 2001 年全年贸易规模的 2.3 倍，进出口总额居世界第六位，我国在世界贸易中的地位和作用进一步加强，外贸开放度已达到对外贸易开放程度很高的发达国家的水平，也超过了外贸依存度较高的发展中国家的水平。

2001 年我国加入世界贸易组织以来，进出口总额由 2002 年的 6 208 亿美元增加到 2010 年的 29 728 亿美元，成为世界第一大出口国和第二大进口国，经济总量首次超过日本，成为仅次于美国的第二大经济大国。“十一五”期间，我国对外贸易经受了人民币升值、出口退税调整、银行加息、原材料价格上涨、国内物价上涨、劳动力成本提高等多重压力的考验，步入产业结构调整、对外贸易转型升级的发展阶段，即便如此，我国的进出口总额依然保持每年 20%以上的增长速度。2008 年年初，我国政府提出：要拓展对外开放广度和深度，提高开放型经济水平；出口保持平稳增长，积极扩大进口。“十二五”期间，我国对外贸易出现前低后高的发展格局，逐步由贸易大国向贸易强国迈进，并成为世界经济发展的最大推动力。在 2011 年 3 月召开的第十一届全国人民代表大会第四次会议上，政府工作报告提出了“不断拓展对外开放的广度和深度”“积极参与全球经济治理机制改革和区域合作机制建设，多边、双边经贸合作继续深化”的要求。

党的十八届五中全会将开放与创新、协调、绿色和共享一起作为“十三五”时期实现发展目标、破解发展难题的五大发展理念。党的十九大明确提出“中国开放的大门不会关闭，只会越开越大”，要“拓展对外贸易，培育贸易新业态新模式，推进贸易强国建设”，必须“发展更高层次的开放型经济”。2018 年，我国进出口总额达 4.62 万亿美元，创历史新高，发展平稳，稳中有进，继续保持全球货物贸易第一大国地位。“十三五”时期，我国对主要贸易伙伴的进出口额继续保持增长态势，与“一带一路”沿线国家及非洲、拉丁美洲国家间开展的进出口贸易增势良好，高于平均增速；有进出口实绩的外贸企业数量不断增加，2018 年达 47 万家，其中民营企业的进出口额持续增长，比重提升，对进出口额增长的贡献度超过 50%；外贸营商环境整体提升，增长动力更加强劲，质量效益更优，中西部和东北地区的进出口额增速高于全国整体增速，区域发展更趋协调。今后几年外部环境依然复杂严峻，不确定、不稳定因素依然较多，一些国家保护主义、单边主义抬头，世界经济增长可能有所放缓，跨国贸易和投资可能受到拖累。

【学习测试】

1. 国际贸易为什么能够促进世界经济的发展？
2. 国际贸易的发展受哪些因素影响？

3. 近年来，我国在世界经济中的地位不断提高，这与我国的对外开放政策有何关系？与对外贸易的发展有何关系？结合你所在省份实际谈谈自己的体会，并提出好的建议。

4. 自由贸易和保护贸易有什么区别？美国为什么有的年代提倡自由贸易，有的年代提倡保护贸易？这些变化对我国对外贸易有何影响？

5. 简述我国对外经济贸易的现状及你所在省份外贸发展情况。

认知三

从事国际贸易的基本条件

一、国际贸易的主要特点

国际贸易中，买卖双方分别处于两个不同的国家。由于政治条件、经济条件、文化背景、风俗习惯、法律制度、交易环境等千差万别，因此国际贸易与国内贸易相比，具有明显区别，主要有以下几个方面的特点：

（一）政策性强，知识面广

一国的对外贸易总是要遵循该国相关的政治路线和经济政策，特别是受该国对外贸易政策的影响。任何一个国家在不同时期都会有不同的政策，如宏观方面有国家某一时期的总任务、经济政策、外交政策、对外贸易政策等，微观方面有对外投资政策、外汇管制政策、关税政策等。这些政策复杂多变，千差万别，从事国际贸易的任何一方都必须遵照执行。

国际贸易是一种跨越国境的活动，活动过程相对复杂，它涉及政治、经济、文化、管理、法律、金融、保险、产品、运输、地理、语言、信息技术等方面的知识。因此，国际贸易对从业人员有较高的要求，除了要求他们有运用上述知识的能力以外，还要求他们具备较高的政治素质以及较强的应变能力和分析问题、解决问题的能力。

（二）贸易方式灵活，市场潜力大

国际贸易活动的方式灵活多样，除了最传统且普遍使用的逐笔售定贸易方式外，还有包销、代理、寄售、补偿贸易、租赁贸易、来料加工、进料加工、招标与投标、拍卖、商品交易所、交易会、博览会、展销会等这些相对比较传统的贸易方式。随着信息技术的飞速发展，跨境电商发展迅速，其贸易规模已达到我国进出口总额的四分之一。

国际贸易是一种跨越国界的交换活动。全世界有近 200 个国家和 30 多个地区，人口约 75 亿，各国的经济水平和风俗习惯等存在极大的差异，这就决定了国际贸易市场不仅有无穷的需求量，还存在千差万别的需求层次和欲望。这种潜力是任何一个国家的市场所不能比拟的。

（三）商业习惯复杂，风险大

国际贸易活动必须遵循一定的规则才能正常进行，有些规则是在国际贸易的长期实践中形成的具有普遍意义的习惯做法和解释，被大多数国家所接受，这些规则我们可以称之为国际贸易惯例，是贸易中的各方都应该遵守的规则。而事实上，国际贸易中有很多规则只被少数国家接受，甚至只是某国的习惯做法，我们可以称之为商业习惯。不同的国家会有不同的商业习惯，并且各种习惯间的差异很大，但不管商业习惯如何复杂，我们在贸易中必须了解这些习惯，因为有时我们还要遵守这些习惯。

国际贸易相对于国内贸易而言存在很多风险。首先，最主要的风险之一是信用风险，这是因为贸易双方相隔遥远，难以准确、及时地了解对方的资金和信用状况，稍有不慎就可能受骗上当，造成经济损失；其次，商业风险是国际贸易中不可忽视的重要风险，它往往是因为经济政策、自然条件等因素的变化所导致的商品价格或外汇汇率的大幅波动或其他经济情况的变化，这将给当事人造成巨大的经济损失；最后，还有很多其他各种各样的风险，如政治风险、军事风险、运输风险、自然风险等，我们都不能掉以轻心，要注意防范。

二、国际贸易岗位从业基本要求

国际贸易是跨越国界的交换活动，它与国内贸易相比不仅仅有地域、语言、货币上的差异，更有法律、法规、方针、政策、贸易及风俗习惯等的不同，这就使得国际贸易更具复杂性和风险性。因此，经营国际贸易并非易事，必须具备一系列的基本条件。

（一）要有较高的政治素质和完善的知识结构

国际贸易具有政治性强、知识面广的特点。一名合格的外销员应具有一定的政治敏锐性和爱党、爱国的情怀，要有为中国特色社会主义外经贸事业贡献的精神，要熟悉本国的经济政策和方针，并能认真地贯彻执行；同时，也应了解世界经济形势的变化趋势和各国不同时期的经济政策、方针、措施，法律、法规，以及在检验、保险、通关、运输、结算等方面的有关规定，以便更好地为国际贸易服务。另外，一名合格的外销员应具有一定的经济学、管理学、会计学、商品学等知识基础；要掌握市场营销、国际贸易地理、国际金融、国际商法、保险、运输、外贸函电等方面的专业知识；要能熟练地用外语同外商交流和谈判，有较强的信息处理能力；要掌握国际贸易实务的通常做法以及各国的贸易惯例；要有灵活的商业头脑和认真细致、讲求效率的工作作风。

（二）要有良好的职业道德和商业信誉

现代社会是法治社会，从事外经贸工作应诚实守信，应讲求职业道德。任何一笔交易不仅关系到企业的利益，而且关系到国家的利益；任何一名外销员的道德品行，不仅代表着企业的形象，而且代表着国家的形象。因此，就个人而言，其应具有良好的职业道德修养，能自觉地约束自己的行为，遵守社会公德和准则，能经受住各种物质利益的诱惑，不以权谋私，收受贿赂，泄露国家机密，出卖国格人格，真正做到使自己的言行遵从社会公共利益和企业的整体利益，爱岗敬业，勤奋工作，努力维护企业和国家的良好形象。就企业而言，其要正确处理好局部利益和整体利益、集体利益和国家利益、当前利益和长远利益的关系，不能为了本企业、本组织的微观利益而损害全局利益，造成国家宏观利益的损失，也不能为了眼前的利益而丢掉了长远的利益。现代国际贸易市场竞争日益激烈，除了价格竞争、人才竞争、质量竞争外，还有企业形象的竞争，只有树立了良好的企业形象，才能打败竞争对手、立足国际市场，才能为国家经济的发展多作贡献。要树立良好的企业形象就必须有良好的商业信誉。

（三）要有灵通的信息、雄厚的资金和完备的组织机构

由于国际市场受政治、经济、社会、环境、法律等因素的影响，从事国际贸易的企业就必须随时注意世界各国政治、经济、社会、环境、法律等变化的动态，迅速收集重要的商业信息，进行必要的分析研究，并及时做出正确的决策，抓住每一个机会。但要想把企业经营好，还必须有雄厚的资金或很强的融资手段，以及资金运作的能力。另外，企业经营好坏的关键是善经营、懂管理、会操作的人，是有一支讲团结、想干事、会干事、能干事、干成事的团队，因此，建立较完备的组织机构和良好的管理体制显得十分必要。这样，企业在贸易中才能获得更大的信任和更多的贸易机会，才能取得良好的经营效果，从而达到预期的经营目的。

（四）要有防范风险的能力

风险无处不在，尤其是对于从事国际贸易活动，程序、流程、环节、环境、市场、货币、人员等都极为复杂，防范风险必须重视。国际贸易中，交易双方分处于不同国家，有着不同的制度、法律、法规和习惯做法，给订立及履行合同带来一定的难度；货物则要经过长途运输，随时会遭遇到各种风险和损失，产生各种额外的费用，因此，应掌握如何通过办理保险来转嫁可能产生的各种风险；国际贸易较国内贸易更为复杂，涉及银行、保险、运

输、海关、检验检疫等各部门，贸易中的当事人也极为复杂，整个交易过程是一环扣一环，任何环节都不能出现差错，否则会影响整笔交易的正常进行，并可能引起贸易纠纷，其后果不仅影响企业的利益，更严重的是会破坏一个企业的声誉；另外，国际市场竞争日益激烈，国际经济形势变幻莫测，外汇市场及国际商品市场价格极不稳定，各种欺诈行为屡禁不止，这就给从事国际贸易带来了很大难度。因此，我们要有较强的分析能力和应变能力，学会正确运用各种防范风险的措施，掌握处理突发事件的途径和方法，最大限度地规避风险，将损失降到最低程度。

【学习测试】

1. 你认为国内贸易和国际贸易哪个更容易操作？
2. 国际贸易有什么特点？从事国际贸易需要具备哪些基本条件？
3. 从事进出口贸易的条件是什么？怎样才能做一名合格的外销员？

认知四 国际货物买卖合同

一、国际货物买卖合同的法律特征

合同是平等主体的自然人、法人、其他组织之间设立、变更、终止民事权利义务关系的协议。国际货物买卖合同是指营业地在不同国家境内的当事人之间关于一方提供出口货物、收取货款，另一方接受货物、支付货款的书面约定。它是国际货物买卖法律制度的主要内容，也是国际贸易合同中的一种最主要的形式。其法律特征可概括为：

（一）国际货物买卖合同具有“涉外”因素

国际货物买卖合同的法律主体是处于不同国家的自然人或法人。它与国内货物买卖合同的主要区别是：订立合同的双方当事人的营业地设在不同的国家，如果双方当事人的营业地设在同一国家之内，尽管他们的国籍不同，但他们之间所订立的买卖合同也应视为国内货物买卖合同。

（二）国际货物买卖合同的客体是超越国境运输的进口或出口货物

国际货物买卖合同货物交易的环节、条件及过程都要比国内贸易复杂得多，严格得多。例如，国际货物买卖在货物移交之前要办理出口许可证或进口许可证等各种手续，货款的支付应使用外汇，要采用与国内结算方式不同的国际支付手段，等等。另外，货物在一个国家运往另一个国家的长距离运输中还会产生各种风险，而这种风险承担也要用国际认可的方式在合同中表现出来。

（三）国际货物买卖合同双方当事人的基本权利和义务分别是交付货物与收取货款、接受货物与支付货款

买卖的货物一般是指有形的动产，如食品、服装、汽车、机器设备等生产、生活用品，还可以包括树木、矿产及能够移动的建筑物，但这些货物的买卖必须由卖方负责将物品从地上砍下、挖出或迁移；同时，正在生长中的农作物以及尚未产下的幼畜，也可以作为货物进行交易。但是，股票、债券、流通票据、投资证券、货币等有价票据和权利财产、不动产以及提供的劳务等，则不属于货物买卖的范围。另外，国际货物买卖过程中所支付的货款也应该用双方愿意接受的货币，一般还应具有外汇的性质。

在国际货物买卖合同中，订约的双方当事人可以是法人，也可以是自然人。但是，在大多数情况下，订约主体是法人。

我国涉外经济合同涉及面很广，但货物买卖合同是最基本、最主要的合同，如成套设备进出口合同、包销合同、代理合同、寄售合同、易货合同、劳务合同、科学技术方面的合同等，这些合同一般都少不了货物的进出口。还有一些合同是与银行、保险公司、运输部门签订的，但这些合同一般情况下是履行合同过程中所必需的，是为履行货物买卖合同服务的，是买卖合同的组成部分。

二、国际货物买卖合同的内容和结构

按照合同法的一般原则和我国的实践，只要不违反适用于国际货物买卖合同的法律、行政法规的强制性规定，合同双方当事人可以将他们所同意的任何条款订立在合同中。在实际业务中，当事人总是依据具体情况来订立合同条款的，因此，每一项合同的具体内容是不尽相同的，但也有其基本相同的项目。这些基本项目是实现国际货物买卖的基本条件，是一项有效的国际货物买卖合同必须具备的内容。从法律角度，我们可以把国际货物买卖合同的基本内容分为以下三个部分（见表 1-4-1）。

（一）效力部分

效力部分是指国际货物买卖合同的开头和结尾部分，它规定了合同的效力范围和有效条件。合同的开头也称为约首、首部或序言，通常载明合同的名称及编号，合同签订的日期、地点，以及订约双方的名称、网址、E-mail，有时还载明据以订立合同的有关函电的日期及编号。这些内容在发

表 1-4-1 SALES CONFIRMATION

S/C No.: ________
Date: ________

The Seller:
Address:
E-mail:

The Buyer:
Address:
E-mail:

Item No.	Commodity & Specification	Unit	Quantity	Unit Price	Amount

TOTAL CONTRACT VALUE:

PACKING:

PORT OF LOADING & DESTINATION:

TIME OF SHIPMENT:

TERMS OF PAYMENT:

INSURANCE:

REMARKS:

1. The buyer shall have the covering letter of credit reach the seller 30 days before shipment, failing which the seller reserves the right to rescind without further notice, or to regard as still valid whole or any part of this contract not fulfilled by the buyer, or to lodge a claim for losses thus sustained, if any.

2. In case of any discrepancy in quality, claim should be filed by the buyer within 180 days after the arrival of the goods at port of destination; while for quantity discrepancy, claim should be filed by the buyer within 150 days after the arrival of the goods at port of destination.

3. For transactions concluded on CIF basis, it is understood that the insurance amount will be for 110% of the invoice value against the risks specified in the Sales Confirmation. If additional insurance amount or coverage required, the buyer must have the consent of the seller before shipment, and the additional premium is to be borne by the buyer.

4. The seller shall not hold liable for non-delivery or delay in delivery of the entire lot or a portion of the goods hereunder by reason of natural disasters, war or other causes of Force Majeure, however, the seller shall notify the buyer as soon as possible and furnish the buyer within 15 days by registered airmail with a certificate issued by the China Council for the Promotion of International Trade attesting such event (s).

5. All deputies arising out of the performance of, or relating to this contract, shall be settled through negotiation. In case no settlement can be reached through negotiation, the case shall then be submitted to the China International Economic and Trade Arbitration Commission for arbitration in accordance with its arbitral rules. The arbitration shall take place in Shanghai. The arbitral award is final and binding upon both parties.

6. The buyer is requested to sign and return one copy of this contract immediately after receipt of the same. Objection, if any, should be raised by the buyer within 3 working days, otherwise it is understood that the buyer has accepted the terms and conditions of this contract.

7. Special conditions: (These shall prevail over all printed terms in case of any conflict.)

Confirmed by:

THE SELLER
(signature)

THE BUYER
(signature)

生争议时可能会起到很重要的作用。合同的结尾也叫约尾，通常载明合同使用的文字及其效力、正本的份数、附件及其效力，以及双方当事人的签字等。

（二）权利与义务部分

这部分通过许多具体条款来规定买卖双方在一项交易中的权利与义务，为合同的主要部分，所以亦称为主体部分或本文部分。具体包括以下四方面的基本内容：一是合同的标的，主要包括货物的品名、品质、数量、包装等；二是货物买卖的价格，主要包括计量单位、计价金额、计价货币、标明地点的贸易术语、确定价格的方法、总值等；三是卖方的义务，主要包括交货时间、地点，移交与货物有关的单据和转移货物所有权等；四是买方义务，主要包括支付货款与收货方面的内容。

（三）索赔与争议解决部分

这部分也可称为合同的程序部分，主要包括商品的检验检疫、索赔、不可抗力、仲裁等条款以及其他有关规定。

三、国际货物买卖合同的法律适用

一项有效的合同中，有关当事人双方的权利、义务等是受到法律保护的，但国际货物买卖合同的双方当事人分处不同国家，各国法律对许多问题的解释和处理存在一些差异，同一问题可能会由于适用的法律不同而得出不同的结论。因此，一旦双方发生争议，究竟用哪国法律裁决就成了双方当事人共同关心的问题。国际贸易中，一般可采用以下几种方法解决：

（一）适用当事人选择的国家的法律

如《中华人民共和国合同法》（简称《合同法》）第 126 条规定，我国对外经济贸易合同当事人“可以选择处理合同争议所适用的法律”。这意味着当事人可以在合同中订明“本合同适用卖方国家法律”，也可以订明“本合同适用买方国家法律”，甚至可以订明“本合同适用合同以外的第三国的法律”。

（二）适用与合同有最密切联系国家的法律

如《中华人民共和国合同法》第 126 条规定，如果“涉外合同的当事人没有选择的，适用与合同有最密切联系的国家的法律”。至于何谓“与合同有最密切联系的国家”，则应视合同的具体情形由受理合同争议的仲裁机构或法院确定。例如，我国境内的某专业公司与一美国境内的百货公司在上海签订了一份纺织品买卖合同，价格条件是南京港船上交货。合同中并未提及该合同所适用的法律，但由于该合同的缔约地在上海，履约地在南京，均在中国境内，按国际私法的一般规则，可以认为中国与该合同有最密切的联系，应当适用中国法律。当然，本例也可以适用某一国际贸易惯例，或某一国际条约。

（三）适用国际贸易惯例

国际贸易惯例是指在国际贸易长期实践中形成的具有普遍意义的一些习惯性做法和解释。它不同于各国的共同立法，也不是某一国的法律，除非另有规定，对买卖双方无约束力。但这并不能否认国际贸易惯例在国际贸易中的重大作用，当然也不能将其视为超越合同的东西，它与合同有着密切的关系，具体有以下几种情况：

(1) 如果合同中做出了与惯例相反的约定，只要这些约定是合法的，将得到有关国家法律的承认和保护。

(2) 如果合同中明确表示采用某种惯例，则此惯例对双方有约束力。

(3) 当双方在合同中对某些问题没有做出明确规定，尽管在合同中也未规定采用某种惯例，但事后双方又在该问题上发生争议而提请诉讼或提交仲裁时，各国法庭或仲裁机构往往会引用某些公认的或影响较大的惯例作为判决或仲裁案件的依据。

因此，国际贸易惯例只有在当事人承认并在实践中采用时才对当事人具有法律约束力。在国际贸易货物买卖中，国际商会制定的《2020 年国际贸易术语解释通则》（Incoterms® 2020）、《跟单信用证统一惯例》（国际商会第 600 号出版物，简称 UCP600）、《托收统一规则》（国际商会第 522 号出版物，简称 URC522）已被大多数国家的银行、进出口商接受和应用，并成为能起世界性作用的国际贸易惯例。随着国际贸易的迅速发展，有些惯例中的内容已渐渐被某些国家的国内法吸收，还有些内容则被国际条约采纳。

（四）适用当事人所在国缔结或参加的国际条约

第二次世界大战后，许多发展中国家为了维护国家主权和保护民族经济的发展，在平等互利的基础上与其他国家签订了一些贸易条约与协定。我国为了巩固同世界各国的经济贸易关系，加强和各国人民的友好往来，促进社会主义经济建设和对外贸易的发展，根据独立自主原则，在平等互利的基础上与许多国家签订了贸易条约和协定，并承担相应的义务。目前，国际上常用的贸易条约和协定有通商航海条约、贸易协定和贸易议定书、支付协定、国际商品协定等种类。

我国在 1986 年 12 月 11 日向联合国秘书长交存了关于《联合国国际货物销售合同公约》（简称《公约》）的核准书，成为缔约国。《公约》于 1980 年 4 月 11 日通过，1988 年 1 月 1 日起对我国正式生效。目前，它已成为我国进行国际货物买卖最重要的一项国际公约。我国在核准《公约》时做了两项保留：(1) 对《公约》的第 1 条第 (1) 款 (b) 项声明保留，即我国不同意扩大《公约》的适用范围，认为《公约》对我国来说，仅适用于《公约》缔约国之间的有关当事人签订的贸易合同；(2) 对《公约》的第 11 条、第

29 条及有关的规定声明保留。按当时《中华人民共和国涉外经济合同法》的规定，涉外合同的订立、修改、终止等均采用书面形式。《中华人民共和国合同法》第 10 条规定：合同可以有书面形式、口头形式和其他形式。法律、行政法规规定采用书面形式的，应当采用书面形式；当事人约定采用书面形式的应当采用书面形式。因此，对于一般的涉外贸易合同，大可不必坚持书面形式的要求，对于由国家依法审批的涉外经济合同自然要采用书面形式。

讨论分析

广州一家法国独资生产服装的企业在销售其产品时，与上海某百货公司发生了贸易纠纷，你认为应该按照哪国的法律来解决这一纠纷？如果这家法国独资企业与法国的某百货公司发生了贸易纠纷，情况又将如何？为什么？

四、合同生效的条件

买卖双方就交易的各项条件通过发盘和接受达成一致的意思表示，即为合同的成立，但这并不意味着合同的生效。合同成立后，可能会由于缺乏一些条件而成为无效合同，或可撤销合同，或不可强制执行的合同，从而得不到法律的有效保护。其中，无效合同是指仅有合同形式，但在法律上不产生效力的合同，它对双方当事人均无约束力；可撤销合同是指当事人一方依法可以选择认可，或主张撤销的合同；不可强制执行的合同是指合同本身有效，但是当事人不得根据合同要求强制执行，也就是不得对不履行合同的另一方当事人向法院起诉，请求法院强制另一方执行。

关于何谓有效合同，各国法律解释不一，但综合起来，有效合同应具备以下五个方面的条件：

（一）当事人应具有订立合同的资格和能力

《中华人民共和国合同法》第 9 条规定：“当事人订立合同，应当具有相应的民事权利能力和民事行为能力。”定约人可以是自然人，也可以是法人。一般而言，未成年人和精神病患者由于没有订立合同的能力或能力受到一定限制，其所订立的合同有的是无效的，有的是可撤销的。《中华人民共和国民法通则》规定，18 周岁以上的成年人，或 16 周岁以上不满 18 周岁但以自己的劳动收入为主要生活来源的自然人，可以独立进行民事活动，包括订立合同。其他国家的规定大体一致，有所差异的只是各国对未成年人的法定年龄划分不一。如果是法人，则其活动（如签约）可以委托代理人进行，并且所订立的合同必须是其权限范围内的，越权订立的合同在法律上是无效的。

（二）合同要互为有偿

货物出口合同是一种双务合同，应是互为有偿的，即双方都获得各自的利益，双方都拥有权利，又都承担义务。《中华人民共和国合同法》第 5 条规定：当事人应当遵循公平原则确定各方的权利和义务。例如，卖方交货、买方付款是互为有偿的；再如，卖方以特定数量、价格的商品向买方报价，约定买方若在特定期间内开立信用证，则立即装船，若买方接受其条件，则买方的开立信用证与卖方的履行交货约定，乃构成互为有偿。

（三）合同必须合法

合同的合法性可分为标的物合法和内容合法两个方面。标的物合法，即交易的标的物必须是法律允许进行交易的商品，如：出口毒品、枪支以及劳改产品等为我国法律所不允许；属政府管制的商品出口，应有许可证或配额。内容不合法则表现多样，如：合同所欲达到的目的不合法；某人为进行其犯罪行为而与另一人达成的协议；与敌国或政府明文规定不允许进行贸易的国家的商人所订立的货物买卖合同；以合法形式掩盖非法目的而订立的合同。对于合同的合法范畴，各国法律规定差异较大。《中华人民共和国合同法》第 7 条规定：“当事人订立、履行合同，应当遵守法律、行政法规，尊重社会公德，不得扰乱社会经济秩序，损害社会公共利益。”第 52 条又规定，有下列情形之一的，合同无效：①一方以欺诈、胁迫的手段订立合同，损害国家利益；②恶意串通，损害国家、集体或者第三人利益；③以合法形式掩盖非法目的；④损害社会公共利益；⑤违反法律、行政法规的强制性规定。在英美法中，以下三类合同是非法的：①违反法律的规定，包括某些单行法规和判例法；②违反公共政策，如限制贸易的合同、限制竞争的合同、限制价格的合同等均是无效的；③不道德，指违反社会公认的道德标准，不道德的合同常被认为是不合法的，因而无效。

（四）合同必须符合法定形式

《联合国国际货物销售合同公约》第 11 条规定：“销售合同无须以书面订立或书面证明，在形式方面也不受任何其他条件的限制。销售合同可以用包括人证在内的任何方法证明。”《中华人民共和国合同法》第 10 条规定：“当事人订立合同，有书面形式、口头形式和其他形式。法律、行政法规规定采用书面形式的，应当采用书面形式。当事人约定采用书面形式的，应当采用书面形式。”综观其他国家的法律，对超过一定金额的买卖合同均应采用书面形式。但是，各国法律对书面形式的作用规定有所差异，概括而言有两种：（1）以书面形式作为合同有效成立的要件；（2）以书面文件作为合同的依据，即合同如果未以书面形式订立，则为不可强制执行的合同，不能向法院起诉并要求法院强制执行，如《美国统一商法典》。

(五) 当事人的意思表示应真实

如果当事人的意思表示不真实，则可能导致合同无效，或者可撤销，或者不可强制执行。《中华人民共和国合同法》第 6 条规定："当事人行使权利、履行义务应当遵循诚实信用原则。"综观各国法律，不真实的意思表示主要有欺诈、错误、胁迫三种情况。欺诈是指一方当事人以使另一方当事人发生错误为目的的故意行为；错误是指当事人的意思表示有悖其本意；胁迫是指以使人产生恐惧为目的的一种故意行为。

综上所述，一项合同是否具有法律效力，能否得到法律的保护，不能仅以其交易磋商的过程是否合法来判定，而应按以上五个方面的条件来看一份合同的有效性。因此，在国际贸易实践中，我们应注意并运用好以上条件。

【学习测试】

一、简答题

1. 在国际贸易中，有关合同的法律适用问题有哪些规定？
2. 一项有效的国际货物买卖合同一般应具备哪些条件？
3. 什么是国际货物买卖合同？其法律特征是什么？

二、案例分析

张先生与李先生原是大学同学，毕业后一直忙于工作，十多年没有见面。在某次交易会上两人偶然相遇，倍感亲切，互相寒暄后问起双方工作情况。两人现在均辞职开起了自己的贸易公司，张先生说他主要经营服装，还兼营鞋帽，李先生则说："除了枪支弹药、毒品和贩卖人口外，只要能赚钱，什么生意都做。"

请问：你能从这段对话中发现什么问题吗？

认知五 出口贸易的基本业务程序

相对于国内贸易而言，国际贸易涉及的环节多而复杂。这里，我们仅以出口为例，一般要经过交易前的准备、交易磋商、签订合同、履行合同、争议的预防和处理等复杂的程序，每个程序又都涉及众多的部门、繁杂的手续和各种各样的规定或惯例等。为让大家初步了解国际贸易流程，本模块只介绍出口程序，进口程序在最后一个模块有详细介绍。

一、交易前的准备

出口交易前的准备是否充分将关系到今后各个贸易程序能否顺利进行，甚至关系到卖方的经济利益。不同的交易情况，决定了交易前工作的多少。一般而言，出口交易前的准备工作可能会涉及以下一些方面：做好市场调研，选择销售市场；了解客户情况，选择交易对象；加强成本核算，拟定经营方案。

（一）做好市场调研，选择销售市场

进行市场调研是一项很重要的工作，对出口企业选择销售市场起着非常关键的作用，我们的企业必须给予足够的重视。市场调研主要从以下几个方面入手：

（1）了解目标市场及与出口产品相关的政策。例如，进出口国有关对外贸易方面的政策、法律、法规等。

（2）了解拟出口产品的生产情况。即在出口交易前，出口商应该了解该产品的主要生产国、主要生产企业的生产情况和技术情况，了解它们的生产规模、生产力水平、当年的总产量、可供数量以及上年的库存，等等。

（3）调查产品的销售情况。主要是调查拟出口产品的市场分布，主要进口市场的人口、购买力和购买欲望，以及产品的供求关系和产品的生命周期等情况。

（4）调查商品的市场价格及变化趋势。市场价格是企业非常关心的问题，它不仅决定了产品的供求，而且关系到企业的利益。企业可以根据价格的变化情况来调整产品的生产和销售。

（5）进行市场竞争状况调查。出口企业必须了解主要出口市场上市场占有者的构成、市场份额，了解竞争对手的销售策略，分析竞争对手的总体情况，做到“知彼知己，百战不殆”。

（二）了解客户情况，选择交易对象

客户数量的多少、客户实力的大小以及是否拥有一支稳定的客户队伍，都是决定出口企业发展的重要因素，是出口企业必须坚持的一项长期而重要的工作。要做好这项工作，首先必须对客户的业务情况、财务状况、经营能力等问题进行调查，然后根据调查结果选择能够满足出口企业需要的客户。

调查、了解或寻找国外客户可以通过以下途径进行：（1）通过业务往来了解交易对象、调查其他客户、寻找新客户。一般经过几笔业务的操作，大

致就可以了解对方的经营能力、经营作风、信用状况等；业务交往过程中也可以直接或间接地调查、咨询其他客户的一些情况；同时，还可以通过老客户介绍新客户。（2）通过互联网上各种交易平台搜索所需的客户信息，这一方式已经为很多进出口企业所接受并大量利用到实际业务中去。实践证明，这是了解或寻找客户的一种行之有效的方法。（3）通过我驻外机构，他们对当地的情况比较熟悉，也有一定的渠道。（4）通过国外的咨询机构或商会等民间机构，他们熟悉当地企业的情况，他们获取的信息可能更直接、更有参考价值。（5）通过我出国贸易团组，或参加国外的一些展会。（6）通过国内外银行，他们获得的信息一般比较准确、可靠。（7）通过新闻媒体，如网络、报纸、电视、广播等。

客户的情况了解以后，出口企业应该根据获得的信息对客户进行必要的选择，并不是所有能采购出口企业产品的进口商都是我们的客户，有时还要注意客户能否满足我们的一些要求和条件，如客户对我国的政治态度、客户的社会地位、客户的经营能力和作风、客户的资信情况、客户所在国家的有关政策规定等。

（三）加强成本核算，拟定经营方案

出口企业对外报价主要由成本和利润决定，其中成本是关键。出口成本一般包括购货成本（应扣除出口退税）、国内费用（仓储费、包装费、检验费、报关费、运保费、港口费、业务费等）、国外费用（国外运费和保险费），对外报 FOB 价则不含国外费用。作为出口企业，其为了能够降低出口报价或提高利润率，应加强成本核算，注意降低生产成本或采购成本，减少业务费用支出，压缩流通环节，加强财务管理，提高人员素质和工作效率，建立有效的奖惩机制。另外，出口企业对外报价时还应该考虑市场变化、汇率变动、政策调整等因素。

在上述各项工作的基础上，出口企业在出口交易前应制定出切实可行的经营方案，以保证出口交易各个环节的顺利进行。出口经营方案一般应包括出口产品的品种、规格、数量、价格、成交额、利润额、参与交易的人员和交易的方法、程序、要求、经营目标等综合性内容。

二、交易磋商

交易磋商是出口贸易必须经过的一个程序，是合同成立的前提。交易磋商一般有书面或口头两种形式，通常要经过询盘、发盘、还盘和接受四个环节，其中，发盘和接受是不可缺少的两个环节，一项有效的发盘被对方有效接受后双方即构成合同关系。在国际贸易中，双方经过磋商达成一致意见后还应该签订书面合同，因为多数情况下书面合同被认为是合同有效成立的条件，同时，也被认为是履行合同的依据。

三、签订合同

国际货物买卖合同条款复杂、要求严格，因此，在签订书面合同时应注意合同内容必须具体明确、条款完善，不能违反国家的法律法规，并且应该遵循相关的国际贸易惯例，要体现平等互利的原则。另外，对不是双方当面签署的合同还要注意审核对方签退的合同，以防对方更改原合同的内容。国际贸易中，除了买卖双方应订立货物买卖合同外，还必须与有关方面签订一些辅助合同，如保险合同、运输合同、银行支付款协议等。

四、履行合同

合同签订后，双方将受到法律的约束，必须严格按照合同的要求履行合同规定的义务和责任，任何一方不得擅自变更或者解除合同。出口合同的履行（以 CIF 成交，信用证结算情况下）一般应经过催证、审证、改证、备货、检验检疫、托运订舱、投保、报关、装运及制单结汇等一系列环节。

五、争议的预防和处理

在履行合同的过程中，往往会发生违约行为。例如：买方未按时开证、拒收货物、拒付或推迟付款，卖方未按时交货、不交货及所交货物的品质、数量、包装不符合规定等。这时，受损方有权根据合同的规定，向违约方提出损害赔偿或其他要求。但索赔并不限于买卖双方，有时还涉及保险和运输部门，因此，国际贸易中的索赔有贸易索赔、保险索赔和运输索赔三种情况。为了有效防止争议的发生，或者在争议发生后有一个有效的解决方法，我们在签订合同时就要订立相关的条款，如商品检验检疫条款、异议和索赔条款、不可抗力条款、仲裁条款等。

【学习测试】

1. 结合出口贸易程序谈谈在国内做生意会有哪些程序。
2. 交易前的准备是否重要？是否每笔交易都要如此操作？
3. 什么叫国际贸易惯例？在国际贸易中，国际贸易惯例的法律约束力如何？

模块二

合同条款

合同条款是交易磋商、合同签订及合同履行的基础。本模块主要根据国际贸易规则和惯例，详细阐述了国际货物买卖合同中品名与品质条款、数量条款、包装条款、价格条款、运输条款、保险条款、支付条款、出入境检验检疫条款、不可抗力条款、索赔条款、仲裁条款共 11 个条款的法律地位和作用，以及订立这些条款的方法、要求及注意事项。学习合同条款的最终目的是能够根据买卖双方协商的结果填制或修改合同条款。其中，“价格条款”和“支付条款”在合同中的表述非常简单，但条款内容的选择却必须符合相关的国际规则，因此，这两个条款是本模块的核心，也是整本教材的重点和难点。

“价格条款”这部分主要介绍了《2020 年国际贸易术语解释通则》（Incoterms® 2020）中的 11 种贸易术语，特别是重点阐述了 FOB、CIF、CFR 三种贸易术语中有关买卖双方的责任、风险和费用划分等问题；另外，本条款还重点介绍了报价核算的方法和要求。“支付条款”这部分主要介绍了国际贸易中几种常用的支付方式，尤其是信用证方式的程序、内容、特点、种类及《跟单信用证统一惯例》（UCP600）的有关规定等问题。至于合同中的其他条款相对比较简单，品名与品质、数量、包装、运输、保险等条款都有各自的方法和要求，出入境检验检疫、不可抗力、索赔、仲裁等条款一般采用固定格式。因此，本模块学习的重点是相关条款涉及的国际贸易规则、惯例、规定、方法、要求以及运用等方面的内容。

条款一 品名与品质条款

品名与品质条款

知识要点

本部分的主要任务是让学生了解国际货物买卖合同中品名与品质条款的含义及其法律地位和作用，掌握品质条款的基本内容，学会表示各类商品品质的方法，以及了解订立品质条款时应注意的问题。

技能要求

1. 能够在合同中正确填制品名与品质条款；
2. 针对不同的商品能够准确选择表示品质的方法。

一、商品品名和品质的含义

（一）货物的名称及相关规定

1. 商品名称及重要性

商品名称（Name of Commodity）是代表某一种商品的文字符号，是不同商品相互区别的标志。在国际贸易中，交易双方在洽商交易和签订合同时，通常很少见到具体的商品，一般只是凭借对商品的描述（Description of Commodity）来确定交易标的。买卖合同中的其他贸易条件，如品质、数量、运输、支付、保险等也是由不同商品名称的特性决定的。列明商品名称是合同必不可少的条件。另外，商品名称也是买卖双方交换货物的依据，关系到双方的权利和义务，若卖方所交货物不符合合同规定的名称，则买方有权提出赔偿要求，直至拒收货物或撤销合同。可见，列明合同标的物的名称，具有重要的意义。

2. 合同中品名的规定

国际贸易合同中，名称的规定并无统一的格式，通常是在“商品名称”或“商品描述”的标题下，列明交易双方约定某种商品的文句。但要说明的是，大多数情况下商品名称和品质是结合在一起的。举例如下：

（1）Sales Contract for Northeast Soybean.

（2）We hereby conclude the following terms and conditions for the sale of Forever Brand Bicycle.

（3）Name of Commodity：Sport Shoes.

（4）Chinese Groundnut，F. A. Q. Moisture（max 13%），Admixture（max 5%），Oil Content（min 44%）.

3. 规定品名条款时应注意的问题

（1）条款内容应明确、具体，能确切反映交易标的物的特点。

（2）条款中规定的品名，应是卖方能供应且买方所需要的商品，否则会给履约带来困难。

（3）有些商品中英文有多种称谓，如菠萝也叫凤梨，皮夹英文叫 wallet 或者 pocketbook，应尽可能地使用国际上通用的名称。

（4）用对我方有利的名称。如日本曾利用美国关税制度的差异，将征收25%关税的轻型卡车报以轿车出口，从而只缴纳 2.5%的进口关税。

讨论分析

中国某食品有限公司出口苹果酒一批，国外来证货名为“Apple Wine”，于是我方为单证一致起见，所有单据上均用“Apple Wine”。不料货到国外后遭进口国海关扣留罚款，因为该批酒的内、外包装上均写的是“Cider”字样，结果外商要求我方赔偿其罚款损失。请问：我方对此有无责任？

（二）品质的含义及其法律地位和作用

商品品质（Quality of Goods）是指商品的内在质量与外观形态的综合。内在质量包括商品的物理性能、机械性能、化学成分和生物特征等，外观形态包括商品的外形、结构、色泽等。

进出口贸易中，提高商品质量具有重要意义。出口商品品质的优劣，关系到商品的使用效能和售价的高低，关系到商品的销路和声誉；进口贸易中，严把商品质量关，是维护国家和人民利益并提高企业经济效益的保证。此外，合同中的品质也是双方交接货物的依据，因而更具有法律意义。品质条款是国际货物买卖合同中的主要交易条件之一，如果卖方所交货物不符合合同中的品质条款的规定，那么买方有权拒收货物并提出损害赔偿。

二、表示商品品质的方法

表示商品品质的方法基本上有两类：一是用实物表示，二是用文字、图示等表示。

（一）用实物表示品质的方法

用实物表示商品品质通常包括看货买卖和凭样品买卖。

1. 看货买卖

看货买卖即先由买方或其他代理人在卖方所在地验看货物，达成交易后，卖方按验看过的商品交付货物。在国际贸易中，由于交易双方远隔千里，看货成交多有不便，因此看货买卖仅在寄售、拍卖和展卖业务中采用。

2. 凭样品买卖

样品（Sample）是指从一批商品中抽出来或由生产使用部门设计、加工出来的，足以反映和代表整批商品品质的少量实物。凡用样品表示商品品质并以此作为交货依据的，称为凭样品买卖（Sale by Sample）。这种方法适用于那些在造型设计上有特殊要求或特色的商品，如服装、家具、轻工业产品等。在凭样品买卖时，有时由卖方选择样品寄往买方凭以成交，这种交易称为凭卖方样品买卖（Sale by Seller's Sample）；有时，买方要求按他们提供的样品成交，称为凭买方样品买卖（Sale by Buyer's Sample）。但谨慎的卖方不可轻易接受买方提供的样品作交易的依据，而是根据买方样品，加工复制一个类似的样品交买方确认，这种经买方确认的样品，称为对等样品（Counter Sample）或回样。在我国出口业务中，凭样品买卖也称为“来样成交”。

在凭样品交易时应注意：①抽取的样品必须具有代表性。②样品的抽取方法对样品的可信性有直接影响，为减少纠纷，出口商品通常由买方指定样品公证人，以第三者的身份在卖方装运港抽取样品，密封后附上公证文件寄给买方。③有些商品如煤炭、木材等，其品质无法绝对相同，应避免使用样品交易，若买方坚持使用，可在合同中加入“大约”“大概”等概括性词句。④买方来样避免侵权。⑤在交出原样的同时留“复样”，必要时“封样”。⑥注意“参考样品”与“成交样品”的区别。

讨论分析

我方与美商凭样成交一批高档瓷器出口，复验期为 60 天，货到国外经美商复验后未提出任何异议。但事隔一年买方来电称：瓷器全部出现“釉裂”，只能削价销售，因此要求我方按原成交价赔偿 60%。我方接电后立即查看留存的封样，亦发现釉下有裂纹。讨论：(1) 凭样品买卖的基本要求是什么？(2) 我方是否应承担赔偿责任？有何法律依据？

（二）用文字、图示等表示品质的方法

凡用文字、图示等方式来说明商品品质者，均属此范畴。具体包括：

1. 凭规格、等级和标准买卖（Sale by Specification，Grade or Standard）

商品规格（Specification of Goods）是指用以反映商品品质的主要指标，如成分、含量、纯度、性能、容量、长短、粗细等。例如：棉坯布，30 支×

36米　60支×72米　35/36英寸×40码。凭规格买卖（Sale by Specification）简单易行，明确具体，在国际贸易中应用最为广泛。商品等级（Grade of Goods）是指同一类商品，按其规格上的差异，分为品质优劣各不相同的若干等级，如皮蛋按其重量、大小可分为一、二、三、四、五等五个等级。凭等级买卖（Sale by Grade）时，只需要说明其级别，即可了解买卖商品的品质。商品标准（Standard of Goods）是指经国家或政府机关或工商业团体统一制定和公布的规格或等级，如盐酸四环素糖衣片250毫克（按1988年版英国药典）。凭标准买卖（Sale by Standard）时应注意的是一种商品的标准有不同年份的版本，版本不同，品质标准的内容也不尽相同。因此，在援引标准时，应注明采用标准的版本年份。现在一般采用国际标准化组织（International Organization for Standardization，ISO）标准。

在国际贸易中，对于某些品质变化较大而难以规定统一标准的农副产品，往往采用"良好平均品质"（Fair Average Quality，F. A. Q）这一术语来表示其品质。"良好平均品质"是指一定时期内某地出口商品的平均品质水平，是在国际市场上买卖农副产品时常见的一种"标准"。我国出口某些农副产品也采用F. A. Q标准，习惯上称为"大路货"。需要说明的是，如果用F. A. Q标准表示商品的品质，仍应列明具体规格指标，否则易引起品质纠纷。例如：花生仁，F. A. Q，水分不超过13%，破碎粒不超过6%，杂质最高2%，含油量最低44%。

2. 凭牌号或商标买卖（Sale by Brand Name or Trade Mark）

牌号（Brand Name）是指工商企业给其制造或销售的商品所冠的名称，以便与其他企业的同类产品区别开来。一个牌号可用于一种产品，也可用于一个企业的所有产品。商标（Trade Mark）是指生产者或商号用来识别其所生产或出售的商品的标志，它可由一个或几个具有特色的单词、字母、数字、图形或图片等组成。如大白兔奶糖（White Rabbit Brand Creamy Candy）。凭牌号或商标买卖，一般只适用于一些品质较稳定的工业制成品或经过科学加工的初级产品。此外，我国接受国外客户订货按规定印刷其提供的牌号时，应注意该项牌号是否合法，以免因触犯进口国商标法而引起纠纷。

3. 凭产地名称买卖（Sale by Original Products）

在国际货物买卖中，有些产品因产区的自然条件、传统加工工艺等因素的影响，在品质方面具有独特的风格和特色。对于这类产品，可用产地名称来表示其品质，如四川榨菜（Sichuan Preserved Vegetable）、金华火腿（Jinhua Ham）。

4. 凭说明书和图样买卖（Sale by Specification or Illustrations）

这种表示方法一般适用于工业设备、机械、仪器、工具等的买卖。由买方或卖方提出所要求的规格或详细说明书，详细说明材料、构造、大小及性能等指标，并以此作为双方履行合同的标准。如品质和技术指标见卖方产品目录第××页××行（Quality and Technical Date as per Seller's Catalogue Page ×× and ×× Line）。在采用这种方式确定商品品质时，应在合同中附有详细规格说明书、必要的图表、安装设计图纸及验收方法。

实训操作

1. 翻译下列合同条款：

（1）Tea Cups & Saucers，Coffee Cups & Saucers Quality same as sample airmailed on 18th Oct.，2010.

（2）Grey Duck Feather，Down content 18%，1% more or less.

（3）Small Red Beans，100 MT Packed in single new gunny bags of about 100kgs，each，gross for net.

（4）绒毛狗，白色，26 厘米，货号为 CB567，交货品质与确认样品大致相同。

（5）品名及规格：品名：中国大米，规格：不完善颗粒不得超过 17%，杂质不得超过 1%，水分不得超过 15%。

2. 用英文结合实际拟订东北大豆、捷安特自行车、毛绒熊玩具、男式衬衫这四项商品的品质条款。

3. 请根据下列条件填制本书所附销售确认书的品质条款。

品名：皮鞋

货号：JB602

交货品质与确认样品大致相同。

三、合同中的品质条款

（一）品质条款的基本内容及示例

品质条款的内容包括商品的品名、规格、等级、牌号以及交接货物的依据等。在凭样品买卖时，应列明样品的编号及寄送日期，并规定交货品质与样品相同。如：

（1）Plush Bear，Article Number：T260，details as per the sample dispatched by the Seller on 10th Sep.，2010.

（2）Zhangyu dry red wine，twelve degree of sugar.

（3）Sesames，moisture（max.）8%，admixture（max.）2%，oil content（min.）52%.

（4）9371 China green tea，special chummy grade.

（5）Frozen Rabbit Bone-in：Specification：fresh，without skin，head，paws and entrails，with or without kidneys and livers，well frozen. Special

Size：1500gms per carcass；Large Size：1000gms per carcass；Medium Size：600gms per carcass；Small Size：400gms per carcass.

（6）Changhong Brand Color TV Sets details as per attached descriptions and illustrations.

（二）品质机动幅度与品质公差

为了避免因交货品质与买卖合同不符造成违约，在出口业务中，可以在合同品质条款中规定品质机动幅度与品质公差。

品质机动幅度是允许卖方所交商品的品质指标可在一定幅度内灵活掌握，这种做法一般适合于初级产品（如农副土特产品）的出口。品质机动幅度的表示方法有：

（1）规定商品的某项品质指标允许有差异的范围。例如：漂布，幅阔35/36寸。

（2）对某些商品的规格规定一定的极限。常用最大或最高、最低或最少等词语表示。

例如：芝麻 含油量：52%（最低），水分：8%（最高），杂质：1%（最高）。

（3）规定上下差异。例如：灰鸭毛，含绒量18%，上下1%。

有些工业制成品，由于在生产过程中不能做到很精确，可根据国际惯例或经买卖双方协商同意，允许卖方交货品质可以与标准品质有一定的误差，这种国际公认的商品品质的误差叫品质公差（Quality Tolerance）。如手表走时每天出现若干秒误差，应属正常。

国际贸易中，在合理的品质机动幅度与品质公差范围内的品质差异，不影响其交货和商品价格。但也可以根据需要，通过合同中的价格条款适当予以调整，一般是按照实际交货品质同比例增价或减价。如我国出口芝麻时，常在合同中规定："中国芝麻：水分（最高）8%；杂质（最高）2%；含油量（湿态、乙醚浸出物）以52%为基础，若实际装运货物的含油量高或低1%，价格相应增减1%，不足整数部分，按比例计算"。

（三）订立品质条款时应注意的问题

1. 贯彻"平等互利"和"重合同、守信用、重质先于重量"的原则

平等互利是我国对外经济关系中的一项基本原则，重合同、守信用则是我国一贯倡导的商业精神。订立品质合同必须考虑买卖双方的实际利益，使物有所值；同时必须信守所订条款的品质要求，保证实际交货品质与条款相符，把保护质量放在第一地位，维护商誉，维护国家声誉。

2. 订立品质条款要从生产实际出发，实事求是

订立货物的品质规格，要切合实际，即符合产品内在和外在的实际情

况，要在生产上是实际做得到的，才能保证对外按时、按质、按量交货；如果订得过高，会造成生产与对外履约上的困难。特别是按国外标准，如按国外药典新的规定来订立品质条款，必须实事求是地考虑我们的生产水平和能力能否达到该要求；品质要求也不能订得过低，否则会影响外销商品的价格和市场，甚至会影响国家对外的声誉；品质表达必须恰如其分，不能写得不切实际，写得过分，令人难以相信。

讨论分析

我国某公司A向孟加拉国某公司B出口一批货物，合同价值约为USD20 000.00，货物为汽车配件，共有10个型号，其中有4个型号要求根据客户样品制造。

付款方式为，客户先支付定金1 000美元，剩余部分的30%和70%分别以L/C和T/T支付（在货物生产完毕时通知客户支付）。B公司随即开来信用证，A公司按合同和L/C要求开始生产货物，但发现其中按客户样品要求定做的货物不能完成。由于客户订货的数量比较少，开发该产品十分不合算，因此A公司打算从其他厂家购进该产品，但遗憾的是，却一直无法找到生产该产品的厂商。而此时已接近装船期了，其他货物亦相继生产完毕。

A公司只好告诉B公司上述问题。B公司要求取消所有的货物并退还定金和样品，其理由是，其要求定做的货物是十分重要的，不能缺少，因A公司没有按时完成货物，其错过了商业机会。A公司也感到无可奈何，确实理亏，只好答应B公司的要求，承担一切货物积压的损失。

讨论：请你站在A公司的角度反省一下：为什么会造成如此被动的局面？

3. 要正确使用货物品质的各种表示方法

国际贸易中，各种表示品质的方法是在长期实践中形成的，每一种表示方法都有其各自的法律含义，表明了买卖双方的义务和权利。因此，学会正确运用各种表示方法，对促进贸易发展是非常重要的。为做到正确运用，应注意以下几点：

（1）必须明确每种表示方法的含义、特征及其法律责任。

（2）结合商品的特点和传统的做法选择适当的表示方法。

一般来讲，凡能用科学的指标说明其质量的商品，则适于凭规格、等级和标准买卖；有些难以规格化和标准化的商品，如工艺品等则适于凭样品买卖；某些质量好，并具有一定特色的名优产品，适于凭牌号或商标买卖；某些性能复杂的机器、电器和仪表，则适于凭说明书和图样买卖。

（3）学会综合运用各种表示品质的方法。

例如，有的交易既用商标、牌号或产地名称，又列有商品的规格；有的交易既规定有详细的规格，又附有样品等，使之相互补充。但是，值得注意的是，在规格与样品同时使用时，必须明确表明以何种方式为准，不能相互抵触或矛盾。根据某些国家法律的解释，凡是既凭样品又凭规格达成的交易，卖方所交货物必须既与样品一致，又要符合规格的要求。

讨论分析

我国某出口公司向英国出口一批大豆，合同规定：“水分最高为14%，杂质不超过2.5%。”在成交前，该出口公司曾向买方寄过样品，订约后该出口公司又电告买方成交货物与样品相似，当货物运至英国后买方提出货物与样品不符，并出示了当地检验机构的检验证书，证明货物的品质比样品低7%，但未提出品质不符合合同的品质规定。买方以此要求该出口公司赔偿其15 000英镑的损失。

讨论：该出口公司是否该赔偿？本案例给我们什么启示？

4. 要注意科学性和灵活性

条款的内容和文字应注意科学性、严密性、准确性，应避免使用笼统、含糊的字眼，以准确表达货物的品质，但是也不要订得过繁或过死，只订一些能反映货物品质的主要指标就可以了，否则将作茧自缚，造成生产和交货的困难。为了便于生产和交货，品质条款的订立应具有一定的灵活性，可以根据货物特征和实际需要，采用规定品质机动幅度或品质公差的方式。

讨论分析

香港某商行向内地一企业按FOB条件订购5 000公吨铸铁井盖，合同总金额为305万美元（约合人民币2 534.5万元）。货物由买方提供图样进行生产。

该合同的品质条款规定：铸件表面应光洁：铸件不得有裂纹、气孔、砂眼、缩孔、夹渣和其他铸造缺陷。合同规定：

1. 订约后10天内卖方须向买方预付约25万元人民币的“反保证金”，交第一批货物后5天内退还保证金。

2. 货物装运前，卖方应通知买方前往产地抽样检验，并签署质量合格确认书；若质量不符合合同要求，买方有权拒收货物。

3. 不经双方一致同意，任何一方不得单方面终止合同，否则由终止合同的一方承担全部经济损失。

讨论：该案例中的出口商犯了哪些错误？应从中吸取哪些教训？请谈谈你的感受。

5. 卖方对销售的货物的权利应具有担保义务

卖方权利担保是指卖方应对其所出售的货物享有合法的权利，没有侵犯任何第三人的权利，任何第三人都不会就该项货物向买方主张任何权利。

卖方对货物的权利担保义务包括三个方面：(1) 卖方保证对其出售货物拥有所有权或有权转让货物所有权；(2) 卖方保证所售货物不存在任何未曾向买方透露的担保物权，如抵押权、留置权等；(3) 卖方保证所售货物没有侵犯他人知识产权。

讨论分析

中国甲公司与荷兰乙公司于2018年9月20日签订045号合同及其附件。合同规定，中国甲公司向荷兰乙公司提供半自动车床35台，用于精密仪器的加工。双方就该批车床的规格、型号和性能指标等进行了约定。合同明确规定，荷兰乙公司在货到后将转口到美国和加拿大。

荷兰乙公司于2019年2月5日向甲公司支付了合同项下的全部货款。荷兰乙公司在付款后，依照其与美国和加拿大客户签订的供货合同，于2019年2月25日向美国和加拿大运送此批车床。在车床的使用过程中丙公司发现，该批车床系仿冒丙公司在美国登记注册的专利制造项目，属于侵犯专利权的行为。丙公司于2019年5月28日依据美国有关专利法律的规定，向美国法院提出请求，要求法院发布停止这种车床在美使用和销售的禁令，同时起诉荷兰乙公司要求赔偿其经济损失16.5万美元。

2019年9月30日，美国法院判定荷兰乙公司的销售行为侵害了美国丙公司的知识产权并造成损害，要求荷兰乙公司赔偿丙公司的经济损失11.5万美元，并发布禁止销售和使用禁令。荷兰乙公司在接到该判决后，依据与中国甲公司签订的合同，于2019年10月15日提起仲裁，要求依据《联合国国际货物销售合同公约》的有关规定，转由中国甲公司承担全部经济赔偿并补偿荷兰乙公司由此而发生的全部费用。

讨论：从该案例中我们应吸取什么教训？

【学习测试】

一、不定项选择题

1. 卖方根据买方来样复制样品，寄送买方并经其确认的样品，被称为（　　）。

A. 复样　　B. 回样　　C. 原样　　D. 确认样

E. 对等样品

2. 在国际贸易中，造型上有特殊要求或具有色香味方面特征的商品适合于（　　）。

A. 凭样品买卖　　B. 凭规格买卖

C. 凭等级买卖　　D. 凭产地名称买卖

3. 若合同规定有品质公差条款，则在公差范围内，卖方（　　）。

A. 不得拒收货物

B. 可以拒收货物

C. 可以要求调整价格

D. 可以拒收货物，也可以要求调整价格

4. 大路货是指（　　）的货物。

A. 适于商销　　B. 上好可销品质

C. 质量劣等　　D. 良好平均品质

5. 目前我国出口的某些工艺品、服装、轻工业品等常用来表示品质的方法是（　　）。

A. 凭样品买卖　　B. 凭规格买卖

C. 凭等级买卖　　D. 凭产地名称买卖

6. 规定商品品名条款的注意事项有（　　）。

A. 内容明确、具体　　B. 切忌空泛、笼统

C. 尽可能使用国际上通行的名称　　D. 不得选择不方便进口的名称

E. 不应列入描述性的词句

7. 凭牌号或商标买卖，一般只适用于（　　）。

A. 一些品质稳定的工业制成品

B. 经过科学加工的初级产品

C. 机器、电器和仪表等技术密集产品

D. 造型上有特殊要求的商品

E. 精选货

8. 根据我国实际，品质增减价条款主要的规定方法有（　　）。

A. 对机动幅度内的品质差异，可根据交货时的实际品质，按规定予以增价和减价

B. 只规定交货幅度的下限，对高于合同规定者，不予增价

C. 对于在机动幅度范围内的品质差异，按低劣的程度，采用不同的扣价办法

D. 对于在机动幅度内的品质差异不予增价和减价

E. 高于或低于机动幅度也不得拒收

9. 凭样品买卖时，如果合同中无其他规定，那么卖方所交货物（　　）。

A. 可以与样品大致相同

B. 必须与样品完全一致

C. 允许有合理公差

D. 允许在包装规格上有一定幅度的差异

二、判断题

1. 在出口贸易中，表达品质的方法多种多样，为了明确责任，最好采用既凭样品又凭规格买卖的方法。（ ）

2. 在出口凭样品成交的业务中，为了争取国外客户，便于达成交易，出口企业应尽量选择质量最好的样品请对方确认并签订合同。（ ）

3. 在约定的品质机动幅度或品质公差范围内的品质差异，除非另有规定，一般不另行增减价格。（ ）

4. 某外商来电要我方提供大豆，按含油量18%、含水量14%、不完善粒7%、杂质1%的规格订立合同。对此，在一般条件下，我方可以接受。（ ）

三、案例分析

1. 我某进出口公司对外签订一份合同，合同规定：商品品名为手工制造书写纸（Handmade Writing Paper）。买方收到货物后，经检验发现货物部分制造工序为机械操作，而我方提供的所有单据均表示为手工制造，对方要求我方赔偿，而我方拒赔。主要理由是：（1）该商品的生产工序基本上是手工操作，而且关键工序完全采用手工；（2）该交易是经买方当面先看样品成立的，并且实际货物品质与样品一致，应认为品质相符。试分析上述案例，判断责任在哪方，并说明理由。

2. 我某出口公司向外商出口一批苹果，合同及对方开来的信用证上均写的是三级品，但卖方交货时才发现三级苹果库存告急，于是该出口公司改以二级品交货，并在发票上加注："二级苹果仍按三级计价，不另收费"。请问：卖方的这种做法是否妥当？为什么？

3. 中国某公司向科威特出口冻北京鸭200箱，合同规定的品质要求为："带头、翼、蹼，无毛，一级品，每只最小重量为2千克。需要由伊斯兰教协会出具证明，证实鸭是按照伊斯兰教方法用刀屠宰"。货到科威特后，冻鸭体外完整，颈部无任何刀痕。进口当局认为违反伊斯兰教的用刀方法，因此拒收货物，并要求中国公司退回货款。试分析对方要求是否合理，并说明理由。

4. 澳大利亚某商是我方来往多年的棉布商，某日寄来上衣一件，称该上衣是我方某出口合同项下所交染色棉布，经其转销给某制衣厂制作成衣的样品。该上衣两袖的色泽有明显的不同，证明我方所供货物品质有严重的色差，不能使用。为此，澳大利亚某商要求将全部已经缝制的成衣退回，并重新按合同规定的品质和数量交货。请问：我方应如何处理？并简述理由。

5. 我北方一外贸公司于某年 5 月份与新加坡商人达成一笔合同，我方出口一批大理石板，品质要求为："纯黑色，晶墨玉，四边无倒角，表面无擦痕，允许买方到工厂验货，7 月份交货"。由于品质要求苛刻，加工难度大，批量小，货价低，交货期又紧，生产加工企业都不愿接受。交货期被迫延长，后经努力，终于交出一批货。到货后经检验不合格，买方提出索赔。经仲裁，以我方最终赔偿对方 28 000 美元了结。请问：你从本案例中吸取了什么教训？

条款二

数量条款

知识要点

1. 数量条款的重要性；
2. 计量单位和计重方法；
3. 数量条款的主要内容；
4. 拟订数量条款应注意的事项。

技能要求

1. 能够在合同中正确填制数量条款；
2. 能够准确地利用数量机动幅度条款表示商品的数量。

商品的数量（Quantity of Goods）是指以一定度量衡表示商品的重量、个数、长度、面积等量。商品的数量是国际贸易合同中主要的交易条件之一，它由数量和计量单位两部分组成。选择适当的计量单位和计量方法，制定合理的数量条款，对交易双方都是重要的。

一、约定数量条款的意义

《联合国国际货物销售合同公约》规定：若卖方所交数量多于合同规定，则买方有权拒收多交部分的全部或一部分；若卖方所交数量少于合同规定，则卖方必须在交货期届满前补齐，但不得使买方遭受不合理的不便或承担不合理的开支，买方仍保留损害赔偿的权利。

讨论分析

我某进出口公司与美国商人订立了一份进口小麦合同，合同规定：数量 200 万公吨，每公吨 350 美元。如果美方在装船时共装运了 220 万公吨，对于多装的 20 万公吨，我方可以拒收吗？如果美方只装运了 180 万公吨，我方是否有权拒收全部小麦？如果美方装了 80 万公吨小麦，我方又如何处理？

二、数量的确定

数量的确定

（一）计量单位

国际贸易中交易商品不同，需要采用不同的计量单位，通常被采用的计量单位有 6 种：

1. 按重量（Weight）计量

按重量计量是当前国际贸易中使用最多的一种计量方法。常见的重量单位有：公吨（Metric ton，mt）、长吨（Long ton，lt）、短吨（Short ton，st）、磅（Pound，lb）、盎司（Ounce，oz）、千克（Kilogram，kg）、克（Gram，g）等。许多农副产品、矿产品及工业制成品通常按重量这种方法计量。

2. 按个数（Number）计量

常用的个数单位有：件或只（Piece，pc）、套（Set）、打（Dozen，doz）、罗（Gross）、令（Ream，rm）、箱（Case）、捆（Bale）、听（Tin）、卷（Roll，coil）等。按个数计量通常适用于有一定规格，尺寸成形、成件的生活日用品、轻工业产品、机械产品及一部分土特产品。

3. 按长度（Length）计量

常用的长度单位有米（Meter，m）、英尺（Foot，ft）、码（Yard，yd）等。按长度计量通常适用于如绳索、丝绸、布匹等商品的交易。

4. 按面积（Area）计量

常用的面积单位有：平方米（Square meter，sq. m）、平方英尺（Square foot，sq. ft）、平方码（Square yard，sq. yd）等。按面积计量适用于按面积计算的商品，通常有地毯、皮革、玻璃板等。

5. 按体积（Volume）计量

常用的体积单位有：立方米（Cubic meter，cu. m）、立方英尺（Cubic foot，cu. ft）、立方码（Cubic yard，cu. yd）、立方英寸（Cubic inch）等。按体积计量通常适用于木材及化学气体之类的交易。

6. 按容积（Capacity）计量

常用的容积单位有：升（Litre，L）、加仑（Gallon，gal）、蒲式耳

(Bushel，bu）等。各类谷物及液体货物往往按容积计量。

（二）因各国度量衡制度不同而导致计量单位上的差异

世界各国的度量衡制度的不同，导致同一计量单位所表示的数量不一。现在国际上常用的度量衡制度有四种：国际单位制（International System of Unites，简称国际制）、公制（The Metric System）、英制（The British System）和美制（The U. S. System）。不同的度量衡制度导致同一计量单位所表示的数量有差异。例如，就表示重量的“吨”而言，实行公制的国家一般采用公吨，每公吨为 1 000 千克；实行英制的国家一般采用长吨，每长吨为 1 016 千克；实行美制的国家一般采用短吨，每短吨为 907 千克。此外，有些国家对某些商品还规定有自己习惯使用的和法定的计量单位。为了解决由于各国度量衡制度不一带来的弊端，国际标准计量组织在各国广为通用的公制的基础上采用国际单位制。国际单位制的实施和推广，标志着计量制度的日趋国际化和标准化，现在已有越来越多的国家采用国际单位制。

《中华人民共和国计量法》第 3 条规定：“国家采用国际单位制。国际单位制计量单位和国家选定的其他计量单位，为国家法定计量单位。”自 1991 年 1 月起，除个别特殊领域外，我国已不允许再使用非法定的计量单位。我国出口的商品，除照顾对方国家贸易习惯约定采用公制、英制或美制计量单位外，应采用我国法定计量单位。例如，我国进口的机器设备和仪器等应要求使用我国法定计量单位，否则，一般不许进口，若确有特殊需要，也必须经有关标准计量管理部门批准。

（三）计算重量的表示方法

在国际贸易中，按重量计量的商品很多。常见的计算重量的方法有五种：

1. 毛重（Cross Weight）

毛重是指商品本身的重量加上包装物的重量。这种计重办法一般适用于低值商品。

2. 净重（Net Weight）

净重即商品本身的重量，不包括包装物的重量即皮重（Tare）。净重是国际贸易中最常见的计重办法。散装的大宗低价商品，一般无包装物。有些虽有简单包装，但包装物的重量同货物重量相比很小，价值也较低，在计价时以毛重当作净重计，这种方法在国际贸易中称作“以毛作净”（Gross for Net）。在国际贸易中，如果合同中未明确规定用毛重还是用净重计价，按惯例应以净重计价。

计算净重时首先要除去皮重，即包装物的重量。常见的皮重的计算方法有以下四种：

（1）实际皮重（Actual Tare 或 Real Tare）。即按包装材料的实际重量，是对包装物逐件实际衡量后所得的总和。

(2) 平均皮重（Average Tare）。就是从整批货物中抽出一定的件数，称出其皮重，然后求出每件的平均皮重，再乘以总件数，即可求得整批货物的皮重。按平均皮重计算通常适用于包装比较统一、重量相差不大的商品包装。近年来，随着包装技术的发展和包装材料及规格的标准化，用平均皮重计算的做法已日益普遍。

(3) 习惯皮重（Customary Tare）。即按商品包装习惯上公认的重量乘以总件数计算总皮重，而无须对包装逐件过秤。例如："每只麻袋习惯皮重为2.5磅"。

(4) 约定皮重（Computed Tare）。即按买卖双方事先约定的包装物的重量作为计算皮重的基础。

在国际贸易中，究竟采用哪一种方法计算皮重来求得净重，应根据商品的性质、所使用的包装的特点、合同数量的多寡以及交易习惯，由双方当事人事先约定并列入合同，以免事后引起争议。

3. 公量（Conditioned Weight）

有些商品，如棉花、羊毛、生丝等，本身具有较高的价值，又有较强的吸湿性，其所含的水分受客观环境的影响很大，重量很不稳定，国际上通常采用按公量计算的办法，即以商品的干净重（指烘去商品水分后的重量）加上国际标准回潮率与干净重的乘积所得出的重量。其计算公式为：

$$\text{公量}=\frac{\text{实际重量}\times(1+\text{标准回潮率})}{1+\text{实际回潮率}}$$

公量也可表述为用科学的方法抽取商品中的水分，再加上标准含水量所求的重量。可用一个更加简单的公式表示：

$$\text{公量}=\text{干量}+\text{标准含水量}$$

4. 理论重量（Theoretical Weight）

理论重量是指某些固定规格的商品，可从商品件数推算出商品的总重量。如马口铁、钢板等。

5. 法定重量（Legal Weight）

按照某些国家海关法的规定，在征收从量税时，商品的重量是以法定重量计算的。法定重量是指商品重量加上直接接触商品的包装材料，如销售包装的重量。

讨论分析

我某出口公司向美国出口10公吨羊毛，标准回潮率为11%，经抽样证明10千克纯羊毛用科学方法抽干水分后的净重为8千克干羊毛。请问：用公量计算的交货重量为多少？

三、合同中的数量条款

合同中的
数量条款

（一）数量条款的基本内容

进出口合同中的数量条款一般由交货的数量、计量单位和数量机动幅度等组成。例如：乙醇，1 000 公吨，卖方可溢短装 5%（DEG，1000MT，5% More or Less at Seller's Option）。

（二）数量机动幅度条款

在国际贸易中，有些商品如农副产品、矿产品等，由于商品本身特性或受自然条件或运输、包装等条件的限制，实际所交数量往往不易符合合同规定的数量。为了避免日后产生争议，买卖双方可以在合同中订立数量机动幅度条款，只要卖方的交货数量在约定的增减幅度范围内，就算按照合同规定数量交货，买方不得以交货数量不符为由而拒收货物或者提出索赔。

1. 买卖合同中的数量机动幅度条款

买卖合同中的数量机动幅度条款又称数量增减条款或溢短装条款（More or Less Clause），即在合同数量条款中规定，所交货物的数量可以多交或少交若干，但以不超过成交数量的百分之几为限。例如：1000MT 3% More or Less at Seller's Option。

2. 溢短装条款的实际运用

（1）由卖方决定（at seller's option）：大多数情况下。

（2）由买方决定（at buyer's option）：买方派船装运时。

（3）由承运人决定（at shipper's option）：租船运输时。

3. 利用溢短装条款时要注意的问题

（1）溢短装的比例要适当，通常以百分比表示。具体多少，应视商品特性、行业或贸易习惯和运输方式等因素而定。例如：铁矿砂 100 公吨±3%。

（2）溢短装选择权的规定要合理。一般由卖方掌握，也可以由负责安排船舶运输的一方选择，还可以规定由船方根据舱容和装载情况作出选择。

（3）溢短装数量的计价方法要公平合理。在数量机动幅度范围内多装或少装的货物的计价方法最好在合同中规定，否则按合同价格结算。对于价格波动较大的商品一般按装船时或到货时的市场价格计算，以体现公平合理的原则。这样可以有效地防止有权选择增减幅度的一方在市场价格上涨或下降时故意少装或多装而从中获利。

4. 规定"约"量

即在合同的商品数量前加一"约"字（About，Circa，Approximate），如"天然气约 1 000 立方米"。但由于"约"量的含义在国际贸易中各国解释不同，因此，为避免日后有争议，除非买卖双方对"约"量的含义已有协议或默认，合同条款中最好不用“约”量，而是明确规定溢短装幅度。但如果合同规定采用信用证方式付款，按照《跟单信用证统一惯例》（UCP600）的规定：在数量及金额前有“约”字，应理解为所交商品的数量或金额有允许不超过10%的机动幅度。

5. 合同中未明确规定数量机动幅度

在这种情况下，卖方一般应按合同规定交货，但合同货款采用信用证支付且货物不是以包装或个数单位计数计量的，按《跟单信用证统一惯例》（UCP600）的规定，卖方交货的数量允许有5%的增减。

讨论分析

1. 某单位对中东某海湾国家出口电扇1 000台，国外来证规定不允许分运。但在出口装船时才发现有40台的包装破裂，有的风罩变形，有的开关按钮脱落，临时更换已来不及。为保证质量起见，发货人员认为根据《跟单信用证统一惯例》（UCP600）规定即使不准分运，在数量上也允许有5%的伸缩。如少装甩下40台并未超过5%，结果实装960台。当该单位持单到银行议付时，银行不予议付。试讨论银行拒付的原因何在。

2. 某公司定购钢板400公吨，计6英尺、8英尺、10英尺、12英尺四种规格各100公吨，并附每种数量可增减5%的溢短装条款，由卖方决定。履行中卖方实际交货为：6英尺，70公吨；8英尺，80公吨；10英尺，60公吨；12英尺，210公吨。总量未超过420公吨的溢短装上限的规定。请问：对于出口商按实际装运数量出具的跟单汇票，进口商是否有权拒收货物、拒付货款？

（三）订立数量条款应注意的问题

数量条款的内容及其繁简，应视商品的特性而定。规定数量条款时需要注意下列事项：

1. 正确掌握成交数量

在商洽交易时，应正确掌握进出口商品成交数量，防止心中无数、盲目成交。一方面，为了正确掌握出口商品的数量，在商订具体数量时，应当考虑国外市场的需求情况、国内货源的供应情况、国际市场价格动态、国外客户的资信状况和经营能力等因素；另一方面，为了合理地确定进口商品的成交数量，一般应考虑国内的实际需要、国内支付能力以及市场行情变化情况等因素。

2. 数量条款应当明确具体

为了便于履行合同和避免引起争议，进出口合同中的数量条款应当明确具体。比如，在规定成交商品数量时，应一并规定该商品的计量单位。对按重量计算的商品，还应规定计算重量的具体方法，如“中国大米 1 000 公吨，麻袋装，以毛作净”。某些商品，若需要规定数量机动幅度，则数量机动幅度是多少、由谁来掌握这一机动幅度，以及溢短装部分如何作价，都应在条款中具体订明。此外，进出口合同中成交量一般不宜采用“大约”“近似”“左右”等带伸缩性的字眼来表示。

3. 合理规定数量机动幅度

由于受商品本身的特性以及生产、船舱容量、装载技术和包装等影响，须在数量条款中适当规定一定的数量机动幅度，以便合同顺利履行。

【学习测试】

一、不定项选择题

1. “以毛作净”实际上就是（　　）。

A. 以净重作为毛重作为计价的基础

B. 按毛重计算重量作为计价的基础

C. 按理论重量作为计价的基础

D. 按法定重量作为计价的基础

2. 我国目前使用最多的计量方法是（　　）。

A. 按数量计算　B. 按重量计算　C. 按长度计算　D. 按体积计算

3. 在国际贸易中，大宗农副产品、矿产品以及一部分工业制成品习惯的计量方法是（　　）。

A. 按面积计算　B. 按长度计算　C. 按重量计算　D. 按容积计算

4. 在国际贸易中，木材、天然气和化学气体习惯的计量单位是（　　）。

A. 按重量计算　B. 按面积计算　C. 按体积计算　D. 按容积计算

5. 在国际贸易中，酒类、汽油等液体商品习惯的计量单位是（　　）。

A. 按重量计算　B. 按面积计算　C. 按体积计算　D. 按容积计算

6. 在国际贸易中，一些贵重金属如黄金、白银习惯的计量单位是（　　）。

A. 克拉　B. 盎司　C. 长吨　D. 公担

7. 在国际贸易中，最常见的计重方法是（　　）。

A. 净重　B. 毛重　C. 公量　D. 法定重量

8. 根据《跟单信用证统一惯例》（UCP600）规定，合同中使用“大约”“近似”等约量字眼，可解释为交货数量的增减幅度为（　　）。

A. 不超过 5%　B. 不超过 10%

C. 不超过 15%　D. 由卖方自行决定

9. 采用 FOB 术语成交，数量的机动幅度一般由（　　）。

A. 买方和船方共同协商予以确定

B. 卖方和船方共同协商予以确定

C. 卖方单独确定

D. 船方单独确定

10. 在国际贸易中，通常采用的度量衡制度有（　　）。

A. 英制　　B. 美制　　C. 国际单位制　　D. 公制

11. 溢短装数量的计价方法包括（　　）。

A. 按合同价格结算　　B. 按装船日的行市计算

C. 由仲裁机构解决　　D. 由卖方自行决定

E. 按货物到目的地时的世界市场价格计算

二、判断题

中国 A 公司向《联合国国际货物销售合同公约》缔约国 B 公司出口大米，合同规定数量为 50 000 公吨，允许卖方可溢短装 10%。A 公司在装船时共装了 58 000 公吨，遭到买方拒收。按《公约》的规定，买方有权这样做。（　　）

三、计算题

某公司出口生丝，合同数量为 100 公吨，溢短装 5%，约定标准回潮率为 11%。现有生丝 104 公吨，实际回潮率为 9%。问：

（1）这批生丝符合约定标准回潮率的重量为多少？

（2）是否符合溢短装条款规定的重量？

（3）应取出多少回潮率为 9%的生丝？

四、案例分析

1. 我国某出口公司与某国进口商按每公吨 500 美元的 FOB 大连价成交某农产品 200 公吨，合同规定包装条件为每 25 千克双线新麻袋装，采用信用证付款方式。该公司凭证装运出口并办妥了结汇手续。事后对方来电称：该公司所交货物扣除皮重后实际到货不足 200 公吨，要求按净重计算价格，退回因短量多收的货款。该公司则以合同未规定按净重计价为由拒绝退款。请分析该公司的做法是否可行，并说明理由。

2. 中国某公司从国外进口某农产品，合同数量为 100 万公吨，允许溢短装 5%，而外商装船时共装运了 120 万公吨。对多装的 15 万公吨，我方应如何处理？

3. 我国某出口公司对外出口一批罐头，合同规定数量为每箱 454 克×24 听纸箱装 1 000 箱。我方根据库存情况，实际出口 454 克×48 听纸箱装 500 箱。外商以我方包装不符为由拒收货物。请问：外商拒收是否有理，为什么？

4. 我国某出口公司与俄罗斯某公司进行一笔黄豆出口交易，合同中的数量条款规定如下：每袋黄豆净重 100 千克，共 1 000 袋，合计 100 公吨。但货物运抵俄罗斯后，经俄罗斯海关检查发现每袋黄豆净重 94 千克，共 1 000 袋，合计 94 公吨。当时市场上黄豆价格下跌，俄罗斯公司以单货不符为由，提出降价 5%的要求，否则拒收。请问：俄罗斯公司的要求是否合理？我方应采取什么补救措施？

五、技能实训

用英文结合实际拟订东北大豆、捷安特自行车、毛绒熊玩具、男式衬衫这四项商品的数量条款。

条款三

包装条款

知识要点

1. 包装条款的重要性；
2. 包装的种类和作用；
3. 包装标志特别是运输标志的主要内容；
4. 包装条款的主要内容；
5. 拟订包装条款应注意的事项。

技能要求

1. 能正确设计运输标志；
2. 能够根据实际情况拟订对我方有利的国际货物买卖合同中的包装条款。

一、包装的意义、作用和要求

商品的包装（Packing of Goods）是指为在流通过程中保护产品、方便储运、促进销售，按一定的技术方法所用的容器、材料和辅助物等的总体名称；也指为达到上述目的在采用容器、材料和辅助物的过程中施加一定技术方法等的操作活动。

适当的包装，对保护商品，方便商品的储存、运输、装卸、清点、陈列起到了重要的作用。良好的包装也可以提高商品的国际市场竞争力，有利于吸引顾客、扩大销路，还可起到宣传商品、美化商品和提高商品档次与售价的作用。包装反映一个国家经济技术、科学、文化等方面的发达程度。

包装条款也是国际货运买卖合同险中一项不可缺少的重要条件之一。提供约定或通用的商品包装，也是卖方的主要义务之一。《联合国国际货物销售合同公约》规定，卖方须按照合同规定的方式装箱或包装；如果合同未规定，则货物按照同类货物通用方式装箱或包装，如果没有此种通用方式，则按照足以保全和保护货物的方式装箱或包装。按照国际贸易习惯和某些国家的法律规定，包装条款是合同的主要条款之一，是货物说明的组成部分。如果货物的包装与合同规定或行业习惯有重大不符，则属于违约，买方有权索赔损失，甚至拒收货物。因此，买卖双方必须在合同中明确规定包装条款。

讨论分析

中国台湾的一家公司往中东运输玻璃杯，用木箱作为包装箱，用干草作为填充物。然而，等货物运到目的地时，大部分玻璃杯都碎了。这是因为中东地区的天气比较干燥，当木箱运抵中东地区时，木箱里作为填充物的干草里的潮气全散发掉后体积变小了，结果在箱子里就有了多余的空隙，船的来回颠簸使得玻璃杯互相碰撞而破碎。

另一家中国台湾公司也遇到了类似的问题。当这家公司将一批羊毛运到伊朗时，伊朗人拒绝接收货物，他们认为中国台湾人在货物的重量上欺骗了他们。在拖延了很长时间后，他们才发现羊毛在从中国台湾这样的气候比较潮湿的地区发出时含有许多潮气，当运到伊朗时由于这里的气候比较干燥，原来羊毛里的潮气都散发掉后，重量当然就轻了。而到这时，双方都已浪费了许多宝贵的时间，在经济上造成了很大的损失。

讨论：从这两个案例中，你得到了什么启示？

包装的种类

二、包装的种类

根据包装在流通过程中所起到的作用不同，出口商品的包装可分为运输包装和销售包装。

（一）运输包装

运输包装又称为外包装（Outer Packing），它的作用主要是保护商品，便于运输，减少运费，便于储存，节省仓租和便于计数等。国际市场上常见的运输包装有两大类：单件包装和集合包装。单件包装是指在运输过程中作为一个计件单位的包装。常见的有：箱（Case）、桶（Drum）、袋（Bag）、篓（Basket）、捆（Bundle）等。实际工作中，一般根据商品特点及买卖双方的约定选择使用。集合包装是指将若干件单件包装组合成一件包装或装入一个大的包装容器内。常见的集合包装有集装箱（Container）、托盘（Pallet）、集装袋（Flexible Container）三种形式。

对运输包装的总体要求是必须坚固结实，防止碎、损、漏、耗，并便于运输、装卸、储存和计数。国际标准化组织大力推行运输包装标准化，即统一材料、统一规格、统一容量、统一标准和统一封装方法。运输包装标准化将有助于简化包装容器的规格，便于加工制造，易于识别和计量，可以节约包装材料、降低成本、合理压缩体积、节约包容和运费，还可以提高包装容器的使用率。

讨论分析

国内某贸易公司向俄罗斯出口大豆，合同中规定数量为 1 000 公吨，用麻袋装。我方在装运中由于麻袋数量不足，有 100 公吨的货物擅自改用塑料袋以代替麻袋装运。请问：我方的行为是否构成违约？对方是否有权拒收或以此向我方提出索赔？

（二）销售包装

销售包装又称内包装（Inner Packing），是指在商品进入零售环节和消费者直接见面的包装。它除具有保护商品外，还具有美化商品、宣传商品、便于销售和使用等作用。

讨论分析

在荷兰某一超市上有黄色竹制罐装的茶叶一批，罐的一面刻有中文“中国茶叶”四字，另一面刻有我国古装仕女图，看上去精致美观，颇具民族特点，但国外消费者少有问津。请问：其原因何在？

在销售包装上，一般都附有装潢画面和文字说明，有的还印有条形码的标志。

条形码是由一组带有数字的黑白及粗细间隔不等的平行条纹所组成，它表示特定的信息，是利用光电扫描阅读设备为计算机输入数据的特殊代码语言。随着国际市场上电子扫描自动化售货设备的使用日益广泛，“条形码”已成为销售包装上不可或缺的标记。只要将条形码对准光电扫描器，计算机就能自动识别条形码上的信息，确定商品的品名、数量、生产日期、生产厂家、产地等，并据此在数据库中查询其单价，进行货物结算。这样提高了结算的准确性和工作效率，便于销售。

国际上通用的条形码主要有两种：一种是由美国、加拿大组成的统一编码委员会编制的，其物品标识符号是 UPC 码；另一种是由欧盟成立的欧洲物品编码协会（后改名为“国际物品编码协会”）编制的，其物品标识符号是 EAN 码。

为了与国际市场接轨，我国于 1988 年 12 月建立了中国物品编码中心，1991 年 4 月 18 日代表中国正式加入国际物品编码协会。该中心在我国成立了分中心，生产和经营出口商品的企业需要使用条形码，可向物品编码机构申请，而后统一向国际条形码组织申请办理注册手续。标准版 EAN 码的条空图形结构线条为 30 条，其相应字符为 13 位，前三位用来标识国家或地区，第四至七位为制造厂商代码，第八至十二位为商品代码，最后一位为校验代码（供扫描器核对整个编码有无误读）。国际物品编码协会分配给我国的前缀号为 690、691、692，即代表中国产品。

包装标志

三、包装标志

为了在运输过程中便于识别货物，防止错发错运以及为了便于销售，在商品内外包装上要刷制一定的包装标志。包装标志主要有运输标志、指示性标志、警告性标志、原产地标志、重量与尺码标志和条形码。

（一）运输标志

运输标志（Shipping Mark）又称为“唛头”（Mark），通常是由一个简单的几何图形、必要的字母、数字及文字组成（如例 1），包括：

（1）代表收货人或发货人的简称和简单的几何图形，有的还可列有合同号码或订单号或信用证号码；

（2）目的港名称（有时还增列中转港名称）或目的地名称；

（3）批件号，包括顺序的件号和该批货物的总件数，或二者择其一。

联合国欧洲经济委员会简化国际贸易程序工作组，在国际标准化组织和国际货物装卸协会的支持下，制定了标准运输标志（如例 2），向国际贸易界推荐使用。与例 1 不同的是，标准运输标志不使用任何图形，目的是便于电子商务操作；标准运输标志增加了“参考号”内容，要求写上合同号或订单号或发票号；标准运输标志中批件号的表示要既有每件货物的顺序号，又要有总件数。

(ABC Co)——图形、文字、字母
LONDON
VIA——目的港
HONG KONG
CNT/NO. 1 - 200 ——批件号

例 1

SMITHCO——收货人
SC93410——参考号
LONDON——目的港（目的地）
NO. 1 - 300——批件号

例 2

按国际贸易习惯，运输标志一般由卖方决定，并无必要在合同中作具体规定。如果买方要求其指定唛头，则应在合同中具体规定唛头的式样和内容，并规定买方提出唛头式样和内容的时限，超过时限卖方可自行决定。

实训操作

请根据客户提供的资料设计一个唛头。

客户名称：ASUNSHINE CO.

商品名称：液晶电视机

成交数量：100 台

目的港：纽约

包装：In international boxes，24 boxes on a pallet，10 pallets in a FCL container

（二）指示性标志

指示性标志（Indication Mark）是根据商品的特性，特别标出货物在运输、装卸、搬运、保管过程中应注意的事项，如“小心轻放”（Handle with Care）、“请勿用钩”（Use No Hooks）、“此端向上”（This Side Up）、“保持干燥”（Keep Dry）等。如图 2-3-1 所示。

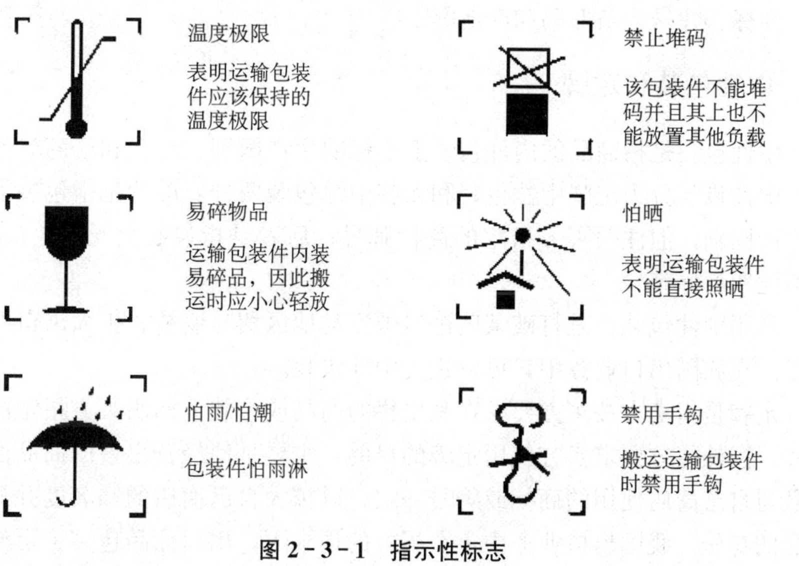

图 2-3-1　指示性标志

（三）警告性标志

对易燃、易爆、有毒、放射性等危险货物应在包装上刷制警告性标志（Warning Mark），使有关人员在运输、装卸、搬运、储存、使用过程中采取相应的防范措施。如“有毒品”（Poison）、“爆炸物”（Explosive）、“易燃物品”（Inflammable）等。如图 2-3-2 所示。

（四）其他标志

其他标志是根据进口国的有关规定或根据收货人的要求而附加的一些作

图 2-3-2　警告性标志

为运输标志补充的标志。这些标志通常有体积标志、重量标志、进口许可证号、商标、牌号、条形码和产地等。

四、中性包装和定牌

中性包装是指商品的内外包装上不标明生产国别、地名和厂商名称的包装。中性包装分为定牌中性包装和无牌中性包装两种。前者是指包装上不注明生产国别，但注明买方指定的商标牌号；后者是指包装上既无生产国别，也不注明商标牌号。

采用中性包装，是打破某些进口国家与地区贸易壁垒、扩大出口的一种手段。在我国出口业务中，可以接受中性包装。

定牌是指卖方按买方要求在其出售的商品或包装上标明买方指定的商标牌号。国外买方要求卖方使用定牌的目的，主要是使经营出售的商品商标或牌号与自己商店使用的商标或牌号一致，以扩大自己商店的知名度并显示该商品的身份。我国出口业务中，在买方的请求下，出口商品包装上可使用买方指定的商标或牌号，但需注明“中华人民共和国制造”字样。

讨论分析

英国某公司与我国宁波某皮鞋厂洽谈进口业务，打算从我国进口“足途”牌皮鞋 2 000 双。但要求我方改用“霏迷”牌商标，并在包装上不得注明“Made in China”字样。请问：我方是否可以接受？在处理此项业务时，应注意什么问题？

五、合同中的包装条款

合同中的
包装条款

（一）包装条款的内容

包装条款一般包括包装材料、包装方式、包装标志、包装费用的负担等内容。例如：

（1）木箱装，每箱 50kg 净重。（In wooden cases of 50kg net each.）

（2）纸箱或空格木箱装，每箱净重约 12kg，每只水果包纸。（In cartons or crates of about 12kg net，each fruit wrapped with paper.）

（3）布包，每包 20 匹，每匹 42 码。（In cloth bales each containing 20pcs of 42yds.）

（4）铁桶装，每桶净重 185kg～190kg。（In iron drums of 185kg-190kg net each.）

（5）铁桶或纸板桶装，每桶净重 60kg。（In iron drums or cardboard drums of 60kg net each.）

（6）单层新麻袋，每袋约 50kg。（In new single gunny bags of about 50kg each.）

（7）布袋装，内衬聚乙烯袋，每袋净重 25kg。（In cloth bags，lined with polythene bags of 25kg net each.）

（8）每台装 1 个出口纸箱，810 个纸箱装 1 个 40 英尺集装箱运送。（Each set packed in one export carton，810 cartons transported in one 40ft container.）

（二）订立包装条款应注意的问题

1. 有关包装方式应在合同中作具体的、明确的规定

除非买卖双方对此已有约在先，在合同中一般不宜使用诸如“适合海运包装”（Packed in Seaworthy Packing）、“按惯例方式包装”（Packed in the Usual Way）等，以免引起纠纷。

2. 要注意进口国家对包装的有关规定

例如，在包装材料方面，有的国家禁止用麻袋包装或用玻璃陶瓷等材料制作的包装容器包装，有的国家禁止用虫蛀或带有树皮的木材做包装木箱，有的国家禁止用稻草、干草、废棉、报纸作为衬垫物等；在重量方面，有的国家规定油脂品每件净重不得超过 10 千克，各国班轮公司对于超长、超重的货物都加收附加费；在包装方式方面，有的国家规定必须使用托盘或集装箱。因此，在订立包装条款时应注意各国的法规，以免日后由于包装问题导致对方拒收而造成经济损失。

3. 包装费用一般包括在货价中，不另计价

对于买方提出的特殊包装要求，其超出的包装费用应由买方负担，并应

包装注意事项与风俗习惯

在合同中具体规定负担的费用和支付办法。经双方商定，若全部或部分包装材料由买方负责供应，合同中应规定包装材料最迟到达卖方的时限和逾期到达的责任。在进口合同中，对于包装技术性较强的商品，通常要在单价后面注明“包括包装费用”。

【学习测试】

一、不定项选择题

1. 按照国际惯例，如果合同中没有相关规定，则运输标志一般由（　　）提供。

A. 开证行　　B. 卖方　　C. 买方　　D. 船方

2. 定牌中性包装是指（　　）。

A. 在商品本身及其包装上使用买方指定的商标/牌号，但不表明产地

B. 在商品本身及其包装上使用买方指定的商标/牌号，也表明产地

C. 在商品本身及其包装上不使用买方指定的商标/牌号，也不表明产地

D. 在商品本身及其包装上不使用买方指定的商标/牌号，但表明产地

3. 运输标志的作用是（　　）。

A. 便于识别货物　　B. 方便运输

C. 易于计数　　D. 防止错发错运

E. 促进销售

4. 运输包装从方式上看，可以分为（　　）。

A. 混杂包装　　B. 单件包装

C. 集合运输包装　　D. 中性包装

E. 标牌包装

5. 按国际惯例，包装费用（　　）。

A. 不应包括在货物价格之内，并在合同中列示

B. 应包括在货物价格之内，但必须在合同中另外列示

C. 包括在货物价格之内，一般不在合同中另外列示

D. 不应包括在货物价格之内，也不必在合同中列示

6. 运输包装和销售包装的分类，是按（　　）。

A. 包装的目的来划分的

B. 包装的形式来划分的

C. 包装所使用的材料来划分的

D. 包装在流通过程中的作用来划分的

7. 包装标志按其用途，可分为（　　）。

A. 运输标志　B. 指示性标志　C. 警告性标志　D. 识别标志

E. 条形码标志

8. 条形码标志主要用于商品的（　　）上。

A. 销售包装　　B. 运输包装

C. 销售包装和运输包装　　D. 任何包装

9. 国际货物买卖合同中的包装条款，主要包括（　　）。

A. 包装材料　　B. 包装方式　　C. 包装费用　　D. 运输标志

10. 集合运输包装可以分为（　　）。

A. 集装袋　　B. 集装包　　C. 集装箱　　D. 托盘

E. 桶装

二、判断题

1. 运输包装上的标志就是指运输标志，也就是通常所说的唛头。（　　）

2. 包装费用通常在单价以外另行计价。（　　）

3. 以下包装条款是正确的：木箱装，然后装托盘。（　　）

4. 国际上通用的条形码有两类：UPC 和 EAN。UPC 码是目前国际公认的物品编码标识系统。（　　）

5. 包装由卖方决定，买方不得要求使用特殊包装。（　　）

6. 运输标志、指示性标志和警告性标志都是刷制在商品的外包装上的。（　　）

7. 对于警告性标志，各国一般都有统一规定。但我国出口危险品货物除印刷我国的危险品标志外，还应标明国际上规定的危险品标志。（　　）

8. 进出口商品包装上的包装标志，都要在运输单据上标明。（　　）

9. 采用定牌出口商品时，除非买卖双方另有规定，一般都应在商品包装上注明“中国制造”字样。（　　）

10. 指示性标志用图形或文字表示。（　　）

三、计算题

1. 一位新西兰客商前来购买童车，看中我某公司货号为 173 的款式，约定纸箱包装，每箱装 2 辆，纸箱尺码为 80×50×42 立方厘米，请计算一个 40 英尺的货柜可以装多少箱。

2. 有一位中东客商向我方询购安全皮鞋，要求用 5 层瓦楞纸箱包装，每箱装 12 双，每双装入一个纸盒，纸盒尺寸为 380×240×103 立方毫米，试计算纸箱外径尺寸。

四、案例分析

1. 某外商欲购我方“菊花”牌电钻，但要求改用“鲨鱼”牌商标，并在包装上不得注明“Made in China”字样。请问：我方是否可以接受？应注意什么问题？

2. 某口岸过去出口手绢是 12 打一包，后改为 5 打一包，而后又改为一打一盒，进而又改为半打、5 条、3 条一盒，结果销量大增。请问：这是什么原因？

3. 我方出口某种化工原料，共 500 公吨，合同与来证均规定为麻袋装。但我方到装船发货时发现麻袋装的货物只够 450 公吨，剩下的 50 公吨便以塑料袋装的同样货物充抵。请问：这有无问题？

4. 2017 年 3 月初，我国山东某乡镇企业与 A 国的 M 贸易公司签订了一份出口烤花生的合同。合同规定出口数量为 40 公吨，采用纸箱装，每箱装 10 袋，每袋 450 克。合同规定，付款方式为即期信用证，交货时间为当年的 4 月 30 日前，目的港为 A 国 S 港。由于 M 贸易公司对货物的内包装袋不太满意，认为太粗糙，图案不理想，于是签约时决定使用自己的包装袋。因此，在合同的包装条款中附带了一句：内包装由 A 方提供。

合同签订后，中方抓紧时间组织加工，同时催促 A 方抓紧运送包装袋。中方于 4 月 15 日将货物加工完毕，只等 A 方包装袋到位，但 A 方包装袋始终未到。中方多次催促之后，A 方提供的内包装袋终于在 4 月 24 日到货。中方立即组织装袋打包，但货物最终没能赶上 28 号的船期。中方于 28 日致电 A 方公司，指出由于 A 方公司内包装袋的迟交，导致了中方公司不能按时交货，因此要求将交货期改为 5 月 15 日之前。

29 日，对方回电说："由于贵方延迟交货已成事实，我方不同意贵方迟交系由我方造成的说法。但我方考虑到贵方的实际困难，要求中方公司在价格上减让 10%，否则拒绝改期交货。"中方加工厂在接到对方的电函后，与对方交涉，对方作出让步，同意交货期改为 5 月 15 日之前，中方价格减让了 8%。中方考虑到货物迟交已经形成事实，而且货物已经准备就绪，市场行情不断看跌，没有别的选择，只好同意了对方的要求。试分析发生纠纷的原因。

五、技能实训

1. 根据下列条件设计一个唛头。

客户名称：HANOF TOOLET CO.

商品名称：100%全棉男式衬衫

成交数量：5 400 件

目的港：纽约

包装：每件装一塑料袋，每 60 件装一纸箱

2. 用英文结合实际拟订东北大豆、捷安特自行车、毛绒熊玩具、男式衬衫这四项商品的包装条款。

条款四
价格条款

知识要点

1. Incoterms® 2020 的主要内容及其特点；

2. FOB、CIF 和 CFR 三种术语有关买卖双方的责任和风险费用划分等相关问题；

3. 主要贸易术语间的比较及各种贸易术语的性质、风险和所有权转移等问题；

4. 各种术语的价格换算及出口报价。

技能要求

1. 能够用国际贸易惯例分析与贸易术语有关的相关案例；

2. 能够根据贸易情况选择合适的贸易术语；

3. 能够根据洽谈结果填制合同中有关价格、金额等条款；

4. 能够根据所学专业知识计算出应报价格及各种贸易术语间的换算。

一、单价及贸易术语的含义

（一）国内外单价的比较

单价即每单位商品多少钱，也就是人们常说的价格，这是人们每天都有可能涉及且为人们所关心的问题。例如，“猪肉的价格为每千克 50 元”“这支笔 1 元”“某种品牌的手机每部 7 500 元”，等等。这些价格中都包括有计价金额、计价货币、计量单位三项基本内容。其中，除了我国的港澳台地区，我们国内商品的计价货币都是人民币。

国际贸易中的商品价格自然也不可能离开上述三项内容。但是和国内商品价格有一个很大的差异是，国际贸易的商品的计价货币往往是外币，比如美元等。此外，国际贸易毕竟是在两个国家或地区间进行的，相距遥远，涉及买卖双方的费用、风险和责任的划分，还涉及货物运输、办理保险、进出口清关的手续等一系列错综复杂的问题。如果每笔交易都就以上问题进行协商，势必影响交易的进程，增加交易费用。因此，经过长期的国际贸易实践，一种能解决上述问题的术语应运而生，也就是在上述价格中加上一个术语，用来表示这个价格的构成，以及按照该贸易术语卖方应在哪里交货，应该承担哪些责任和风险，买方的责任和风险又如何划分，等等。所以，国际贸易中的单价由计价金额、计价货币、计量单位和贸易术语四项内容组成。如某出口商品的报价为：每公吨 550 美元 FOB Shanghai。这一价格就意味着卖方应承担到上海港将货物交到船上前的一切费用和风险，包括在此之前的其他一切常规责任和义务；买方承担在上海港将货物交到船上之后的一切费用和风险，包括海上货物运输和海上货物运输保险的手续办理及费用支付等。

（二）贸易术语的含义与起源

贸易术语（Trade Terms），又称价格术语（Price Terms），它是一个简短的概念，如“Free On Board”，或是三个字母的缩写，如“FOB”，用来说明价格的构成及买卖双方有关费用、风险和责任的划分，以确定买卖双方在交货和接货过程中应尽的义务，被称作“对外贸易的语言”。

国际贸易较国内贸易复杂，从一国或地区出口到另一国或地区，往往要经过诸多环节，某一环节稍有差错将影响整笔交易的顺利进行。因此，交易磋商过程中，买卖双方必须对每一环节反复磋商，这将耗费大量时间和费用，影响交易达成。贸易术语则解决了这一难题，用几个简短的字母来概括买卖双方的有关手续、费用和风险的划分，从而大大节省了交易磋商的时间和费用，简化了交易磋商和买卖合同的内容，有利于国际交易的达成和贸易的发展。

贸易术语是在长期贸易实践中形成、发展和完善的。在中世纪，从事国际贸易是一种冒险行为，当时运输业不发达，大多数交易都是货主自己乘船把货物运到国外口岸直接销售；也有些商人则自己乘船到国外买货运回；还有的就是商人装一船货，每到一个口岸，出售船上的货物或用船上的货物换取当地的特产，直到船上的货物全部卖完，最后装满一船货物运回。交易过程中的责任、费用、风险全由货主自己负担。产业革命后，出现许多为贸易服务的专业性组织，如轮船公司、保险公司等。这些组织出现后，有关运输、保险方面的责任就由他们承担，买方则负担由此产生的运费和保险费，并负担承运人接管货物以后的风险和费用，卖方只需将货物交给这些组织就算完成了交货任务，这样就简化了交易手续，缩短了交易时间，减少了交易风险。随着时间的推移，各种能说明买卖双方责任划分的贸易术语相继出现，大大促进了国际贸易的发展。

二、有关贸易术语的国际贸易惯例

贸易术语的出现的确给国际贸易带来了很大的便利，但原先各国和地区并无完全统一的解释。为了加速国际贸易的发展，某些国际组织和工商团体制定了一些有关国际贸易术语方面的规则、条例，以统一和规范贸易术语的使用。这些规则和条例虽然并无强制性，但得到世界不少国家和地区的认可并运用在国际贸易实践中，逐渐成为国际贸易惯例。目前国际上关于贸易术语方面较有影响力的惯例主要有三个。

（一）《1932 年华沙-牛津规则》（Warsaw-Oxford Rules 1932，简称 W. O. Rules 1932）

《1932 年华沙-牛津规则》是由国际法协会制定的。该协会于 1928 年在华沙举行会议，制定了有关 CIF 买卖合同的统一规则，共 22 条，称为《1928 年华沙规则》。后经 1930 年纽约会议、1931 年巴黎会议和 1932 年牛津会议修订，定名为《1932 年华沙-牛津规则》，共 21 条。本规则主要说明 CIF 买卖合同的性质和特点，并且具体规定了 CIF 合同中买卖双方所承担的费用、责任与风险。本规则适用的前提是必须在买卖合同中明确表示采用此规则。虽然这一规则现在仍得到国际上的承认，但实际上已很少采用。

（二）《1941 年美国对外贸易定义修正本》（Revised American Foreign Trade Definitions 1941）

1919 年美国九大商业团体共同制定了《美国出口报价及其缩写条例》，随后即得到世界各国买卖双方的广泛承认和使用。但自该条例出版以后，贸易习惯已有很大变化，因而在 1940 年举行的第 27 届全国对外贸易会议上，参会各方强烈要求对它作进一步的修订。1941 年 7 月 30 日，由美国商会、美国进出口协会及全国对外贸易协会所组成的联合委员会通过了《1941 年美国对外贸易定义修正本》。该修正本主要对以下 6 种术语作了解释：

（1）产地交货 EX（point of origin），按此术语，所报价格仅适用于原产地交货，卖方同意在规定日期或期限内在双方商定的地点将货物置于买方控制之下。

（2）在运输工具上交货 FOB（free on board），此术语又分为 6 种解释：

① 在内陆指定发货地点的指定内陆运输工具上交货（FOB〈named inland carrier at named inland point of departure〉）。

② 在内陆指定发货地点的指定内陆运输工具上交货，运费付到指定的出口地点（FOB〈named inland carrier at named inland point of departure〉freight prepaid to〈named point of exportation〉）。

③ 在指定内陆发货地点的指定内陆运输工具上交货，减除至指定出口地点的运费（FOB〈named inland carrier at named inland point of departure〉freight allowed to〈named point〉）。

④ 在指定出口地点的指定内陆运输工具上交货（FOB〈named inland carrier at named point of exportation〉）。

⑤ 在指定的装运港船上交货（FOB vessel〈named port of shipment〉）。

⑥ 在进口国指定内陆地点交货（FOB〈named inland point in country of importation〉）。

（3）在运输工具旁交货 FAS（free along side），是指卖方所报价格包括将货物交到各种运输工具旁边，如果在 FAS 后面加上 Vessel 字样，则表示“船边交货”。

（4）成本加运费 C&F（cost and freight），按此术语，卖方所报价格包括将货物运到指定目的地的运输费用在内。

（5）成本加保险费、运费 CIF（cost，insurance and freight），按此术语，卖方所报价格包括货物的成本、海洋运输保险费和将货物运到指定目的地的一切运输费用在内。

（6）目的港码头交货 EX Dock（named port of importation），按此术语，卖方所报价格包括货物的成本和将货物运到指定进口港的码头所需的全部费用，并缴纳进口税。

本定义主要适用于美洲国家，在很多解释上与其他惯例不同，因此，使用本定义或对该地区交易时要慎重，不要轻易使用。

（三）《2020 年国际贸易术语解释通则》（International Rules for the Interpretation of Trade Terms 2020，Incoterms® 2020）

在国际贸易的长期实践中，形成了一些贸易术语，但各国或地区对同一贸易术语往往有不完全相同的解释，这给贸易的顺利进行带来一定的障碍，因此，对国际贸易中普遍采用的贸易术语提供一套具有国际性质的统一规定或解释就非常重要。基于这种需要，国际商会（International Chamber of Commerce，ICC）于 1936 年制定了《国际贸易术语解释通则》，定名为 Incoterms® 1936。Incoterms 来源于 International Commercial Terms 三词，其后不同版本的通则延续了该定名形式。后来为适应国际贸易实践不断变化的需要，该通则于 1953 年、1967 年、1976 年、1980 年、1990 年、2000 年和 2010 年先后进行了 7 次修订和补充。国际商会贸易术语系列惯例应用最广、影响力最大，是所有从事国际贸易业务人员必须掌握的技能。

必须强调，贸易术语解释通则不是法规，是惯例，不具备强制性，必须双方约定对应的适用版，新版的贸易术语解释通则不推翻前版的贸易术语解释通则的适用范围，关键看双方选择，甚至双方可以在合同中对具体术语指定的责任进行调整。大家在学习国际贸易知识和技能的过程中，要始终将合同意识放在第一位。

2019 年 9 月 10 日，在 2010 版本运行十年后，国际商会于法国巴黎正式发布了 Incoterms® 2020，该规则于 2020 年 1 月 1 日全球正式生效，它是迄今为止关于国际贸易术语含义的国际惯例的最新版本。本次修订开始于 2016

年 9 月，此外第一次引入中国和澳大利亚代表。Incoterms® 2020 实施之后，并非 Incoterms® 2010 就自动作废，当事人在交易过程中仍然可以自愿选择不同年代版本的《国际贸易术语解释通则》。

Incoterms® 2020 最大的特点是更明晰地向用户展示各术语所规定的买卖双方的权利与义务，便于买卖双方在签订合同时选择合适的术语。因此新版本的术语更强调正确的选择，此版本对买卖合同与附属合同之间的界限和联系做出了更明确的解释；此版本除了按首字母排列外，还根据交货过程及相关风险的不同重新排列相关术语，更加突出地显示重点，便于大家选择。

1. Incoterms® 2020 的变化

相对于 Incoterms® 2010，Incoterms® 2020 规则所做的修改主要集中在以下几个方面：

（1）DAT 更改为 DPU。Incoterms® 2010 中，DAT 与 DAP 的区别在于：DAT 下，货物运达之后，卖方需要将货物从运输工具卸至运输终端；而在 DAP 中，只要载有货物的交通工具抵达目的地，即完成交货。DAT 将“运输终端”广泛地定义为“任何地点，而不论该地点是否有遮盖，如码头、仓库、集装箱堆场或公路、铁路、空运货站”。

Incoterms® 2020 对 DAT 和 DAP 做了两项修订：一是两个术语的位置顺序改变了，将 DAP 列在 DAT 前；二是 DAT 更改为 DPU，强调目的地可以是任何地方，而不仅仅是“运输终端”。用户可以在运输终端以外的场所交付货物。如果目的地不是运输终端，卖方需确保其交货地点可以卸载货物。

（2）对 FCA 术语增加了签发装船提单选项。FCA 是指卖方在卖方所在地或其他指定地点将货物交给买方指定的承运人或其他人。在货物海运销售中，货物在卖方运输工具上备妥待卸并置于承运人或买方指定的其他人控制之时，交货即告完成。在应用 FCA 条款的情况下，海运途中的货物是已经售出的，而买方或卖方（更可能是信用证所在地的银行）可能需要带装船批注的提单。但是，根据先前的 FCA 术语，交货是在货物装船之前完成的，卖方不能从承运人处获得装船提单，因为根据其运输合同，承运人很可能只有在货物实际装船后才有签发装船提单的权利或义务。为了解决这个问题，Incoterms® 2020 的 FCA 术语 A6/B6 条款增加了一个附加选项。买卖双方可以约定，买方指示其承运人在货物装船后向卖方签发装船提单，然后卖方有义务向买方提交该提单（通常是通过银行提交）。最后，应当强调的是，即使采用了这一机制，卖方对买方也不承担运输合同条款的义务。

（3）进一步明确交易双方费用。Incoterms® 2010 费用划分条款列于 A6/B6 处，而 Incoterms® 2020 费用显示在 A9/B9 处。除了排序变化之外，Incoterms® 2020 的 A9/B9 罗列了原 Incoterms® 2010 中散见于各不同条款中对应的费用项目。其目的是向用户提供一个总的成本清单，以便买卖双方可以在一个地方找到其根据贸易术语应承担的所有费用。这使得买方和卖方之间费用的分摊得到了改进和明确。同时，分布于原来各条款的费用项目仍然保留。例如：FOB 术语中获取凭证对应的费用同时出现在 A6/B6 及 A9/B9 处，方便用户在了解某一特定事项的费用划分时可以直接翻阅相关特定条款而非总括条款。

（4）CIF、CIP 中与保险有关的条款发生变化。Incoterms® 2010 中，CIF 和 CIP 规定了卖方有义务自付费用取得货物保险的责任。该保险至少应当符合《协会货物条款》（Institute Cargo Clause，I. C. C.）条款（C）或类似条款的最低险别。

CIF 更多地用于海上大宗商品贸易，CIP 作为多式联运术语更多地用于制成品。Incoterms® 2020 规则中，对保险义务，CIF 术语维持现状，即默认《协会货物条款》条款（C），不过当事人可以协商选择更高级别的承保范围；而对于 CIP 术语，卖方必须至少取得符合《协会货物条款》条款（A）承保范围的保险，不过当事人可以协商选择更低级别的承保范围。条款（A）承保的风险比条款（C）要大得多，这有利于买方，也导致卖方保费的增加。

（5）FCA、DAP、DPU 和 DDP 许可买/卖方选择自有的运输工具。Incoterms® 2010 中，假定买方和卖方之间的货物运输是由第三方承运人负责，没有考量买方或卖方自行负责运输的情况。Incoterms® 2020 考虑了买方和卖方之间的货物运输不雇用第三方承运人的情形，在 DAP、DPU 以及 DDP 中，允许卖方使用自有的运输工具；同样，在 FCA 中，买方也可以使用自有的运输工具收货并运输至买方场所。

（6）运输义务和费用中列入了与安全有关的要求。Incoterms® 2010 中，安保要求放在 A2/B2 和 A10/B10 项中。随着安全问题受到普遍关注，Incoterms® 2020 将安保要求明确规定放在 A4“运输合同”及 A7“出口清关”中，增加的成本也在 A9/B9 费用划分条款中作了明确的规定。

（7）升级“用户指引”为“用户注释”。Incoterms® 2010 中，用户指引放在术语的开头，而现在有了专门的用户注释（Explanatory Notes for Users）。用户注释阐明了各术语的基本原则，例如：何时适用、风险何时转移以及费用如何划分，帮助用户有效及准确地选择适合其交易的术语以及为合同或争议提供指引。

2. Incoterms® 2020 架构

同 Incoterms® 2010 一样，Incoterms® 2020 仍然按照所适用的运输方式将贸易术语划分为两大类（适用于任何运输方式类和仅适用于水上运输方式类），也是 11 种贸易术语，只是将 DPU 取代了 DAT，并且位置处于 DAP 之后。

第一类，适用于任何运输方式的七种术语：

EXW（ex works）工厂交货

FCA（free carrier）货交承运人

CPT（carriage paid to）运费付至

CIP（carriage and insurance paid to）运费、保险费付至

DAP（delivered at place）目的地交货

DPU（delivered at place unloaded）目的地交货并卸货

DDP（delivered duty paid）完税后交货

第二类，适用于水上运输方式的四种术语：

FAS（free alongside ship）装运港船边交货

FOB（free on board）装运港船上交货

CFR（cost and freight）成本加运费

CIF（cost，insurance and freight）成本、保险费加运费

相对于 Incoterms® 2010，Incoterms® 2020 中有关买方义务和卖方义务也是仍然采用逐项间隔排列、左右对照的方式，只是重新调整了排序，A1～A10 为卖方义务、B1～B10 为买方义务。具体内容见表 2-4-1。

表 2-4-1 买卖双方义务对照表

A 卖方义务	B 买方义务
A1 卖方一般义务	B1 买方一般义务
A2 通知买方	B2 通知卖方
A3 交货	B3 收取货物
A4 运输合同与保险合同	B4 运输合同与保险合同
A5 风险转移	B5 风险转移
A6 交货凭证	B6 交货证据
A7 许可证、授权、安检通关和其他手续	B7 许可证、授权、安检通关和其他手续
A8 查对—包装—标记	B8 货物检验
A9 费用划分	B9 费用划分
A10 协助提供信息及相关费用	B10 协助提供信息及相关费用

Incoterms® 2020 中的 11 种贸易术语，使用较多的将仍然是 FOB、CFR、CIF 以及在此基础上发展起来的 FCA、CPT、CIP，了解这些术语的内容是极为重要的。因为 Incoterms® 2020 相对于 2010 版本，框架未发生大的变化，保持了基本稳定，所做的修改上面已经集中论述，故下面依然以 Incoterms® 2010 版本为基础对以上 6 种及其他 5 种术语作详细的介绍。

讨论分析

出口商甲与进口商乙签订了一份出口合同，合同采用 FOB 术语对外报价，但同时规定运输由卖方办理，并且卖方负责在规定的时间内将货物送到买方，这两条规定与《国际贸易术语解释通则》的相关规定是相违背

的。请问：是按照合同规定由卖方负责办理运输、卖方负责将货物送到对方，还是按照国际贸易惯例规定由买方负责办理运输、卖方只负责将货物送到装运港船上？如果合同中规定，本合同受 Incoterms® 2020 的约束，情况又将如何？

三、国际贸易中 6 种主要贸易术语

根据上面介绍的内容，Incoterms® 2020 中共有 11 种贸易术语，其中最主要的贸易术语是 FOB、CFR、CIF、FCA、CPT、CIP。前 3 种贸易术语是国际贸易中最常用的，仅适用于海洋运输和内河运输；后 3 种是根据前 3 种发展而来的，适用于各种运输方式。本部分将就上述 6 种术语的含义、买卖双方的义务和责任、风险和费用的划分界限以及在使用中应注意的问题等作较为详细的介绍。

（一）FOB（Free on Board...named port of shipment）

1. FOB 的含义

FOB（填入指定装运港）Incoterms® 2020——装运港船上交货，是指卖方以在指定装运港将货物装上买方指定的船舶或通过取得已交付至船上货物的方式交货。货物灭失或损坏的风险在货物交到船上时转移，同时买方承担自那时起的一切费用。本术语只适用于海洋运输和内河运输。FOB 可能不适合于货物在上船前已经交给承运人的情况，例如用集装箱运输的货物通常是在集装箱码头交货，在此类情况下，应当使用 FCA 术语。

FOB 最早可追溯到 18 世纪末，那时商人自己租条船在不同的外国港口停靠，根据需要购买当地能提供的商品，他及其代理人在整个航程中始终监督这一冒险活动，并负责对所购商品进行检验。因此，卖方在交易中只负责将货运到港口交给买方就算完成了交货义务，而买方则必须自己租船，并承担卖方交货后的一切风险。这一做法与现行的 FOB 基本相似。

2. 买卖双方的责任划分

根据 Incoterms® 2020 对 FOB 的解释，买卖双方的主要义务如下：

（1）卖方义务：

① 卖方必须在约定的日期或期限内，在指定的装运港，将符合销售合同规定的货物按照该港口的习惯方式交至买方指定的船上，并给予买方说明已按照规定交货的充分通知。

② 卖方必须自担风险和费用，取得任何出口许可证或其他官方许可，并在需要办理海关手续时，办理出口货物所需的一切海关手续。

③ 卖方必须负担货物在装运港交到船上为止的一切与货物有关的费用

和货物灭失或损坏的风险。

④ 卖方必须自负费用向买方提供商业发票和证明货物已交至船上的交货凭证、运输单据或具有同等作用的电子信息。

（2）买方义务：

① 买方必须按照销售合同规定支付价款。

② 买方必须自付费用订立从指定的装运港运输货物的合同，并给予卖方有关船名、装船点和要求交货时间的充分通知。

③ 买方必须自担风险和费用，取得任何进口许可证或其他官方许可，并在需要办理海关手续时，办理货物进口和在必要时从他国过境的一切海关手续。

④ 买方必须负担货物在装运港交到船上之后的一切与货物有关的费用和货物灭失或损坏的风险。

⑤ 买方必须收取卖方按合同规定交付的货物，接受按合同规定提交的交货凭证。

⑥ 买方为其自身利益考虑，应负责办理保险手续并支付保险费。

为便于记忆，现将上述买卖双方的义务和责任归纳如下（见表 2－4－2）。

表 2－4－2　FOB 术语下买卖双方责任划分一览表

分类	卖方	买方
常规责任	1. 负责在规定时间，在指定的装运港按该港口习惯方式将货交至指定的船上，并给予买方充分的通知； 2. 在需要办理海关手续时，负责办理出口手续，取得出口许可证或其他官方许可； 3. 负责提供交货凭证、运输单据或同等作用的电子信息。	1. 收取按合同规定交付的货物并负责按合同规定支付货物价款； 2. 在需要办理海关手续时，负责办理进口手续，取得进口许可证或其他官方许可； 3. 接受有关单据。
共同责任	负担货物在装运港交到船上前的一切费用和风险。	负担货物在装运港交到船上后的一切费用和风险。
主要责任		1. 负责租船订舱，支付运费，并给予卖方关于船名、装船地点和要求交货时间的充分通知； 2. 负责办理保险及支付保险费。

讨论分析

1. 某公司出口六安瓜片茶叶，FOB 上海。装船前检验合格，但是，在目的港卸货时发现部分茶叶腐烂。买方就该货损向卖方索赔，遭到拒赔，引发贸易纠纷，双方同意将该争议案件提交仲裁。请问：仲裁结果如何？

2. 某公司出口燕麦种子，FOB 天津新港，合同规定燕麦种子的发芽率不得低于 90%。装运前燕麦种子发芽率超过 90%，合格。货到目的港检验结果显示该批种子的发芽率不足 50%，不合格。买方就该货损向卖方索赔，遭到拒赔，引发贸易纠纷，双方同意将该争议案件提交仲裁。仲裁机构调查发现：由于卖方未能于该批燕麦种子包装前对包装物（麻袋）进行充分的熏蒸处理，致使麻袋上残留虫卵，在运输途中虫卵孵化，啃噬了燕麦种子胚芽，致损，裁决卖方应该赔偿。请问：你认为仲裁裁决的依据是什么？

3. 租船运输方式下装船费用的确定

按 Incoterms® 2020 的规定，货物在装运港交到船上作为买卖双方费用划分的界限，但 Incoterms® 2020 只是一种惯例，它可以被买卖合同的具体规定或买卖双方确立的习惯做法所超越或改变。因此，在国际贸易实践中，我们可以对费用划分的界限做出明确规定，当然也可以按 Incoterms® 2020 的规定办理。

在装运港的装船费用主要是指与装船有关的一些支出，如平舱费（trimming charges）、理舱费（stowage fee）、捆扎费（lashing charges）、加固费（securing charges）等。

以 FOB 条件买卖时，如果使用班轮运输，由于班轮一般管装管卸，一切费用都包括在运费之内，则装卸费用由支付运费的一方即买方负担，卖方只需在装运港将货物交给买方指定的承运人即算完成交货，有关装船费用也由卖方转移到买方，但风险划分的界限依然是货物交到装运港的船上。如果使用租船运输时，买卖双方有关装船费用的负担是按照 Incoterms® 2020 办理，还是双方根据具体情况另行规定，必须在合同中明确表示，以避免争议的产生。在实际业务中，可以通过 FOB 的变形来解决这一问题。

（1）FOB 班轮条件（FOB liner terms），按此变形，装船费用按班轮条件来办理，即由支付运费的一方——买方负担。

（2）船上交货并理舱（FOB stowed），指卖方负责将货物装入船舱并负担包括理舱费在内的装船费用。

（3）船上交货并平舱（FOB trimmed），指卖方负责将货物装入船舱并负担包括平舱费在内的装船费用。若买方租用自动平舱船，则卖方应退回平舱费用。

（4）FOB 吊钩下交货（FOB under tackle），指卖方将货物运到船舶吊钩所及之处，从货物起吊开始的装船费用由买方负担。由于吊钩下可能在码头，也可能是驳船，而且大件货物涉及岸吊和浮吊的租用，易引起争议，因此，一般不用此变形。

还有如：FOB stowed and/or trimmed，FOB stowed and secured，FOB stowed and lashed 等。

以上 FOB 变形只涉及装船费用，风险划分不变。

另外，要注意某些国家的某些港口对 FOB 有关装船费用的特别解释，例如：

FOB Liverpool：除非合同另有规定，卖方需负责将货装到利物浦港口的船上并理好舱。

FOB London：除非合同另有规定，卖方需负责将货物装到伦敦港口的船上，但不负责平舱及理舱费用，风险以货物实际装到船上为界。

因此，在实际业务中，如果采用租船方式且对装船费用未作明确规定的，一定要注意有关国家的习惯做法，以免产生不必要的麻烦。

讨论分析

如果你是一家进口公司的业务员，准备按照 FOB 条件从国外进口一批矿产品，采用租船方式。经了解，装运港的条件很差，港口的各项费用很高，如果使用 FOB 的变形对外报价，你会选择哪一种？为什么？

4. 租船订舱与装船通知

按规定，FOB 条件下，由买方负责租船订舱，并将船名、船期通知卖方。在具体业务中，卖方也可接受买方的委托代为租船订舱或投保，但纯属代办。若卖方不能完成买方之委托，则买方不得因此而向卖方提出任何异议或借以撤销合同。若按规定办理，买方负责安排船只，卖方负责装货，就涉及船货衔接问题。一般情况下，如果船只按时到达，而卖方货未备齐，则卖方应承担由此造成的空舱费和滞期费；如果买方延迟派船，由此引起的卖方仓储费的增加应由买方负责；未经卖方同意，如果船提前到，卖方不负担空舱费等。

按 Incoterms® 2020 的规定，卖方交货后应给予买方充分的通知，并且，卖方在买方的请求下必须向买方提供投保所需的信息，以便买方能及时办理保险。因此，通常情况下，卖方在货物装船过程中或装船后应及时向买方发出装船通知，以便买方能及时投保，不至于造成漏保，否则，对于由此引起的不良后果，卖方要承担相应的责任。

讨论分析

1. 我方进口商以 FOB 条件从巴西进口橡胶，但是我方由于租船困难，不能在合同规定的时间内到装运港接运货物，从而出现了较长时期的货等船现象，于是巴西方面要求撤销合同并向我方进口商提出赔偿损失的要求。请问：巴西出口商的做法是否合理？

2. 某出口生产企业的李先生与国外一客户按 FOB 条件达成一笔交易，合同规定装运期为 2020 年 3 月。3 月 20 日（星期五）货物顺利装上运往目的港的船上，并于当晚驶离装运港。李先生因忙碌了一周感到疲惫不堪，周末好好休息了两天。3 月 23 日上午一上班，李先生就给进口商发了一份装船通知，半小时以后，李先生收到一份传真，被告知载货船舶于 3 月 21 日晚在某海域发生海难，出口货物全部灭失。李先生对此并不在意，认为货物已经装船并出了装运港，风险由买方承担；如果是保险范围内的损失，买方可以找保险公司索赔，因为办理保险是买方的责任。请问：李先生的这种想法对吗？为什么？

3. 某年日本 A 公司按照 FOB 条件从美国 B 公司进口一批钢材，买方 A 公司按时派船至装运港，卖方 B 公司却没有备货至指定装运港。买方多次催促，卖方先以“货物在运输途中，遇事延误了，请耐心等待”等多种理由搪塞，最后才被迫承认自己没有办法组织到货源，无法交货。于是，买方所派船舶在指定装运港逗留 50 多天后，空船而走。由于买方和承运人签订的是定程租船合同，该合同规定滞期费费率为每天 12 000 美元，于是，船方向买方索要 60 多万美元的滞期费，买方则要求由卖方承担此项费用。请问：你认为买方的要求是否合理？

5. 个别国家对 FOB 的不同解释

有关 FOB 所涉及的交货地点、风险费用的划分、买卖双方的责任划分等方面的问题，不同的国家有不同的解释。例如，《1941 年美国对外贸易定义修正本》中的 FOB 有 6 种解释，前 4 种是指在内陆发货地点或指定出口地点的内陆运输工具上交货，第 5 种是指在指定装运港船上交货，第 6 种是指在进口国指定内陆地点发货。前 4 种及第 6 种的 FOB 与 Incoterms® 2020 中的 FOB 有明显的区别，第 5 种 FOB 则与 Incoterms® 2020 中的 FOB 基本相似，但要在 FOB 和装运港名称之间加上“Vessel”字样，如卖方在装运港纽约交货应写成：FOB Vessel New York。买卖双方划分风险的界限是在装运港船上。

关于出口手续的办理，《1941 年美国对外贸易定义修正本》规定：“卖方根据买方请求，并由买方负担费用的前提下，协助买方取得为出口所需要的出口国证件。”甚至还规定买方要支付出口税以及其他因出口需征收的各项费用，对此必须引起注意。

总之，在合同磋商时，务必明确确定所使用的贸易术语是援引何种版本的何种惯例，涉及具体某种贸易术语时，对应双方的义务、风险和费用理解有分歧的必须在合同中清楚列明如何确定。

（二）CFR（Cost and Freight...named port of destination）

1. CFR 的含义

CFR（填入指定目的港）Incoterms® 2020——成本加运费，是指卖方在装运港船上交货或以取得已经这样交付的货物方式交货，货物灭失或损坏的风险在货物交到船上时转移。卖方负责租船订舱，支付从装运港到目的港的正常运费，并由承运人将货物运至指定的目的港。CFR 可能不适合于货物在上船前已经交给承运人的情况，例如用集装箱运输的货物通常是在集装箱码头交货，在此类情况下，应当使用 CPT 术语。

2. 买卖双方的责任划分

根据 Incoterms® 2020 对 CFR 的解释，买卖双方的主要义务如下：

（1）卖方义务：

① 卖方必须在约定的日期或期限内，在指定的装运港，将符合销售合同规定的货物交至运往指定目的港的船上，并给予买方说明已按照规定交货的充分通知，以及要求的任何其他通知，以便买方能够为受领货物而采取通常必要的措施。

② 卖方必须自担风险和费用，取得任何出口许可证或其他官方许可，并在需要办理海关手续时，办理出口货物所需的一切海关手续。

③ 卖方必须负担货物在装运港交到船上为止的一切货物灭失或损坏的风险以及由于各种事件造成的任何额外费用。

④ 卖方必须自负费用向买方提供商业发票和证明货物已交至船上的交货凭证、运输单据或具有同等作用的电子信息。

⑤ 卖方必须自负费用按照通常条件订立运输合同，经由惯常航线，将货物用通常可供运输合同所指货物类型的海轮（或船只）装运至指定目的港。

（2）买方义务：

① 买方必须按照销售合同规定支付价款。

② 买方必须自担风险和费用，取得任何进口许可证或其他官方许可，并在需要办理海关手续时，办理货物进口和在必要时从他国过境的一切海关手续。

③ 买方必须负担货物在装运港交到船上之后的一切货物灭失或损坏的风险以及由于各种事件造成的任何额外费用。

④ 买方必须收取卖方按合同规定交付的货物，接受按合同规定提交的交货凭证。

⑤ 买方为了自身利益考虑，应办理保险手续并支付保险费。但是，应买方要求，卖方必须向买方提供卖方拥有的买方获取保险所需的信息。

与 FOB 一样，CFR 术语下买卖双方的有关义务和责任可以用表 2-4-3

说明如下：

表 2-4-3　CFR 术语下买卖双方责任划分一览表

分类	卖方	买方
常规责任	同 FOB（见表 2-4-2）	同 FOB（见表 2-4-2）
共同责任	同 FOB（见表 2-4-2）	同 FOB（见表 2-4-2）
主要责任	租船或订舱，支付运费	办理保险，支付保险费

从表 2-4-3 可以看出，CFR 与 FOB 贸易术语的不同点就在于租船订舱、支付运费这一项主要责任，CFR 术语下这一项责任由卖方承担，FOB 术语下则由买方承担。

讨论分析

中国某外贸公司（以下简称卖方）曾与荷兰某公司（以下简称买方）按 CFR 鹿特丹条件签订一项出口合同，合同规定在天津新港先装一批货物，然后驶往上海港再装一批货物。该轮船在新港装货后，卖方没有向买方发出装运通知，故买方没有及时投保货运险。该轮船在驶往上海港装货途中，不幸在吴淞口突然发生火灾，船上货物均被烧毁。由于买方未接到卖方装运通知而没有投保货运险，因此无法向保险公司索赔损失，便向卖方索赔。卖方经办人员拒赔，其理由是他曾向买方表示过，这批货物装船后，不拟发装运通知，买方未表态，被视为默认接受。双方因此产生争议。后经双方友好协商，最后以各负火灾损失的 50%达成和解协议了结此案。请你用所学知识分析此案例。

3. 装船通知

按 CFR 价格术语达成合同，需要特别注意装船通知问题。在 CFR 术语下，卖方负责安排在装运港将货物装上船，而买方须自行办理货物运输保险，以就货物装上船后可能遭受灭失或损坏的风险取得保障。因此，在货物装上船前，即风险转移至买方前，买方及时向保险公司办妥保险，是 CFR 合同中一个至关重要的问题。国际商会在 Incoterms 先前版本中均强调，CFR 卖方必须毫不迟延地通知买方货物已装上船。

4. 租船运输方式下卸货费用的确定

在 FOB 术语中已述及装货费用的负担问题，当采用租船运输时，可采用价格术语的变形来解决，卸货费用则通常由支付运费的一方（买方）负担。同理，在 CFR 术语中，如果采用班轮运输，有关装卸货费用均由班轮公司负责，实际上由支付运费的一方即卖方负担；而在租船运输中，有关装货费用可理解为由支付运费的一方（卖方）负担。根据 Incoterms® 2020 的规定，买方必须支付包括驳运费和码头费在内的卸货费用，除非根据运输合同，该费用应由卖方支付。因此，买卖双方也可以通过 CFR 的变形来明确卸货费用的负担，主要有以下四种变形：

（1）CFR 班轮条件（CFR liner terms），指卸货费用按班轮条件办理，即由支付运费的一方（卖方）负担。

（2）CFR 舱底交货（CFR ex ship's hold），指买方负担将货物从目的港船舱舱底起吊直至卸到码头的费用。

（3）CFR 卸到岸上（CFR landed），指货物到达目的港后，包括驳船费和码头费在内的卸货费由卖方负担。此变形一般不采用。

（4）CFR 吊钩交货（CFR ex tackle），指卖方负担货物从舱底起吊至船边卸离吊钩为止的费用。

（三）CIF（Cost, Insurance and Freight...named port of destination）

1. CIF 的含义

CIF（填入指定目的港）Incoterms® 2020——成本、保险费加运费，是指卖方在船上交货或取得已按此交付货物的方式交货，货物灭失或损坏的风险在货物交到船上时转移。卖方负责租船订舱，支付从装运港到目的港的正常运费，并由承运人将货物运至指定的目的港。卖方还要为买方在运输途中货物的灭失或损坏的风险办理保险，支付保险费。CIF 可能不适合于货物在上船前已经交给承运人的情况，例如用集装箱运输的货物通常是在集装箱码头交货，在此类情况下，应当使用 CIP 术语。

由于 CIF 术语后面跟的是目的港，所以一直被称作“到岸价”，其实这种叫法是不准确的，容易被误解为卖方负责将货物运到目的港并承担到此为止的一切费用和风险，这与 CIF 的含义相违背，必须加以注意。实际上，CIF 术语下买卖双方的货物风险划分点与 FOB 术语完全一样，均以装运港船上为界，只是相对于 FOB 术语，卖方多承担了国际货物运输和保险的任务。

2. 买卖双方的责任划分

根据 Incoterms® 2020 对 CIF 的解释，买卖双方的主要义务如下：

（1）卖方义务：

① 卖方必须在约定的日期或期限内，在指定的装运港，将符合销售合同规定的货物交至运往指定目的港的船上，并给予买方说明已按照规定交货的充分通知，以及要求的任何其他通知，以便买方能够为受领货物而采取通常必要的措施。

② 卖方必须自担风险和费用，取得任何出口许可证或其他官方许可，并在需要办理海关手续时，办理出口货物所需的一切海关手续。

③ 卖方必须负担货物在装运港交到船上为止的一切货物灭失或损坏的风险以及由于各种事件造成的任何额外费用。

④ 卖方必须自负费用向买方提供商业发票和证明货物已交至船上的交货凭证、运输单据或具有同等作用的电子信息。

⑤ 卖方必须自负费用按照通常条件订立运输合同，经由惯常航线，将货物用通常可供运输合同所指货物类型的海轮（或船只）装运至指定目的港。

⑥ 卖方必须按照合同规定，自负费用取得货物保险，并向买方提供保险单或其他保险凭证，以使买方或任何其他对货物具有保险利益的人有权直接向保险人索赔。

（2）买方义务：

① 买方必须按照销售合同规定支付价款。

② 买方必须自担风险和费用，取得任何进口许可证或其他官方许可，并在需要办理海关手续时，办理货物进口和在必要时从他国过境的一切海关手续。

③ 买方必须负担货物在装运港交到船上之后的一切货物灭失或损坏的风险以及由于各种事件造成的任何额外费用。

④ 买方必须收取卖方按合同规定交付的货物，接受按合同规定提交的交货凭证。

与 FOB 一样，CIF 术语下买卖双方的有关义务和责任可以用表 2-4-4 说明如下：

表 2-4-4　CIF 术语下买卖双方责任划分一览表

分类	卖方	买方
常规责任	同 FOB（见表 2-4-2）	同 FOB（见表 2-4-2）
共同责任	同 FOB（见表 2-4-2）	同 FOB（见表 2-4-2）
主要责任	1. 租船或订舱，支付运费 2. 办理保险，支付保险费	

从表 2-4-4 可以看出，CIF 与 FOB 贸易术语的不同点就在于租船订舱并支付运费与办理保险并支付保险费这两项主要责任，CIF 术语下这两项责任由卖方承担，FOB 术语下则由买方承担。

讨论分析

改革开放初期，我国某出口公司与欧洲某进口商按照 CIF 条件签订了一份出口冻兔肉的合同。我方在合同规定的装运期内将符合合同规定的冻兔肉装上了运往目的港的船上，随后，我方制齐全套货运单据向银行办理了结汇手续。一个多月后，买方来电告知，货物才到达目的港，比预计时间晚了十多天，部分冻兔肉因装载于不适宜的位置而化冻并且已经变质。买方认为，卖方没有将完好的货物按时送到目的港，应负责赔偿买方的损失，退回部分货款。我方多数业务员在处理对方来电时认为，按照 CIF 术语成交，既然由我方办理运输，就应该负责运输中货物的安全，另外还认为，CIF 是“到岸价”，我方理应负责将完好的货物按时送到对方，因此，应该赔偿对方的损失。请问：你认为应该这样处理吗？为什么？

3. 保险的有关规定

按 CIF 术语达成的交易，卖方要为买方在运输途中货物灭失或损坏的风险办理保险，并注意以下三个方面的规定：

（1）卖方应与信誉良好的承保人或保险公司订立保险合同，该保险需要至少符合《协会货物条款》条款（C）或其他类似条款中的最低险别。

（2）当买方要求，且能够提供卖方所需的信息时，卖方应办理任何附加险，由买方承担费用，如果能够办理诸如《协会货物条款》或类似条款的险别，也可同时或单独办理《协会战争险条款》和/或《协会罢工险条款》或其他类似条款的险别。

（3）保险的最低金额是合同规定的价格另加 10%（即 CIF 价的 110%）。

（4）采用合同货币投保。

在实际业务中，我们应按此规定执行。另外，特别关键的是，买卖双方在订立合同时必须对保险险别、投保加成、保险金额等问题作出明确规定，以防发生争议。

讨论分析

以 CIF 达成的交易，在无相反明确协议时，卖方只需要按所保条款的最低险别投保，如果按照中国人民保险公司的有关条款，卖方只需要投保平安险。但在我国的实际出口业务中，卖方所投保的险别一般都是“一切险加战争险”，且没有说明费用由买方负担。这样做不是与国际惯例相违背吗？而且卖方还多承担了费用。你能分析其中的原因吗？（保险险别参看本模块条款六“保险条款”章节）

4. 租船订舱与装船通知

按 CIF 术语下买卖双方的责任划分，卖方应在合同规定的时间内将货物装运出口，并且必须按通常条件及惯驶的航线，自费订立运输合同，使用通常类型可供运输合同货物的海轮（或依情况适合内河运输的船只）。除非双方另有约定，对于买方提出的关于限制载运船舶的国籍、船龄、船型、船级以及指定装载某班轮公会的船只等项要求，卖方均有权拒绝接受，但对某些合理的要求，也可考虑接受。在国际贸易合同磋商中，卖方要根据本方公司和产品在国际市场所面临的形势，在确保合理利润和收款安全的情况下，灵活处理各种条款，从而有效促成协议的达成。

关于装船通知问题，各国解释不一，一般来说，为了便于买方了解货运情况，及早做好接货准备，卖方可在装船后发出装船通知。为了避免争议，装船通知应在合同中予以明确。

5. 租船运输方式下卸货费用的确定

在 CIF 术语中，如果采用班轮运输，有关装卸货费用均由班轮公司负责，实际上由支付运费的一方即卖方负担；在租船运输中，有关装货费用可理解为也由支付运费的一方（卖方）负担。根据 Incoterms® 2020 规定，买方必须支付包括驳运费和码头费在内的卸货费，除非根据运输合同该费用应由卖方支付除外。同时买卖双方也可以通过 CIF 的变形来明确卸货费用的负担，具体变形与 CFR 术语相同。

讨论分析

我某出口公司以 CIF 魁北克向加拿大某进口商出口一批农产品，合同规定装运期为 10 月份，可以自由转运，但货物必须于 11 月 30 日前到达魁北克，否则买方有权拒收。我方于 10 月 10 日装船完毕，货物到达魁北克时已经是 11 月 25 日，此时，魁北克港开始结冰。承运人担心船舶进港后出不来，于是根据自由转运条款指使船长将货物全部改卸哈利法克斯港，再装火车运往魁北克，到达时间为 12 月 2 日。进口商以货物晚到为由拒收货物，经多次交涉，最终以我方降价 15%了结此案，我方共损失 36 万加元。试分析我方失误的原因，以及我方应如何避免这种损失产生。

6. FOB、CFR、CIF 间的异同点

FOB、CFR、CIF 的比较

以上所述 FOB、CFR、CIF 三种术语是国际贸易中最常用的，就买卖双方的义务来说，很多方面是相同的，不同之处主要在于租船订舱并支付运费与办理保险并支付保险费这两方面的责任。下面将以上三种术语间的异同点归纳如下（见表 2-4-5）。

表 2-4-5　FOB、CFR、CIF 异同点一览表

<table>
<tr><th></th><th>卖方</th><th>买方</th></tr>
<tr><td rowspan="2">相同点</td><td>1. 装货，充分通知
2. 出口手续，提供证件
3. 交单</td><td>1. 接货
2. 进口手续，提供证件
3. 受单、付款</td></tr>
<tr><td colspan="2">4. 都是装运港交货，风险、费用划分一致，都是以货物在装运港交到船上为界
5. 交货性质相同，都是凭单交货、凭单付款，象征性交货
6. 都适用于海洋运输和内河运输</td></tr>
</table>

<table>
<tr><td rowspan="3">不同点</td><td>FOB</td><td></td><td>租船订舱，支付运费（F）
办理保险，支付保险费（I）</td></tr>
<tr><td>CFR</td><td>租船订舱，支付运费（F）</td><td>办理保险，支付保险费（I）</td></tr>
<tr><td>CIF</td><td>租船订舱，支付运费（F）
办理保险，支付保险费（I）</td><td></td></tr>
</table>

也可以用下面三个等式更为简洁地表示三者之间的联系：

CIF＝FOB＋I＋F

CFR＝FOB＋F

CIF＝CFR＋I

7. 关于凭单交货、凭单付款问题

Incoterms® 2020 中的贸易术语，按其交货性质不同可以分为象征性交货的贸易术语和实际交货的贸易术语两大类。象征性交货的贸易术语有一个共同特点，即凭单交货、凭单付款。采用这类贸易术语时，卖方只要在合同规定的时间和地点，将货物装上运往指定目的地的运载工具上，取得合同规定的装运单据并提交给买方，就算完成了交货义务，买方应在收到装运单据时付款。也就是说，买方凭单付款而不是凭实际交货付款，即使在卖方提交单据的时候，货物已经发生灭失或损坏，但只要单据是正确的、齐全的，买方也仍须按合同规定支付货款；反之，如果卖方所交单据不正确或不齐全，买方有权拒付，即使所交货物与合同完全相符。实际交货的贸易术语，是卖方必须在合同指定地点把货物交由买方控制才算完成交货任务。在此条件下，装运单据不能代替货物，卖方必须在指定地点把卖出的实物交给买方。

属于象征性交货的贸易术语为 F 组和 C 组术语，而 E 组和 D 组术语则属于实际交货的贸易术语。

在对外贸易过程中，无论什么岗位的从业人员，均应具有单据无比重要的意识。

8. 货物所有权与风险的转移问题

所谓所有权，是指对财产享有占有、使用和处理的权利。所有权的转移是指何时此项权利由卖方转移给买方。在实际交货的贸易术语中，卖方在合同指定地点将货物交由买方控制时就算完成了交货任务，这时，货物的所有权也随之由卖方转移至买方，风险同时转移。

在象征性交货的贸易术语中，风险与所有权并非同时转移，风险一般是在卖方将货物交承运人监管时，或者在装运港装上船时转移。所有权则是随卖方交单而转移。按这类贸易术语达成的交易，在买方未付款前，卖方往往不愿意将所有权转移，卖方只有通过掌握代表所有权凭证的提单等货运单据的办法来保留对货物的所有权。具体转移步骤应该是：首先由卖方备齐所有合格的单据，将其交予银行，但银行在买方未付清货款前不得将单据交给买方，这样，货物所有权仍在卖方；然后买方按规定向银行付款，银行交单，此时货物所有权完全转移。因此，在象征性交货的贸易术语中，所有权同风险转移是不一致的，风险转移在先，所有权转移在后。

讨论分析

买卖双方以CIF条件达成一笔交易，卖方在规定的时间和地点将符合合同规定的货物装船，载货船舶于出港后第三天触礁沉没。货物装运半个月后，卖方备齐提单、发票、装箱单、保险单等规定的货运单据要求买方付款，买方以货物已经全部灭失为由拒绝接受单据和付款。请对本案例进行分析。

(四) FCA、CPT、CIP

随着运输业的发展，尤其是国际多式联运的广泛使用，2010年生效的《国际贸易术语解释通则》进一步完善了FCA、CPT、CIP三种可适用于任何运输方式的术语，同时规定了FOB、CFR、CIF仅适用于海运和内河运输。这三种术语在很多方面是很相似的，但各自又有很多不同的特点。现就Incoterms® 2020对FCA、CPT、CIP三种术语的含义及买卖双方的责任划分简单介绍如下：

1. FCA (Free Carrier...named place)

FCA（填入指定交货地点）Incoterms® 2020——货交承运人，是指卖方在卖方所在地或其他指定地点将经出口清关的货物交给买方指定的承运人或其他人。由于风险在交货地点转移至买方，特别建议双方尽可能清楚地写明指定交货地内的交付点。

Incoterms® 2020在FCA的使用说明中明确规定了以交货地来确定双方的装、卸货义务。具体规则是：如果交货是在卖方的场所进行，卖方有义务将货物装上买方提供的运输工具；如果交货是在任何其他地方进行，卖方不负责卸货，即当货物在卖方的运输工具上，尚未卸货，而将货物交给买方指定的承运人或其他人处置时，交货即算完成。

按此术语达成的交易，买卖双方的责任分别是：

(1) 卖方责任：

① 卖方必须自担风险和费用，取得任何出口许可证或其他官方许可，并在需要办理海关手续时，办理出口货物所需的一切海关手续。

② 卖方必须在指定的交货地点，在约定的交货日期或期限内，将货交给买方指定的承运人或其他人，并给予买方说明已按照规定交货的充分通知。

③ 卖方必须承担货物被交由承运人或其他人监管为止的一切与货物有关的费用和货物灭失或损坏的风险。

④ 卖方必须自负费用向买方提供商业发票和证明货物已交给承运人的交货凭证、运输单据或具有同等作用的电子信息；如果买卖双方约定，买方指示其承运人在货物装船后向卖方签发装船提单，那么卖方必须向买方提交该提单（通常是通过银行提交）。

（2）买方责任：

① 买方必须自费订立自指定地承运货物的合同，支付运费，并将承运人名称及其他有关信息及时通知卖方；如果双方约定，买方应指示其承运人在货物装船后向卖方签发装船提单；此外，买方也可以使用自有的运输工具收货并运输至买方场所。

② 买方必须承担货物被交由承运人或其他人监管之后的一切与货物有关的费用和货物灭失或损坏的风险。

③ 买方必须接受按合同规定提交的交货凭证或具有同等作用的电子信息。

④ 买方必须自担风险和费用，取得任何进口许可证或其他官方许可，并在需要办理海关手续时，办理货物进口和在必要时从他国过境的一切海关手续。

⑤ 买方应对货物在运输途中可能发生的灭失或损坏的风险取得货物保险，订立保险合同，并支付保险费。

⑥ 买方必须收取卖方按合同规定交付的货物，并按合同规定支付货款。

讨论分析

2020 年 3 月，中国 A 公司就采用 FCA 术语向德国 B 公司出口一批汽车零配件与其达成协议，该批货物采用集装箱海运运输，付款方式为信用证，合同适用 Incoterms® 2020。A 公司因交货后向银行议付必须提供已装船提单，故要求德国 B 公司在货物装船后指示承运人出具已装船提单，B 公司予以答应。A 公司按时将符合要求的货物在指定地点交给买方指定的承运人之后，货物从上海码头装上船运往德国汉堡。之后 A 公司通知德国 B 公司指示承运人出具已装船提单，但德国 B 公司拒绝，认为按照 FCA 条件，本方没有这个义务，如果 A 公司坚持要提供该单据，则 A 公司应自己和承运人联系协商沟通，请求出具已装船提单。B 公司的说法是否合理？请对本案例进行分析。

2. CPT（Carriage Paid to…named place of destination）

CPT（填入指定目的地）Incoterms® 2020——运费付至，是指卖方将货物在双方约定地点（如果双方已经约定了地点）交给卖方指定的承运人或其他人。在货物被交由承运人或其他人保管时，货物灭失或损坏的风险，以及由于在货物交给承运人或其他人后发生的事件而引起的额外费用，即从卖方转移至买方。卖方必须签订运输合同并支付将货物运至指定目的地的运费。

CPT 术语有关买卖双方的责任划分，只要将 FCA 买方责任中第 1 项责任归在卖方即可，在此不再赘述。

3. CIP（Carriage and Insurance Paid to...named place of destination）

CIP（填入指定目的地）Incoterms® 2020——运费、保险费付至，是指卖方将货物在双方约定地点（如双方已经约定了地点）交给其指定的承运人或其他人。在货物被交由承运人或其他人保管时，货物灭失或损坏的风险，以及由于在货物交给承运人或其他人后发生的事件而引起的额外费用，即从卖方转移至买方。卖方必须签订运输合同并支付将货物运至指定目的地的运费。卖方还必须为买方在运输途中货物的灭失或损坏风险签订保险合同，并支付保险费。

CIP 术语有关买卖双方的责任划分，只要将 FCA 买方责任中第 1、5 两项责任归在 FCA 卖方责任中即可，在此不再赘述。

讨论分析

2020 年 4 月，中国 A 公司就采用 CIP 术语向瑞士 B 公司进口一批核心光学设备与其达成协议，货值达 900 万美元，双方关于货物保险未进行详细沟通，合同适用 Incoterms® 2020。2020 年 5 月，这批货物通过海运运往中国的途中遭遇了海盗，导致全部货物丢失。由于货款已付，事件发生后，A 公司整理相关资料准备向保险公司索赔，但却发现，瑞士 B 公司只投保了《协会货物条款》条款（C）险别，该批货物的损失不在其保障范围，于是要求 B 公司退还全部货款。但 B 公司拒绝，认为双方在订立合同时就保险方面并无特别说明，自身投保险别并无不妥。因为货值巨大，引起双方激烈冲突，最终我方提请国际仲裁。请问：你认为瑞士 B 公司是否应退还全部货款？请对本案例进行分析。

四、FCA、CPT、CIP 与 FOB、CFR、CIF 的比较

从上述三种贸易术语的责任划分可以看出，买卖双方的主要责任依然是运输和保险，同时，这两项责任也是这三种贸易术语的差别所在。因此，这三种贸易术语下买卖双方责任划分的基本原则与 FOB、CFR、CIF 三种贸易术语是基本相同的，但由于它们所适用的运输方式范围不同，因此还是有区别的，具体表现在以下几个方面：

（1）适用的运输方式不同。FOB、CFR、CIF 仅适用于海洋运输和内河运输；而 FCA、CPT、CIP 适用于任何运输方式。

（2）交货地点及风险、费用转移界限不同。FOB、CFR、CIF 三种贸易术语的交货地点均为出口国装运港，风险和费用的划分则以货物在装运港装上船为界；FCA、CPT、CIP 三种贸易术语的交货地点应视不同的运输方式

和不同的约定而定，它可以是出口地的某运输工具上，也可以是承运人的运输站或其他地点，至于风险和费用则于卖方将货物交由指定承运人或其他人保管时转移至买方。

（3）装卸货费用负担不同。FOB、CFR、CIF 三种贸易术语在租船运输情况下，有关装卸货费用可以通过价格术语的变形或合同的具体规定来确定；而 FCA、CPT、CIP 三种术语由于其风险、费用的转移以货交承运人为界，因此就不存在上述问题，装卸货费用均由支付运费的一方承担。

（4）运输单据不同。FOB、CFR、CIF 条件下，卖方一般提供海运提单；而 FCA、CPT、CIP 条件下，卖方提交的运输单据因运输方式的不同而不同，如铁路运单、航空运单、国际多式联运单据等。

（5）运费负担不同。按 FOB、CFR、CIF 贸易术语，运费主要是指从装运港到目的港的海运运费；而按 FCA、CPT、CIP 贸易术语，运费则包括从出口国指定地点到进口国指定地点，中间可能涉及几种不同的运输方式。

（6）保险的内容不同。FOB、CFR、CIF 主要涉及的是海洋货物运输保险；而 FCA、CPT、CIP 则涉及各种运输方式下的货物保险。

五、其他五种贸易术语

除了上述 6 种常用的贸易术语外，Incoterms® 2020 还包括以下 5 种贸易术语。

（一）EXW（Ex works...named place）

EXW（填入指定交货地点）Incoterms® 2020——工厂交货，是指当卖方在其所在地或其他指定的地点（如工场、工厂或仓库等）将货物交给买方处置时，即完成交货。买方负担货物自卖方所在地或其他指定的地点交付后至最终目的地的一切费用和风险。EXW 术语的特点是：

（1）卖方不需将货物装上任何前来接运的运输工具，即使实际上卖方也许更方便这样做。

（2）卖方也无须办理出口清关手续。如果买方不能直接或间接地办理货物出口报关手续，则不宜采用此贸易术语。

（3）它适合国内贸易，而 FCA 一般则更适合国际贸易。

（4）EXW 是卖方责任最小的贸易术语。

讨论分析

1. 某公司按 EXW 条件出口一批电缆，但在交货时，买方以电缆的包装不适宜出口运输为由，拒绝提货和付款。请问：买方的行为是否合理？

2. 2020 年 4 月，在广州春交会上，中国香港某进口商（以下简称 A）与汕头市某出口公司（以下简称 B）签订了一份出口尼龙皱纹布跑步衫

3 000 打的合同。合同规定为每打 15 美元 EXW 汕头，纸箱装，每箱 5 打，6 月 15 日前交货，支付方式为经 A 验货合格后电汇。6 月 9 日，B 通知 A 货已备妥，速来验收。6 月 10 日 A 派代表来汕头，由 B 陪同赴汕头市某服装厂（以下简称 C）验货。6 月 11 日，该批货物全部验收合格后，在 A 方代表的监督指导下，按照 A 方出具的唛头装箱刷唛。随即该代表向 A 发出电传，称货已验收、刷唛完毕，B 等货款汇到后即可提供商业发票和其他有关单证。12 日，B 收到 A 汇来的货款 45 000 美元，随即 B 将有关票证交给 A 方代表。这时该代表向 B 提出货物暂放 C 处，等其与汕头某货运代理联系妥当集装箱和出口报关事宜后便来工厂提货。B 当即与 C 联系，C 回答该批货物已单独存放，随时可供提取。13 日下午 A 方代表来电话称，货运代理要到 14 日上午才能安排车来 C 处拉货。不料，在 14 日凌晨 C 处突遭火灾，全部厂房及物资化为乌有。A 闻讯后立即来汕头要求 B 退还货款，理由是其并未提货，货物被焚应由 B 负责。B 拒不同意，理由是着火属不可抗力，而且其已按时履行了交货手续，该损失应由 A 自己承担。A 却认为 C 并未开具货物出厂证，货物所有权仍在 B 方。双方各执一词，最后港商 A 向汕头市人民法院控告 B 未履行交货义务，理应承担退还货款的责任。请对本案例进行分析。

（二）FAS（Free alongside ship...named port of shipment）

FAS（填入指定装运港）Incoterms® 2020——装运港船边交货，是指卖方在指定的装运港将货物交到买方指定的船边（如置于码头或驳船上）时，即为交货。货物灭失或损坏的风险在货物交到船边时发生转移，同时买方承担自那时起的一切费用。FAS 术语的特点是：

（1）当货物装在集装箱里时，卖方通常将货物在集装箱码头移交给承运人，而非交到船边。这时，FAS 术语不适合，而应当使用 FCA 术语。

（2）卖方负责办理出口清关手续，但卖方无义务办理进口清关、支付任何进口税或办理任何进口海关手续。

（3）由于卖方承担在特定地点交货前的风险和费用，而且这些费用和相关作业费用可能因各港口惯例不同而变化，因此建议双方尽可能清楚地约定指定装运港内的装货点。

（三）DAP（Delivered at Place...named place of destination）

DAP（填入指定目的地）Incoterms® 2020——目的地交货，是指当卖方在指定目的地将仍处于抵达运输工具之上，且已做好卸货准备的货物交由买方处置时，即为交货。卖方承担将货物运送到指定地点的一切风险。该术语可适用于任何运输方式。DAP 术语的特点是：

(1) 由于卖方承担在特定地点交货前的风险，因此建议双方尽可能清楚地约定指定目的地内的交货点。

(2) 允许卖方使用自有的运输工具。

(3) 如果卖方按照运输合同在目的地发生了卸货费用，除非双方另有约定，否则卖方无权向买方要求偿付。

(4) 卖方必须办理出口清关手续，但无义务办理进口清关手续。如果双方希望卖方办理进口清关、支付所有进口关税，并办理所有进口海关手续，则应当使用DDP。

(四) DPU (Delivered at place unloaded...named place of destination)

DPU（填入指定目的地）Incoterms® 2020——目的地交货并卸货，是指当卖方在指定目的地将货物从抵达的载货工具上卸下，交由买方处置时，即为交货。卖方承担将货物送至指定目的地并将其卸下的一切风险。该术语可适用于任何运输方式。DPU术语的特点是：

(1) 卖方可在目的地包括运输终端在内的任何地方交货；如果目的地不是运输终端，则卖方需要确保其交货地点可以卸载货物。

(2) 由于卖方承担在特定地点交货前的风险，因此建议双方尽可能清楚地约定指定目的地内的交货点。

(3) 允许卖方使用自有的运输工具。

(五) DDP (Delivered duty paid...named place of destination)

DDP（填入指定目的地）Incoterms® 2020——完税后交货，是指卖方在指定目的地将仍处于抵达的运输工具上，但已完成进口清关，且已做好卸货准备的货物交由买方处置时，即为交货。卖方必须承担将货物运至目的地的一切风险和费用，并且有义务完成货物出口和进口清关，支付所有出口和进口的关税和办理所有海关手续。DDP术语的特点是：

(1) 由于卖方承担在特定地点交货前的风险和费用，因此建议双方尽可能清楚地约定指定目的地内的交货点。

(2) 允许卖方使用自有的运输工具。

(3) 如果按照运输合同，卖方在目的地发生了卸货费用，除非双方另有约定，否则卖方无权向买方索要。

(4) 如果卖方无法直接或间接地取得进口许可证，则不宜采用该术语；如果双方希望买方承担所有进口清关的风险和费用，则应使用DAP术语。

(5) 除非买卖合同中另行明确规定，否则任何增值税或其他应付的进口税款由卖方承担。

(6) DDP是卖方责任最大的贸易术语。

上述5种贸易术语在实际业务中较少使用，但是，为了便于记忆，现将这些贸易术语有关交货地点、出口手续和进口手续的办理用表格归纳如下（见表 2-4-6）。

表 2-4-6　5 种贸易术语对比表

术语	交货地点	出口手续	进口手续
EXW	卖方所在地或其指定地点	买方	买方
FAS	装运港买方指定的船边	卖方	买方
DAP	指定目的地	卖方	买方
DPU	指定目的地并卸货	卖方	买方
DDP	指定目的地	卖方	卖方

Incoterms® 2020 中共有 11 种贸易术语，各种术语都有其个性，但也有共性。为便于学习、理解和掌握所学的国际贸易术语，现将其归类汇总如下（见表 2-4-7）。

表 2-4-7　11 种贸易术语对比表

<table>
<tr><th>术语</th><th>交货地点</th><th>运输</th><th>保险</th><th>出口手续</th><th>进口手续</th><th>风险转移</th><th>所有权转移</th></tr>
<tr><td>EXW</td><td>出口国工厂</td><td>买方</td><td>买方</td><td>买方</td><td>买方</td><td rowspan="4">随交货转移</td><td rowspan="4">随交货转移</td></tr>
<tr><td>DAP</td><td>指定目的地</td><td>卖方</td><td>卖方</td><td>卖方</td><td>买方</td></tr>
<tr><td>DPU</td><td>指定目的地</td><td>卖方</td><td>卖方</td><td>卖方</td><td>买方</td></tr>
<tr><td>DDP</td><td>指定目的地</td><td>卖方</td><td>卖方</td><td>卖方</td><td>卖方</td></tr>
<tr><td>FAS</td><td rowspan="4">装运港</td><td>买方</td><td>买方</td><td>卖方</td><td>买方</td><td rowspan="4">装运港船边/船上</td><td rowspan="7">随交单而转移</td></tr>
<tr><td>FOB</td><td>买方</td><td>买方</td><td>卖方</td><td>买方</td></tr>
<tr><td>CFR</td><td>卖方</td><td>买方</td><td>卖方</td><td>买方</td></tr>
<tr><td>CIF</td><td>卖方</td><td>卖方</td><td>卖方</td><td>买方</td></tr>
<tr><td>FCA</td><td rowspan="3">出口国指定地点</td><td>买方</td><td>买方</td><td>卖方</td><td>买方</td><td rowspan="3">货交承运人</td></tr>
<tr><td>CPT</td><td>卖方</td><td>买方</td><td>卖方</td><td>买方</td></tr>
<tr><td>CIP</td><td>卖方</td><td>卖方</td><td>卖方</td><td>买方</td></tr>
</table>

六、报价核算及价格条款

（一）折扣、佣金和价格换算

在外贸实践中，正确、灵活地运用折扣和佣金，可调动买方和中间商经营并推销我方出口货物的积极性，增强有关货物在国外市场的竞争力，从而扩大销售。

1. 折扣

折扣（Discount）是指卖方按原价给予买方一定百分比的减让，一般由买方在付款时预先扣除。在合同中，通常用文字说明的方法表示折扣，例如：

CIF 香港价每公吨 2 500 港元减 2%折扣

HK＄2500per MT CIF Hong Kong less 2% Discount

国际贸易中常用的折扣形式有品质折扣、数量折扣、季节折扣、现金折扣、特别折扣等。折扣的表示方法及计算方法有很多种，但最主要的计算方法是：

折扣额＝金额×折扣率

折后售价＝原价×(1－折扣率)

【例 2－4－1】某出口商品对外报价为 FOB 上海价每打 50 美元，含 3％折扣，如出口该商品 1 000 打，试计算其折扣额和实收外汇各为多少。

解：因为：

折扣额＝金额×折扣率

折后售价＝原价×(1－折扣率)

所以：

折扣额＝1 000×50×3％＝1 500（美元）

折后售价＝50×(1－3％)＝48.5（美元）

实收外汇＝48.5×1 000＝48 500（美元）

或　实收外汇＝50 000－1 500＝48 500（美元）

答：折扣额为 1 500 美元，实收外汇为 48 500 美元。

2. 佣金

佣金（Commission）是卖方或买方付给中间商为其对货物的销售或购买提供中介服务的酬金。上述中间商通常为经纪人（middleman；broker）或代理人（agent）。但在实际业务中，凡是为招揽生意、促成交易而提供服务的企业或个人，都可能成为佣金的收受者。佣金分“明佣”和“暗佣”两种，在价格中体现佣金的为明佣，在价格中看不出含佣，但实际上含佣的为暗佣，两者统称为含佣价。暗佣表面上与净价没有区别，为了明确起见，一般在净价的贸易术语后加“net”字样。含佣价可用文字表述，也可在贸易术语后面加注佣金的英文缩写字母“C”并注明佣金的百分比来表示，百分号“％”有无均可以。如：

USD25.00 per case CFR Rotterdam including 2％ commission

USD25.00 per case CFRC2 Rotterdam

USD24.50 per case CFR Rotterdam net

决定佣金多少的关键是计算佣金的基数，通常有以下三种方法：

(1) 以卖方净收入 FOB 价值作为佣金的计算基数。如一批出口货物 CFR 的发票金额为 100 000 美元，运费为 50 000 美元，佣金率为 3％，如果买卖双方约定按 FOB 价格计算佣金，则佣金为（100 000－50 000)×3％＝1 500（美元）。如果以 CIF 价格成交，以 FOB 作为佣金基数，则在成交价的基础上扣除运费和保险费，然后计算佣金。

(2) 以成交价作为佣金的计算基数。如买卖双方以 CIF 价格成交，金额为100 000美元，佣金率为2%，则佣金为100 000×2%=2 000（美元）。

（3）按成交数量收取佣金。国际贸易中一般很少使用这种方法。

其实不管按何种价值，佣金只是作为给中间商以多少酬金的计算基础，并无定则，主要由双方协商决定。在实际业务中，一般按成交额作为计算佣金的基数，用公式表示为：

佣金=含佣价×佣金率

3. 价格的换算

在实际业务中，有时外商因情况变化，要求将一种贸易术语改报成另一种贸易术语，或者将净价改报成含佣价，或者调整含佣价的佣金率，只要我方净收入不受影响，就可以接受。至于调整或改报的结果均可通过以下公式计算并获得：

净价=含佣价×(1−佣金率)

含佣价=净价÷(1−佣金率)

$$\text{CIF 价}=\frac{\text{CFR 价}}{1-(1+\text{投保加成率})\times\text{保险费率}}$$

$$\text{CIF 含佣价}=\frac{\text{CFR 净价}}{1-\text{佣金率}-(1+\text{投保加成率})\times\text{保险费率}}$$

（1）CFR价改报为CIF价。

【例2-4-2】 CFR为840美元，加成10%投保，保险费率为1.2%。求：CIFC5价。

解：第一种方法：

$$\text{CIF}=\frac{\text{CFR}}{1-(1+10\%)\times\text{保险费率}}=851.24\ (\text{美元})$$

$$\text{CIFC5}=851.24/(1-5\%)=896.04\ (\text{美元})$$

第二种方法：

$$\text{CIFC5}=\frac{\text{CFR}}{1-(1+10\%)\ \times\text{保险费率}-\text{佣金率}}=896.67\ (\text{美元})$$

若办理保险时是以CIFC价投保，则用第二种方法计算较准确。

答：CIFC5应为896.04美元或896.67美元。

（2）净价改报为含佣价。

【例2-4-3】 某商品CFR价为2 000美元，试改为CFRC4价，并保持卖方的净收入不变。

解：

$$\text{含佣价}=\frac{\text{净价}}{1-4\%}=2\ 083.33\ (\text{美元})$$

答：改报后的CFRC4价为2 083.33美元。

（3）调整含佣价的佣金率。

【例2-4-4】 已知CFRC3为1 200美元，保持卖方净收入不变。试改报为 CFRC5 价。

解：先把 CFRC3 价改为 CFR 净价：

$$CFR=CFRC3\times(1-佣金率)=1\ 200\times(1-3\%)=1\ 164\ (美元)$$

再把 CFR 净价改为 CFRC5 价：

$$CFRC5=\frac{CFR}{1-C5}=\frac{1\ 164}{1-5\%}=1\ 225.26\ (美元)$$

或 $$CFRC5=\frac{CFRC3\times(1-3\%)}{1-5\%}=1\ 225.26\ (美元)$$

答：改报后的 CFRC5 价为 1 225.26 美元。

佣金的改报在实际业务中远不止上述三种情况，例如下面这个例子。

【例 2－4－5】 我方向西欧某客商推销某商品，发盘价格为每公吨 1 150 英镑 CFR 西欧某港口，对方复电要求改按 FOB 中国口岸定价，并给予 2% 佣金。查自中国口岸至西欧某港口的运费为每公吨 170 英镑，我方若要保持外汇净收入不变，改按买方要求条件报价，应为何价？

解：

$$FOB=CFR-运费=1\ 150-170=980\ (英镑)$$

$$含佣价=\frac{净价}{1-佣金率}=\frac{980}{1-2\%}=1\ 000\ (英镑)$$

答：按照买方要求的价格应该是 1 000 英镑。

（二）出口商品成本与价格核算

我国任何企业在对外贸易出口洽谈前，均应对出口商品成本与价格进行核算，这是出口业务的核心环节，也是外贸业务员必须掌握的核心技能。首先只有在确定能够获得适当利润的情况下，方能对外磋商该项出口交易；其次在价格谈判的拉锯战中，要能清晰地知道本方所报价格的浮动空间和底线；最后在对外贸易洽谈磋商中，应力求达到双赢局面，一笔交易最好是我方与国外进口方均能获得比较好的经济利益，而不应是某些时候依靠自身市场地位过度压低对方的利润空间甚至是迫使对方以亏损状态成交，这样将很难维持长久的合作关系。深入来看，我国倡导“人类命运共同体”意识，提出“一带一路”倡议，正是基于合作共赢理念，在追求本国利益时兼顾他国合理关切，在谋求本国发展中促进各国共同发展。当前，中国人民致力于实现中华民族伟大复兴的中国梦，追求的不仅是中国人民的福祉，也是各国人民共同的福祉。

出口商品成本的核算

1. 出口商品成本核算

所谓成本核算，就是将为出口商品所作的投入与通过出口该商品所创造的 FOB 外汇净收入，或与外汇净收入按人民币市场汇价的银行外汇买入价所兑换成的人民币收入相比较。

出口商品换汇成本的计算公式如下：

$$出口换汇成本=\frac{出口商品总成本（人民币元）}{FOB出口外汇净收入（美元）}$$

$$出口盈亏额=（FOB出口外汇净收入\times银行外汇买入价）-出口商品总成本（退税后）$$

说明：出口商品总成本由成本、费用两部分构成。

（1）成本。成本是整个价格的核心，它是出口企业或外贸单位为出口其产品进行生产或加工或采购所产生的生产成本或加工成本或采购成本，为计算方便，我们统一以购货成本即含税成本表示。但是，对外出口报价时应将出口退税因素考虑进去，将退税收入扣除，最终以实际采购成本来核算价格。按增值税税率以17%为例，实际采购成本的计算公式为：

$$实际采购成本=含税成本-出口退税收入$$

$$出口退税收入=\frac{含税成本\times出口退税率}{(1+17\%)}$$

故：

$$实际采购成本=含税成本\times\left(1-\frac{出口退税率}{1+17\%}\right)$$

（2）费用。出口价格核算中的费用主要有国内费用和国外费用两部分，如包装费、仓储费、国内运费、港口费、商检报关费、经营管理费等均属国内费用，而国外费用主要指的是出口运费和出口保险费，且只有对外报CFR或CIF价时才会计算国外费用。

【例2-4-6】某公司出口童车598辆，总价为42 988.80美元CIF汉堡，其中运费为2 400美元，保险费为308美元。进货总价（含增值税17%）为人民币275 880元，费用定额率为5%，出口退税率为14%。当时人民币市场汇价银行美元买入价为6.65元。请问：该批出口童车的换汇成本和盈亏额分别为多少？

解：出口总成本=275 880×(1+5%)-[275 880÷(1+17%)×14%]

=256 662.72（元）

出口外汇净收入=42 988.80-2 400-308=40 280.80（美元）

故

$$出口童车换汇成本=\frac{256\ 662.72}{40\ 280.80}=6.372（元/美元）$$

出口盈亏额=(40 280.80×6.65)-256 662.72=11 204.60（美元）

答：该批出口童车的换汇成本为6.372元/美元，盈亏额为11 204.60美元。

2. 出口商品价格构成

出口商品的价格主要由出口商品总成本（退税后）和利润两部分构成。其中，利润指的是卖方的预期利润，一般以成交额为基数计算。

3. 出口报价核算

我们以 FOB、CIF、CFR 为例来说明出口报价步骤及使用的公式。

出口报价＝成本＋费用＋预期利润

上式中的费用根据所采用贸易术语不同来确定，可以是国内费用或国内费用加国外费用（主要指国外运费和国外保险费）。若报 FOB 价，则只包括国内费用；若报 CFR 价，则要加上国外运费；若报 CIF 价，则还要加上国外保险费。

上式中的预期利润是指按成交价的一定百分比算出的卖方收益。

下面我们以 FOB 为例来推导其报价公式：

$$FOB=C+\Sigma F+FOB\cdot P$$

式中，FOB 为出口报价；C 为实际采购成本；ΣF 为国内费用之和；P 为预期利润率。

$$FOB-FOB\cdot P=C+\Sigma F$$

$$FOB=\frac{C+\Sigma F}{1-P}$$

即：

$$FOB报价=\frac{实际采购成本+各项国内费用之和}{1-预期利润率}$$

同理：

$$FOBC=\frac{实际采购成本+各项国内费用之和}{1-佣金率-预期利润率}$$

如果对外报 CFR 或 CIF 价，也可以通过推导得出下列公式：

$$CFR=\frac{实际采购成本+各项国内费用之和+国外运费}{1-预期利润率}$$

$$CFRC=\frac{实际采购成本+各项国内费用之和+国外运费}{1-佣金率-预期利润率}$$

$$CIF=\frac{实际采购成本+各项国内费用之和+国外运费}{1-预期利润率-(1+投保加成率)\times 保险费率}$$

$$CIFC=\frac{实际采购成本+各项国内费用之和+国外运费}{1-佣金率-预期利润率-(1+投保加成率)\times 保险费率}$$

【例 2-4-7】2020 年 2 月，我某工艺品进出口公司拟向其客户出口某种工艺品 100 箱。该产品国内采购价为每件 28 元人民币，每 50 件装一纸箱，包装费用为每箱 100 元，国内运杂费共 1 500 元，商检报关费为 500 元，港口各种费用为 400 元，公司各种相关的管理费用为 1 000 元。经核实，该批货物出口需运费 800 美元，如由我方办理保险，其保险按 CIF 成交价加一成投保一切险，费率为 0.5%，另外，这种产品出口有 13%的退税。现假设该公司欲获得 10%的预期利润，且国外客户要求价格中含 5%佣金，按增值税税率为 17%，试报该产品的 FOBC5 及 CIFC5 美元价格。（当时美元对人民币的汇率约为 1∶6.85，计算过程保留 4 位小数，计算结果保留 2 位小数。）

解：出口总数$=100\times50=5\ 000$（件）

$$实际采购成本=含税成本\times\left(1-\frac{出口退税率}{1+17\%}\right)$$

$$=28\times\left(1-\frac{13\%}{1+17\%}\right)=24.89（元/件）$$

$$国内费用=(100/50)+(1\ 500+500+400+1\ 000)/5\ 000$$

$$=2.68（元/件）$$

$$出口运费=800/5\ 000=0.16（美元/件）$$

$$FOBC5=\frac{实际采购成本+各项国内费用之和}{1-佣金率-预期利润率}$$

$$=\frac{24.89+2.68}{(1-5\%-10\%)\times6.85}=4.74（美元/件）$$

$$CIFC5=\frac{实际采购成本+各项国内费用之和+国外运费}{1-佣金率-预期利润率-(1+投保加成率)\times保险费率}$$

$$=\frac{[(24.89+2.68)/6.85]+0.16}{1-5\%-10\%-(1+10\%)\times0.5\%}$$

$$=4.96（美元/件）$$

答：我方对外所报 FOBC5 和 CIFC5 价分别为每件 4.74 美元和 4.96 美元。

（三）价格条款的内容及贸易术语的选用

价格条款的填制规范

1. 价格条款的内容

国际货物买卖合同中的价格条款主要包括单价（Unit Price）和总值（Total Amount）两项内容，单价应由计价货币、单位价格金额、计量单位、贸易术语四部分组成。例如：

每公吨	1 000	英镑	CIF 伦敦
计量单位	单位价格金额	计价货币	贸易术语

在订立价格条款时，应就如何确定价格，如何选择计价货币和贸易术语做出正确的判断，并明确规定。

(1) 作价方法。在国际贸易中，有关商品的品质和数量条款中均可规定较为灵活的机动幅度，价格条款中对单价除了我们较多使用的固定作价外，也可以采用较为灵活的暂定价格和浮动价格，以减少市场变化给任何一方造成的损失。

① 固定作价。在国际货物买卖中，如果没有特殊规定，合同中的价格一般理解为固定价格，即从订约到付款这段时间的价格是不变的，任何一方不得以市场发生巨大变化为由更改原定价格。这就要求双方订立合同时尽量能预测到市场的发展变化，交货期也不要拉得太长。有时，买卖双方为了进一步明确其价格的固定性，防止以后发生争议，也可在价格条款中对此做出明确规定，如“合同签订后任何一方不得调整价格”。

② 暂定价格和浮动价格。暂定价格是指合同中约定的货物价格极不稳定，难以预测，且交货期较长，订约时，买卖双方暂时确定一个价格，待日后交货前一段时间再由双方按当时的市场情况商定一个价格，这一价格即作为最后结算的价格。由于这一作价方法中的最后价格是以交货前一段时间的市场情况为依据，而无明显的规定，双方容易为“何为市场情况”发生争议，具有明显的不稳定性，故建议慎重使用。

浮动价格是指某些货物由于价格极不稳定，交货期较长或交货时间较远，为了避免任何一方因此造成巨大损失，而采用浮动作价的办法。采用这一作价办法时，买卖双方必须在合同中规定一个基础价格并明确价格上浮或下浮的依据。例如：“以结算时的物价指数为依据加价或减价若干”“以结算时某交易所的价格为基础调整价格”。

（2）计价货币的选择。在国际贸易中，买卖双方使用何种货币主要依据双方自愿进行选择，一般来说有三种情况：使用卖方国家货币、使用买方国家货币、使用第三国货币。对任何一方来说，使用本国货币，承担的风险较小，如果使用外币则可能要承担外汇汇率变动所带来的风险，因为当今国际金融市场普遍实行浮动汇率制，汇率上下浮动是必然的，任何一方都有可能因汇率浮动造成损失。因此，在进出口业务中，买卖双方必须考虑如何选择货币才能最大限度地减少外汇风险，主要有下列方法可供参考：

① 尽量使用可以自由兑换，且汇率较稳定的外汇。

② 出口时争取使用“硬币”，进口时争取使用“软币”。

③ “软币”“硬币”结合使用，这一方法主要针对某几种货币经常性的“软币”“硬币”交叉变化。

④ 如果出口时使用了“软币”，应相应提高报价；如果进口时使用了“硬币”，应相应压价。

除此之外，还有不少减少外汇风险的方法，如订立黄金保值条款、特别提款权保值条款等。由于这些内容属于国际金融范围，这里不作介绍。

2. 贸易术语的选用

国际贸易中，可供买卖双方选用的贸易术语有很多。由于各种贸易术语都有其特定的含义，不同的贸易术语下，买卖双方所承担的责任、义务、风险也不同，贸易术语选择正确与否直接关系到买卖双方的经济利益，因此，选择贸易术语时必须考虑以下因素：

（1）选用贸易术语必须体现我国的对外政策。我们必须按照平等互利的原则在双方自愿的基础上选择贸易术语。

（2）选择双方熟悉的、对买卖双方都较为便利的贸易术语，如 FOB、CIF、CFR，已成为各国商人经常使用的贸易术语。

（3）选择贸易术语时应考虑本国保险业和运输业的情况，出口时争取使用CIF术语，这将有利于促进我国保险业和运输业的发展，也有助于我方做好船货衔接，按时履行合同。

（4）选用贸易术语时应考虑运费因素。运费在价格中占有很大的比重，因此，在选择贸易术语时应事先预算运费。若运价不稳定，无法测算运费，出口时，最好使用FOB价，以避免运价上涨所造成的损失；若欲按CIF或CFR成交出口，价格内应考虑运费上涨因素，或者在合同内订明以现行运费率为准，超额运费由买方负担。

（5）选用贸易术语时必须考虑国外港口装卸条件和港口惯例。各国港口装卸条件不同，装卸费和运费水平也不一样，并且某些港口还有一些习惯做法，交易中往往难以把握。如果我们进口时，国外装运港的条件较差，费用较高，则力争采用CIF或CFR术语，或者用FOB Stowed或FOB Trimmed；出口时，如果目的港条件较差，费用较高，我方应力争用FOB术语成交，如果必须使用CIF或CFR术语，则应选用其变形CIF ex ship's hold或CFR ex ship's hold。

（6）选用贸易术语时应考虑海上风险程度。在国际贸易中，出口方一般不愿意用目的地交货类的贸易术语，如DAP、DPU、DDP；进口方一般不愿意用出口国内陆交货的价格术语，如EXW。这主要是因为对国外情况不了解，谁都不愿意冒此风险。

（7）根据情况合理选用FCA、CIP、CPT三种贸易术语。这三种贸易术语虽然早就出现在《国际贸易术语解释通则》中，但我国进出口企业在对外贸易中采用的比例依然不是很高，主要原因是我国进出口企业外贸业务人员对这三种贸易术语还是从心底没能完全重视，缺乏深入了解，没有形成使用上的习惯。事实上，随着国际贸易中集装箱运输和国际多式联运的不断发展，这三种贸易术语与FOB、CIF、CFR比较是有相当大优势的：一是减少了出口方的风险；二是加快了出单时间，出口方可以提前收汇；三是这三种贸易术语均适用于一切运输方式。

（8）结合以上各种因素及我方的经营意图，权衡利弊，选择适当的贸易术语。

【学习测试】

一、名词解释

1. 贸易术语　　2. Incoterms® 2020
3. FOB　　4. CIF
5. FOB liner terms　　6. CIF ex ship's hold
7. FCA　　8. DPU

9. 凭单交货、凭单付款　　10. 出口换汇成本

11. 佣金　　12. 折扣

二、简答题

1. FOB、CIF、CFR 三种术语有哪些异同点？

2. 请比较以下四对术语：DAP 与 DPU，FAS 与 FOB under tackle，FOB liner terms 与 FOB under tackle，EXW 与 FCA。

3. 为什么 CIF 称“到岸价”是错误的？

4. 试比较 FCA、CPT、CIP 与 FOB、CFR、CIF 间的区别。

5. 请指出 Incoterms® 2020 中 11 种贸易术语的交货点和风险转移点。

6. 试写出 Incoterms® 2020 中 6 种主要贸易术语的中、英文全称和英文缩写。

7. 试述贸易术语变形的作用，并举例说明。

8. 我国某进出口公司欲从美国进口大豆，美方报价为每公吨 6 000 美元 FOB 纽约。试问：在合同签订时，应明确哪些问题？

9. 买卖合同中的价格条款包括哪些内容？试举例说明。

三、计算题（以下各题的计算结果均保留小数点后两位）

1. 出口某商品 100 公吨，每公吨 1 500 美元 FOB Shanghai，现在客户要求改报 CFRC4 London 价，已知该商品每公吨运费为 180 美元。试问：应如何报价？

2. 某商品原报价为 CIFC2 Singapore 每打 25 美元，现在客户要求佣金增至 4%。试问：若想保持卖方净收入不变，应如何报价？

3. 某出口公司以每公吨 2 000 元的价格收购了 20 公吨的货物，现假设该货物的出口退税率为 13%，国内费用水平为 12%，客户要求 2%佣金。试问：如果将换汇成本控制在 6.2 元以内，最低的 FOB 价应报多少美元？

4. 出口一个 20 英尺集装箱的内衣，纸箱装，每箱 20 套，纸箱尺码和毛重分别为 65 厘米×60 厘米×59 厘米和 18 千克，供货价格为 52 元/套（含 13%的增值税，出口退税率为 9%），出口包装费每纸箱为 20 元，商检费、仓储费、报关费、国内运杂费、业务费、港口费及其他各种税费每个集装箱约为 2 150 元，20 英尺集装箱的国外运费约为每箱 1 200 美元，如果按 CIF 成交，我方按成交金额的 110%投保一切险，费率为 0.5%。现假设（汇率为 6.55 元人民币兑换 1 美元）：

（1）我方欲获得 10%的利润（按成交金额计算），试计算该货的 FOB 和 CIF 价。

（2）如果外商欲获得 3%的佣金，CFRC3 价应为多少美元？

（3）如果外商在我方所报的 CIF 价基础上还价 10%，我方的利润还有多少？

（4）如果外商坚持所还价格，而我方又想保持 10%的利润不变，供货价

应不高于每套多少元?

5. 我方某出口商品报价为每千克 100 美元 CFRC2 纽约。试计算 CFR 净价和佣金各为多少。若对方要求将佣金增加到 5%，我方同意，但出口净收入不能减少，试问：CFRC5 应报何价?

6. 我方某出口公司推销某商品对外报价为每箱 450 美元 FOB 天津新港，后国外商人要求改报 CIF 汉堡价。试问：我方应报多少?（运费为每箱 50 美元，保险费率为 0.8%）

7. 我方某进出口公司同美商磋商进口一种仪器，按每台 1 500 美元 FOB 旧金山报价，对方坚持用 CIF 术语成交，经过反复磋商，最后以 CFR 术语达成协议。已知单位商品运价为 300 美元，保险费率为 1%，投保加成率为 10%，求 CFR 的实际价格。

8. 如果我方向外商报价为 CIF 香港每公吨 520 美元，含折扣 2%，那么，我方扣除折扣后的净收入为多少?

四、案例分析

1. 有一份 CIF 合同，货物已在合同规定的期限和装运港装船，但受载船只离港 4 小时后触礁沉没。第二天，当卖方凭提单、保险单、发票等单证要求买方付款时，买方以货物已全部损失为理由，拒绝接受单证和付款。试问：在上述情况下，卖方有无权利凭规定的单证要求买方付款?

2. 有一份 CIF 合同，日本公司出售 500 公吨洋葱给澳大利亚公司，洋葱在日本港口装船时，经公证行验明完全符合商销品质，并出具了合格证明。但该批货物运抵澳大利亚时，洋葱已全部腐烂变质，不适合人类食用。买方因此拒绝收货，并要求卖方退回已付清的货款。试问：在上述情况下，买方有无拒收货物和要求卖方退回货款的权利?

3. 有一份出售一级大米 600 公吨的合同，按 FOB 条件成交，装船时货物经公证人检验，符合合同规定的品质条件，卖方在装船后已及时发出装船通知。但航行途中由于海浪过大，大米被海水浸泡，品质受到影响。当货物到达目的港后，只能按三级大米价格出售，因而买方要求卖方赔偿损失。试问：在上述情况下卖方对该项损失是否应负责?

4. 我某公司按每公吨 268 美元 FOB vessel New York 进口一批钢材共计 200 公吨。我方按时开出金额为 53 600 美元的信用证，但美商来电要求增加信用证金额至 54 000 美元，否则有关出口税捐及签证费用应由我方另行电汇。试问：这是为何?

5. 2020 年，中国 A 公司从泰国曼谷 B 公司以 FCA（曼谷市内指定地点）进口一批食糖，合同约定适用 Incoterms® 2020。买方 A 公司如期将租用的货车派至指定交货地点（即卖方 B 公司所在地）。A 公司请求 B 公司装车，后者以手头订单多、人手不足等为由，拒绝装车。A 公司只好雇用当地人装车，货刚刚装上车，还未来得及做好防护措施，突然天降大雨，致使部分货物脏包，减损了货物的商业价值。请问：买方A公司可否要求卖方B公司支付装车费并赔偿货损？

6. 某公司A与另一公司B签订一份为期10年的供货合同，规定：A公司每月向B公司供应10公吨1级菜油，价格每季度议订一次。同时规定："如双方发生争议，应提交仲裁处理。"但该合同执行了半年后，A方提出因合同价格不明确，主张合同无效，后报经仲裁裁决。请问：合同中的价格条款是否明确？你认为应该如何处理争议？你认为仲裁的结果会如何？

五、技能实训

1. 根据作价原则、作价方法、合同中的价格条款等知识，拟定合同中的品质、数量、包装和价格条款。

2. 下列我方出口单价的写法是否正确？如有错误或不完整，请更正或补充（中英文两种格式）。

① 每码3.50元CIFC鹿特丹；

② 每箱800欧元CFR净价德国；

③ 每吨5 000美元FOB纽约；

④ 每打120英镑FOB净价减1%折扣；

⑤ 1 000日元CIF深圳包含佣金2%。

六、案例分析

案例

我某进出口公司同德国某进口公司欲达成一笔核桃仁交易，经过磋商，各项交易条件基本确定，其中使用的价格条件为CIF Hamburg，支付方式为不可撤销的即期信用证。由于核桃销售的季节性很强，主要在12月份的圣尼古拉节上销售，交货延迟会影响售价，因此，对方要求在合同中明确："卖方须于10月份在中国上海港装运，并保证货物于11月底之前到达汉堡，否则，买方有权撤销合同，并要求损害赔偿，如果买方已经支付货款，卖方应将所得货款退还买方。"试问：(1) 我方能否满足对方的要求，为什么？(2) 如果想达成这笔交易，请你利用所学的知识从不同的角度对此进行分析。

分析

1. 如果按本案例所述，价格条件为CIF Hamburg，支付方式为不可撤销的即期信用证，那么买方所提出的要求显然是不合理的，因此，我方无法满足对方的要求。

第一，本合同采用的价格术语是CIF，按照CIF的解释，卖方负责在合同规定的时间内，在装运港将货物交至运往指定目的港的船上，并承担货物在此之前的一切费用和货物灭失或损坏的风险。这意味着买方应承担货物在装运港交至船上之后的一切风险。而本案例中，买方却要求卖方保证在规定的时间内将货物运到目的港，将货物在装运港装上船后的风险转移给了卖方。

第二，本合同采用的 CIF 条件是象征性交货的贸易术语，其主要特点是凭单交货、凭单付款；另外，本合同采用的是信用证支付方式，银行付款的前提是“单单相符、单证相符”。而本合同中，买方却提出卖方应保证货物于 11 月底前到达汉堡，否则，买方有权撤销合同，并要求损害赔偿，或者索还已付货款，这无形中将交单付款变成了交货付款。

2. 由于核桃仁属于季节性商品，且中国并非其唯一产地，因此买方提出这样的要求也有其合理性，我方不能完全不考虑其要求，也可以通过采取以下几种做法来满足对方的要求：

(1) 上述价格和支付条件不变，将装运期提前到 10 月 15 日前或更早，以保证运输途中的时间。

(2) 将价格条件改为 FOB，由买方负责租船订舱，只要买方与承运人签订协议以明确有关责任，这在一定程度上可以降低买方的风险。

(3) 如果经了解，运输途中风险不大，海运过程中的各种费用也已经作了很详细的预算，则我方可以考虑使用 DAP 或 DPU 这两个术语。

(4) 如果货款金额不大，可以考虑使用电汇的方式进行结算。

试问：上述分析是否正确？是否还有更好的分析或更好的办法？

条款五

运输条款

知识要点

1. 班轮运费的计算标准；
2. 正确理解装运条款的相关内容，特别是分批装运和转运条款；
3. 海运提单的作用及种类。

技能要求

1. 掌握运费计算的标准和简单的计算方法；

2. 能够准确填制合同中有关运输方面的条款；
3. 学会填写海运提单中的部分内容。

在国际货物贸易中，货物的交接必须通过运输来实现，可见国际货物运输是国际贸易中不可或缺的重要一环。由于国际货物运输具有线长、面广、环节多、时间性强、情况复杂多变、风险大的特点，因此要想更好地完成货物的运输与交付，业务人员必须熟练掌握国际货物运输的基本知识，合理选用运输方式，订好合同中的运输条款，正确缮制和运用相关运输单证。本部分将就以上内容进行介绍。

一、运输概论

（一）国际货物运输的含义

运输就其运送对象来说，分为货物运输和旅客运输，而从货物运输来说，又可按地域划分为国内货物运输和国际货物运输两大类。国际货物运输就是在国家与国家、国家与地区之间的运输。国际货物运输又可分为国际贸易物资运输和非贸易物资（如展览品、个人行李、办公用品、援外物资等）运输两种。由于国际货物运输中的非贸易物资运输往往只是贸易物资运输部门的附带业务，因此，国际货物运输通常被称为国际贸易运输，从一国来说，就是对外贸易运输，简称外贸运输。

（二）国际货物运输的特点

国际货物运输是国家与国家、国家与地区之间的运输。与国内货物运输相比，它具有以下几个主要特点：

1. 国际货物运输涉及国际关系问题，是一项政策性很强的涉外活动

国际货物运输是国际贸易的一个组成部分，在组织货物运输的过程中，需要经常同国外发生直接或间接的广泛的业务联系。这种联系不仅是经济上的，也常常会涉及国际间的政治问题，是一项政策性很强的涉外活动。

2. 国际货物运输是中间环节很多的长途运输

一般来说，国际货物运输的距离都比较长，往往需要使用多种运输工具，通过多次装卸搬运，要经过许多中间环节，如转船、变换运输方式等，经由不同的地区和国家，要适应各国不同的法规和规定。如果其中任何一个环节发生问题，就会影响整个运输过程。

3. 国际货物运输涉及面广，情况复杂多变

国际货物运输涉及国内外许多部门，需要与不同国家和地区的货主、交通运输、商检机构、保险公司、银行、海关、港口以及各种中间代理商等打交道。同时，各个国家和地区的法律、政策规定不一，贸易、运输习惯和经营做法的不同，金融货币制度的差异，加之政治、经济和自然条件的变化，

都会对国际货物运输产生较大的影响。

4. 国际货物运输的时间性强

按时装运进出口货物，及时将货物运至目的地，对履行进出口贸易合同、满足商品竞争市场的需求、提高市场竞争能力、及时结汇，都有着重大意义，特别是对于一些鲜活商品、季节性商品和敏感性强的商品。

5. 国际货物运输的风险较大

由于在国际货物运输中环节多，运输距离长，涉及面广，情况复杂多变，加之时间性又很强，运输沿途国际形势的变化、社会的动乱，各种自然灾害和意外事故的发生，以及战乱、封锁禁运或海盗活动等，都可能直接或间接地影响国际货物运输。

（三）国际货物运输的任务及要求

1. 国际货物运输的任务

国际货物运输的基本任务就是根据国家有关的方针政策，按时、按质、按量地完成进出口货物运输，合理地选择运输方式和运输工具，节省运杂费用，节约外汇支出，多快好省地完成进出口货物的运输任务。

2. 国际货物运输的要求

（1）选择最佳的运输路线和最优的运输方案，合理组织运输。

（2）树立系统观念，加强与商检、海关、银行、港口、船代和货代等有关部门合作。

（3）树立为货主服务的观点，实现“安全、迅速、准确、节省、方便”的要求。

（四）国际货物运输方式

国际货物运输方式的对比

（1）水上运输。水上运输包括内河运输和海洋运输。其中，海洋运输占全球货运量的 2/3 以上。

（2）陆上运输。按照运输工具的不同，陆上运输主要分为铁路运输和公路运输。

（3）航空运输。

（4）集装箱运输、国际多式联运及其他运输。

（五）国际货物运输当事人

从事国际货物运输的当事人比国内货物运输要多。《鹿特丹规则》定义了托运人、承运人、收货人、履约方、持有人、控制方等当事人，其中，主要当事人有：

1. 托运人

托运人是指与承运人订立运输合同的人。单证托运人是指托运人以外的，同意在运输单证或电子运输记录中记名为“托运人”的人。

2. 承运人

承运人是指与托运人订立运输合同的人。承运人的责任期间自承运人或履约方为运输而接收货物时开始，至货物交付时终止。

3. 收货人

收货人是指根据运输合同、运输单证或电子运输记录有提货权的人。

4. 履约方

履约方是指承运人以外的，履行或者承诺履行承运人在运输合同下有关货物接收、装载、操作、积载、运输、照料、卸载或者交付的任何义务的人，以该人直接或者间接地在承运人的要求、监督或者控制下的行事为限。履约方不包括不由承运人而由托运人、单证托运人、控制方或收货人直接或者间接委托的任何人。

二、海洋运输方式

《鹿特丹规则》

（一）海洋运输概述

海洋运输是利用海轮在国内外港口之间，通过一定的航区和航线进行货物运输的一种方式。目前，它是国际货物运输中最主要的运输方式。海洋运输之所以被如此广泛采用，是因为它与其他国际货物运输方式相比，具有以下明显的优点：

（1）运载量大。如 50 万～70 万吨的巨型油船、16 万～17 万吨的散装船，以及集装箱船的大型化，使得船舶的载运能力远远大于火车、汽车和飞机，是运输能力最大的运输工具。

（2）通过能力强。海上运输有四通八达的天然航道，基本不受道路限制。

（3）运费低，可降低商品成本。据统计，海运运费一般约为铁路运费的 1/5、公路汽车运费的 1/10、航空运费的 1/30，这就为低值大宗货物的运输提供了有利的竞争条件。

除了上述优点外，海洋运输也存在不足之处。例如，运输的速度慢，风险大，易受狂风、巨浪、暴风、雷电、海啸等自然条件影响，航期不易掌握。

根据海洋运输船舶的经营方式不同，海洋运输可分为班轮运输（Liner Transport）和租船运输（Shipping by Chartering）。

（二）班轮运输

1. 班轮运输的含义和特点

班轮运输，又称“定期船运输”（Regular Shipping Liner），根据《鹿特丹规则》，它是指通过公告或者类似方式向公众提供的，按照公布船期表使用船舶在特定港口之间定期运营的运输服务。班轮运输比较适合于运输小批量的货物。班轮运输主要具有以下几个特点：

（1）具有固定船期、固定航线、固定停靠港口和相对固定的运费费率的“四固定”特点。

（2）船方负责货物的装卸，且装卸费用包括在运费中，船货双方不计滞期费和速遣费。

（3）船、货双方的权利、义务与责任豁免，以船方签发的提单背面条款为依据。

（4）班轮承运货物比较灵活，不论数量多少，只要有舱位都接受装运。

2. 班轮运费的计算标准

班轮运费是班轮公司为运输货物而向货主收取的费用，其中包括基本运费和附加费。基本运费是指货物从装运港到目的港所应收取的费用，其中包括货物在港口的装卸费用，它是构成全程运费的主要部分。其计算标准通常按不同商品分为以下几种：

（1）按货物的毛重计收，在运价表中用“W”字母表示，适用于重金属、建筑材料、矿产品等。一般用公吨作为计量单位。

（2）按货物的体积（或尺码吨）计收，在运价表中用“M”字母表示，适用于纺织品、日用百货等。一般用立方米或立方英尺作为计量单位。

（3）按商品的价格计收，即按从价运费收取，在运价表中用“A. V”或“Ad Val”表示，适用于工艺品、珠宝首饰等贵重物品。一般按货物 FOB 价值的一定百分比收取。

（4）按货物的毛重或体积计收，由船公司选择其中收费较高的一种计收运费，在运价表中用“W/M”表示。

（5）按货物的重量、体积或价值三者中较高的一种计收运费，在运价表中用“W/M or A. V”表示。

（6）按货物的件数计收。如活牲畜和活动物，按“每头”（per head）计收，车辆有时按“每辆”（per unit）计收，起码运费按“每提单”（per B/L）计收。

（7）按船、货双方临时议定运价的办法。一般适用于农副产品等大宗低值货物。

班轮运费中的附加费是指针对某些特定情况或需作特殊处理的货物在基本运费之外加收的费用。附加费名目繁多，如：超长附加费、超重附加费、选择卸货港附加费、变更卸货港附加费、港口附加费、燃油附加费、港口拥挤附加费、绕航附加费、转船附加费和直航附加费，等等。附加费的计算方法有两种：一是以基本运费的一定百分比计收，二是以每运费吨若干金额为基础计收。

3. 班轮运费的计算

（1）班轮运费的计算步骤。班轮运费的计算，可遵循下列程序和步骤：

第一，根据货物的英文名称，从货物分级表中查出有关货物的计费等级及其计算标准。货物分级表是班轮运价表（Liner's Freight Tariff）的组成部分，它有"货名""计算标准"和"等级"三个项目，如上海运往肯尼亚蒙巴萨港口的门锁（小五金）为 10 级，通过货物分级表（见表 2-5-1），可以看出其计收标准为 W/M。

表 2-5-1　货物分级表

货名	计算标准	等级
农业机械（包括拖拉机）	W/M	9
棉布及棉织品	M	10
小五金及工具	W/M	10
玩具	M	20

第二，根据商品的等级和计费标准，从航线等级费率表中查出有关货物的基本费率，以及各项须支付的附加费率。

如上例中查阅中国—东非航线等级费率表（见表 2-5-2），10 级基本费率为 443 港元。

表 2-5-2　中国—东非航线等级费率表　　单位：港元

等级（Class）	费率（Rates）	等级（Class）	费率（Rates）
1	243.00	7	341.00
2	254.00	8	367.00
3	264.00	9	404.00
4	280.00	10	443.00
5	299.00	11	477.00
6	314.00	20	1 120.00

基本港口：路易港（毛里求斯）、达累斯萨拉姆（坦桑尼亚）、蒙巴萨（肯尼亚）等。

第三，该货物的基本费率和附加费率之和即为每一运费吨（重量吨或尺码吨）的单位运价。

第四，用该货物的计费重量吨或尺码吨乘以单位运价即得出总运费额。

（2）班轮运费的计算公式。一般可使用下列计算公式：

① 当附加费为绝对值时：

班轮运费＝基本费率×运费吨＋附加费

② 当附加费为百分比时：

班轮运费＝基本费率×运费吨×(1＋附加费百分比)

【例 2-5-1】上海运往肯尼亚蒙巴萨港口门锁（小五金）一批计 100 箱。每箱体积为 20 厘米×30 厘米×40 厘米，每箱重量为 25 千克。当时燃油附加费为 40%，蒙巴萨港口拥挤附加费为 10%。试计算该货物的运费。

解：计算过程如下：

(1) 查阅货物分级表。门锁属于小五金类，其计收标准为 W/M，等级为 10 级。

(2) 计算货物的体积和重量。

100 箱的体积为：(20 厘米×30 厘米×40 厘米)×100 箱＝2.4（立方米）。

100 箱的重量为：25×100 箱＝2.5（公吨）。

由于 2.4 小于 2.5，因此计收标准为重量。

(3) 查阅中国—东非航线等级费率表，10 级费率为 443 港元，则基本运费为：

基本运费＝443×2.5＝1 107.5（港元）

(4) 附加费为：

附加费＝1 107.5×(40%＋10%) ＝553.75（港元）

(5) 上海运往肯尼亚蒙巴萨港 100 箱门锁，其应付运费为：

应付运费＝1 107.50＋553.75＝1 661.25（港元）

答：该货物的运费为 1 661.25 港元。

（三）租船运输

1. 租船运输的方式及特点

租船运输又称“不定期船运输”（Tramp），是指租船人在租船市场上通过洽租、签约向船东或二船东包租整船装运货物。租船方式主要包括定程租船、定期租船、光船租船和航次期租四种。租船运输一般适用于货值较低、一次成交量较大、交货期集中的大宗货物运输。

(1) 定程租船（Voyage Charter）。定程租船又称程租船或航次租船，是指按航程租赁的方式。定程租船就其租赁方式的不同分为单航次程租船、来回程租船、连续往返航次程租船和包运合同租船。定程租船在实际业务中使用较多，其特点如下：

第一，在定程租船方式下，船方必须按租船合同规定的航程完成货物运输任务，并负责船舶的经营管理及其在航行中的各项费用开支；

第二，租船人应支付双方约定的运费；

第三，货物在港口的装卸时间及费用、滞期费、速遣费的计算标准等问题，应在租船合同中做出明确规定。

(2) 定期租船（Time Charter）。定期租船又称期租船，是指按一定期限租赁船舶的方式，即由船东（船舶出租人）将船舶出租给租船人在规定期限内使用，在此期限内由租船人自行调度和经营管理。但船方应提供适航的船舶，船员薪金、伙食等费用由船方负担。

（3）光船租船（Bareboat Charter）。光船租船又称船壳租船，是指在租期内船舶所有人只提供一艘空船给承租人使用，而配备船员、供应给养、船舶的营运管理以及一切固定或变动的营运费用都由承租人负担。这实质上属于一种财产租赁方式。租金按船舶的装载能力、租期及商定的租金率计算。

（4）航次期租（Time Charter on Trip Basis，TCT）。航次期租又称日租租船，它是一种以完成一个航次运输为目的，但租金按完成航次所使用的日数和约定的日租金率计算。

2. 租船运输合同及主要内容

租船运输合同是指租船人按一定的条件向船东租用船舶或船舶的部分舱位，双方就相互间的权利和义务达成的合同。

班轮运输方式与租船运输方式的异同

租船运输合同的主要条款有船、租双方当事人的名称、货物的名称、货量、装卸港口、船舶的受载日和解约日、船名、船籍、运费和装卸费用、装卸期限、滞期费和速遣费等。

租船运输合同中关于装卸费用的负担，有以下四种规定方法：（1）Free In and Out（FIO），即船方不负担装货费，也不负担卸货费；（2）Free Out（FO），即船方负担装货费，不负担卸货费；（3）Free In（FI），即船方负担卸货费，不负担装货费；（4）Gross Terms 或 Liner Terms 或 Berth Terms，即船方负担装货费和卸货费。

三、其他运输方式

（一）铁路运输方式

铁路运输是仅次于海运的一种运输方式。其特点有：运行速度较快，载运量大，风险较小，一般不受气候条件影响，可终年正常运行，具有高度的连续性。

1. 国内铁路运输

国内铁路运输是指仅在本国范围内，按国内铁路部门对货物运输规程、规则和计价来办理的货物运输。我国进口货物由港口经铁路转运到各地，出口货物由产地经铁路集中到港口装船，以及各省、市、自治区之间产品的流通，均属于国内铁路运输的范畴。供应港澳地区的货物由产地经铁路运往深圳北站或广东南站，也属于国内铁路运输，但又与一般的国内运输不一样。

第一，内地对香港铁路运输由大陆段和港九段两部分铁路运输组成，是“两票运输，租车过轨”。即出口单位将货物送到深圳北站，收货人是深圳外贸运输机构，由该收货人作为各地出口公司的代理向铁路部门租车过轨，交付租车费，并办理出口报关等手续，由香港中国旅行社收货后转交给香港或九龙的实际收货人。

第二，从内地运往澳门的货物只能在广州中转。内地出口单位将货物发送到广州南站，收货人是广东省外运公司，再由广东省外运公司办理水运中转至澳门。货到澳门后由南光集团有限公司运输部接货并交付给实际收货人。

2. 国际铁路联运及大陆桥运输

（1）国际铁路联运（International through Railway Transport）。国际铁路联运是指在两个或两个以上国家之间进行的铁路货物运输，只需在始发站办妥托运手续，使用一份统一的国际联运单据，由一国铁路向另一国移交货物时，无须发、收货人参加，由铁路当局对全程运输负连带责任。

参加国际联运的国家主要分为两个集团：一个是由英、法、德等 30 多个国家签订《国际铁路货物运送公约》的“货约”集团，另一个是由苏联等 12 个国家签订的《国际铁路货物联运协定》的“货协”集团。尽管“货协”中的苏联、东欧各国政体在 20 世纪八九十年代是解体了，但铁路货物联运业务并未终止，原“货协”的运作制度仍被沿用。

（2）大陆桥运输（Land Bridge Transport）。大陆桥是指以集装箱为媒介，使用横贯大陆的铁路（公路）运输系统作为中间桥梁，把大陆两端的海洋连接起来，组成海—陆—海的集装箱连贯运输方式。它合理利用海陆运输条件，缩短营运时间，降低营运成本，实现了一票到底、“门到门”多式联合运输。

目前世界上有四条大陆桥运输线：

第一，美国大陆桥。该铁路利用美国贯穿东西的三条铁路干线，即西雅图—芝加哥—波士顿、旧金山—芝加哥—纽约、洛杉矶—堪萨斯城—巴尔的摩，将远东地区的货物运往欧洲。

第二，加拿大大陆桥。该铁路利用两条铁路干线，即温哥华—温尼伯—哈利法克斯和鲁珀特港—温尼伯—魁北克，将远东地区的货物运入欧洲。

第三，西伯利亚大陆桥。该铁路东起纳霍德卡和东方港，西至莫斯科。东端可与平壤、北京、乌兰巴托相连接，西端可与赫尔辛基、斯德哥尔摩、奥斯陆、华沙、柏林、科隆、布鲁塞尔、巴黎、德黑兰相连接，通过该铁路可将远东地区的货物运往北欧、西欧、中欧、南欧及西亚各国。

第四，新亚欧大陆桥。该铁路东起我国连云港，西至荷兰鹿特丹，全长 10 800 公里，沿途经莫斯科、华沙、柏林等地。

3. 铁路运输单据

铁路运输单据依据国内铁路运输和国际铁路联运的不同，分别使用承运货物收据和国际铁路联运运单。

中欧班列

(1) 承运货物收据。承运货物收据是在特定运输方式下所使用的一种运输单据，它既是承运人出具的货物收据，也是承运人与托运人签订的运输契约。我国内地通过铁路运往港、澳地区的出口货物，一般都委托中国对外贸易运输公司承办。当出口货物装车发运后，当地外运公司即签发一份承运货物收据给托运人，以作为对外办理结汇的凭证。

(2) 国际铁路联运运单。国际铁路联运运单是各国之间办理铁路联运时使用的运单。国际铁路联运运单与海运提单的主要区别在于它不是物权凭证，不能背书转让。国际铁路联运运单一式五联。第一联是运单正本，随货至目的地，在终点站交收货人；第二联为运行报单，随货走，由铁路留存；第三联为运单副本，在始发站盖章后交发货人证明货物已由铁路承运，发货人可凭此联办理对外结汇及索赔，但不具有运单的效力；第四联为货物交付单，作为货物已交付收货人的凭证，随货走，由终点站铁路留存；第五联为到达通知单，在终点站随货交收货人。

(二) 航空运输方式

1. 航空运输方式的含义及分类

航空运输 (Air Transport) 是一种主要利用飞机进行现代化货物运输的方式。航空运输有其他运输无法比拟的优越性。它的主要特点是：运输速度快，交货迅速，包装简便，风险小，节省储存费用等。尽管航空运费一般较高，但对体积大、重量轻的货物，采用空运反而有利，且空运计算运费的起点比海运低，运送快捷、准点。所以小件货物、鲜活商品、季节性商品和贵重商品适宜采用航空运输。

航空运输方式主要有：

(1) 班机运输 (Scheduled Airline)。班机运输是指定期开航的定航线、定始发站、定目的港、定途经站的飞机。一般航空公司都使用客货混合型飞机 (Combination Carrier)，但一些较大的航空公司在一些航线上开辟定期的货运航班，使用全货机运输 (All Cargo Carrier)。

(2) 包机运输 (Chartered Carrier)。包机运输是由租机人租用整架飞机或若干租机人合租一架飞机运输货物的方式，分为整包机和部分包机两类。包机人一般要在货物装运前一个月与航空公司联系，以便航空公司安排运载和向起降机场及有关政府部门申请、办理过境或入境的有关手续。包机的费用是一次一议，按每一飞行公里固定费率核收费用，并按每一飞行公里费用的 80%收取空放费。因此，大批量货物使用包机时，均要争取来回程都有货载，这样费用比较低。

(3) 集中托运 (Consolidation)。集中托运是指将若干票单独发运的、发往同一方向的货物集中起来作为一票货，填写一份总运单发运到同一到站的做法。总运单的发货人和收货人均为航空货运代理公司。

(4) 航空快递 (Air Express)。航空快递业务是由快递公司与航空公司合作，向货主提供的快递服务，也称为“桌到桌快递服务”（Desk to Desk Express Service)。航空快递特别适合于各种急需物品和文件资料的传送。

2. 班机运费的特点及运用

班机运费是指航空公司将货物自起运机场运至目的机场所收取的航空运输费用，它根据货物适用的运价即费率和货物的计费重量计算而得。

计费重量是指用以计算货物航空运费的重量，它可以是货物的实际毛重、体积重量，或较高重量分界点的重量。实际毛重即包括货物包装在内的重量，适用于高密度货物。体积重量即将货物的体积按一定比例折合成的重量，其计算规则为：不考虑货物的几何形状，量出其最长、最宽、最高部分的厘米长度，计算体积，测量数值的尾数部分四舍五入。体积重量按每6 000立方厘米折合1千克计算，适用于轻泡货物。

班机运费有如下特点：

(1) 承运货物的计费重量按货物的实际毛重或体积重量，择其高者。但当货物较高计费重量分界点的运费比计得的运费低时，以分界点的运费为最后收费依据，反之则以计得的运费为准。例如，某航线运价表规定，45千克以下普通货物的运价率为48.32元，45千克及以上普通货物的运价率为36.85元。现托运一件40千克重的货物，按45千克以下普通货物的运价率计算，运费为1 932.8（=40×48.32）元，而按45千克及以上普通货物的运价率计算，运费为1 658.25（=45×36.85）元，则该货物可按45千克及以上普通货物的运价率计算出的运费计收。

(2) 航空运费按特种货物、等级货物、普通货物分别规定运价标准。若计算出的运费低于起码运费，则按起码运费计收。

(3) 班机运费仅指基本运费，不包括仓储、提货等附加费。

(4) 班机运费的货币单位一般以启运地当地货币单位为准，费率以承运人或其代理人签发航空运单的时间为准。

【例2-5-2】从青岛承运一批货物到伦敦，该批货物重5.7千克，长40厘米、宽28厘米、高22厘米。已知公布的运价为：(1) 起码运费：人民币320.00元；(2) 45千克以下：人民币50.36元；(3) 45千克：人民币40.31元；(4) 300千克：人民币37.62元。求该批货物的计费重量及运费。（计费重量的最小单位为0.5千克，重量不足0.5千克时按0.5千克计算；超过0.5千克、不足1千克时，按1千克计算。）

解：(1) 计算体积重量：(40×28×22) ÷6 000≈4.11（千克），即4.5千克。

(2) 计算计费重量：因为4.5<5.7，所以计费重量为6千克。

(3) 计算运费：6×50.36=302.16<320，所以运费为320元。

答：该批货物的计费重量为6千克，运费为320元。

3. 航空运单

航空运单是由承运人或其代理人签发的重要货物运输单据，是承托双方的运输合同。它与海运提单不同，不是物权凭证，不可转让，不可凭以提货，收货人是凭“到货通知”和有关证明办理提货手续。航空运单正本一式三份，每份都印有背面条款：第一份注有“Original for the shipper”字样，交发货人，是承运人或其代理人接收货物的依据；第二份注有“Original for the issuing carrier”字样，交承运人留存，作为记账凭证；第三份注有“Original for the consignee”字样，随货走，在货物到达目的地，交付给收货人时作为核收货物的依据。

（三）集装箱运输

1. 集装箱

《鹿特丹规则》规定集装箱（Container）是指任何型号的集装箱、运输罐柜或者板架、交换式车厢，或者拼装货物的任何类似货载单元及其附加设备。集装箱一般是用钢、铅、胶合板、玻璃钢或这些材料混合制成。集装箱种类繁多、用途各异，常见的有杂货集装箱、散货集装箱、冷藏集装箱、敞顶集装箱、罐式集装箱、动物集装箱、通风集装箱、平台集装箱、台架式集装箱等。国际标准化组织集装箱技术委员会（ISO/TC104）对集装箱国际标准作过多次补充和修改，现行的国际标准为第Ⅰ系列共13种。其中，应用最广泛的是20英尺（8×8×20立方英尺，TEU）和40英尺（8×8×40立方英尺，FEU）两种集装箱，其长、宽、高分别为6.05m×2.44m×2.44m和12.2m×2.44 m×2.44 m。

2. 集装箱运输

集装箱运输是以集装箱为基本运输单位，将一定数量的单件零散货物装入具有一定规格和强度的专为周转使用的大型集装箱内，作为一个运送单位所进行的运输，以便在现代流通领域内运用大型装卸机械和大型载运车辆进行装卸、搬运作业以完成运输任务，从而更好地实现货物“门到门”运输的一种高效率和高效益的运输方式。

集装箱运输具有许多优点，如可露天存放、节省仓库、节省商品的包装费用、减少货损货差、提高装卸效率、缩短运输时间、节约运费、降低成本等。它是一种现代化的先进的运输方式，适用于海洋运输、铁路运输，更适用于国际多式联运。

集装箱运输一般通过集装箱堆场和集装箱货运站来完成货物的装箱、拆箱、保管、堆放、交接等。集装箱堆场（Container Yard，CY）是专门用来保管和堆放集装箱（重箱和空箱）的场所，是整箱货（Full Container Load，FCL）办理交接的地方，一般设在港口的装卸区内；集装箱货运站（Container Freight Station，CFS）又叫中转站或拼装货站，是拼箱货（Less

Container Load，LCL）办理交接的地方，一般设在港口、车站附近，或内陆城市交通方便的场所。

集装箱货物交接方式主要有四种：整箱交，整箱接（FCL/FCL）；整箱交，拆箱接（FCL/LCL）；拼箱交，拆箱接（LCL/LCL）；拼箱交，整箱接（LCL/FCL）。集装箱货物的交接地点也可简单地分为四种，即门到门（Door to Door）、门到场站（Door to CY）、场站到门（CY to Door）、场站到场站（CY to CY）；如果再进一步细分，共有九种。

集装箱运费包括内陆运费、拼箱费、堆场服务费、海运运费、集装箱及其设备使用费等。集装箱运费计收方法基本上有两种：以每运费吨（freight ton）为计算单位（按件杂货费率），按包箱费率以每个集装箱为计费单位。包箱费率将逐步取代件杂货费率。

集装箱运输的主要单据有集装箱装货单（Container Load Plan，CLP）、场站收据（Dock Receipt，D/R）和集装箱联运提单（Combined Transport B/L，CT B/L）。

（四）国际多式联运（International Multimodal Transport）

根据《联合国国际货物多式联运公约》，国际多式联运的定义是："按照多式联运合同，以至少两种不同的运输方式，由多式联运经营人（Multimodal Transport Operator）负责把货物从一国境内接运货物的地点运至另一国境内指定交付货物的地点。"它是在集装箱运输的基础上产生和发展起来的，也就是说，它是以集装箱为媒介，把海、陆、空等各种单一的运输方式有机地结合起来，组成一种国际间的货物运输。

根据上述定义，构成国际多式联运必须具备以下条件：

（1）多式联运经营人和托运人之间须订立一份多式联运合同，明确双方的权利、义务、责任和豁免。

（2）必须是两种或两种以上不同运输方式的连贯运输。

（3）必须使用一份包括运输全程的多式联运单据（Multimodal Transport Document，MTD），并由多式联运经营人负总责任，该单据是物权凭证。

（4）必须是全程单一的运费费率。

（5）必须是国际间的货物运输。

国际多式联运除具有实现"门到门"运输的优越性外，还具有手续简便、中间环节少、责任统一、缩短运输时间、提高货运质量、降低运输成本、加速货运周转等特点。

（五）邮包运输

邮包运输又称邮政运输，其特点是手续简便、费用不高，而且具有"门到门"运输的性质，所以在国际贸易中这种运输方式采用比较普遍。由于各国邮政部门间订有协定和《万国邮政公约》，因此各国的邮件包裹可以互相传递，形成国际邮包运输网。托运人只需办理一次托运手续并付足邮资，取得邮件包裹收据，即完成交货义务。邮件到达目的地后，邮件只可凭邮局的到件通知提取。邮包按照运送方式分为三种：普通邮包、航空邮包和保价邮包。普通邮包用于海运或陆运，时间长，但收费低廉；航空邮包用于空运，速度快，但收费高，如 DHL、EMS、FedEx 等，贵重物品还可通过付保价费而成为保价邮包。各国对邮包的重量和体积均有严格限制，如每件包裹重量不得超过 20 千克，长度不得超过 1 米。

四、合同中的运输条款

在国际货物买卖中，货物的交付都是通过运输来实现的，而运输直接关系到合同的顺利履行及买卖双方的权益。因此，运输条款是合同的要件，买卖双方必须在合同中就货物运输问题做出明确、合理的规定。本节主要介绍以 FOB、CIF 和 CFR 这三种常用贸易术语成交，采用海洋运输的国际贸易合同的装运条款。

（一）装运时间条款

装运时间，又称装运期，是指卖方按合同规定将货物装上运输工具或交给承运人的期限。装运时间（Time of Shipment）和交货时间（Time of Delivery）并非同一概念，但在 FOB、CIF、CFR、FCA、CPT、CIP 这 6 种贸易术语成交的买卖合同中，当卖方将货物装上船或交给承运人时，即完成交货义务，所以习惯将交货期等同于装运期。而在以其他贸易术语达成的买卖合同中，装运期和交货期是完全不同的。

1. 装运时间的规定方法

在国际货物买卖合同中，对装运时间的规定通常有以下几种：

（1）规定明确、具体的装运时间。

① 规定一段时间装运。例如：订明某年某月装运，如 6 月份装运（Shipment during June）；订明跨月装运，如 7/8/9 月份装运（Shipment during July/Aug. /Sep. ）。

② 规定装运最迟期限。例如：装运期不迟于 7 月 31 日（Shipment not later than July 31st）；或者某月某日前装运或某月月底前装运，如 Shipment on or before Jan. 15th，2020，Shipment at or before the end of Jan. 2020。该方法的特点是期限具体，含义明确，双方不易发生纠纷。

③ 规定在某月某日左右装运。如 Shipment on or about July 15th，2020。

（2）规定收到信用证后若干天装运。卖方为防止买方在货物出运后不履行合同的付款义务，可采用在收到信用证后若干天内装运的方法。例如：Shipment within 30 days after receipt of L/C。同时在合同中规定买方开立信用证的时间，否则，可能会因买方拖延开证或拒绝开证而使卖方被动。例如：The relevant L/C must reach the seller not later than 31st Dec.，2020。

（3）收到电汇后若干天装运。采用汇付方式收款时可使用这种方法。

（4）笼统规定近期装运。这种方法不规定具体期限，如“立即装运”（Immediate Shipment）、“尽快装运”（Shipment as soon as possible）、“即刻装运”（Prompt Shipment）等。各国对近期装运的解释不一致，容易引起纠纷，采用此方法应慎重。

2. 规定装运时间应注意的问题

（1）应注意货源情况、商品的性质和特点、交货的季节性和运输情况。如雨季一般不宜装运烟叶，夏季一般不宜装运沥青、易腐性肉类及橡胶等。

（2）装运期长短要适度。应视不同商品和租船订舱的实际情况而定：装运期限过短，势必给船货安排带来困难；装运期限过长也不合适，特别是采用在收到信用证后多少天内装运的条件下，装运期过长，会造成买方积压资金，影响资金周转，从而反过来影响卖方的售价。

（3）注意装运期同开证期、信用证有效期之间保持适当的间隔。

讨论分析

中国某外贸公司（卖方）曾在广州秋交会上与英国某商人（买方）按CIF伦敦条件签订了一项出口白薯干的合同。由于卖方货源充足，急于出售，因此当月成交时便约定当月交货。后因卖方租不到船，未能按期交货，致使双方产生争议，买方遂提请在中国仲裁。结果，卖方败诉。试分析原因。

（二）装卸货港条款

装运港（Port of Shipment）是指货物开始装运的港口，它通常由卖方根据方便货物的装运而提出，经买方同意后确定。目的港（Port of Destination）是指最后卸货的港口，它通常由买方根据使用、销售货物的需要而提出，经卖方同意后确定。

1. 规定装运港、目的港的方法

在国际货物买卖合同中，规定装运港和目的港的方法如下：

（1）在一般情况下，装运港和目的港分别规定各为1个。如装运港：上海（Port of Shipment：Shanghai），目的港：伦敦（Port of Destination：London）。

（2）有时按实际业务的需要，若货物分散多处，买方在不同的地点使用或销售，也可分别规定2个或2个以上的装运港或目的港。如装运港：上海和青岛（Port of Shipment：Shanghai and Qingdao）；目的港：伦敦和利物浦（Port of Destination：London and Liverpool）。

（3）在交易磋商或签约时卖方无法确定在何处发运货物，买方尚不确定在何处销售货物，明确规定装运港或目的港有困难，可以采用选择港（Optional Ports）的方法。规定选择港有两种方式：一种是在两个或两个以上港口中选择一个，如 CIF 伦敦选择港汉堡或鹿特丹（CIF London，optional Hamburg/Rotterdam），或者 CIF 伦敦/汉堡/鹿特丹（CIF London/Hamburg/Rotterdam）；另一种是笼统规定某一航区为装运港或目的港，如"地中海主要港口"，即最后交货选择地中海的一个主要港口为目的港。

2. 确定装运港和目的港的注意事项

买卖双方在约定装运港、目的港时，应从产销情况、装卸条件和运输等方面考虑，尤其在约定国外卸货港时，情况复杂，更应审慎从事，多注意以下事项：

（1）在出口业务中，对国内装运港的规定，一般以接近货源地的对外贸易港口为宜，同时考虑港口和国内运输的条件和费用水平。

（2）必须注意装卸港的具体条件，例如：当地管理制度如何，有无直达班轮航线，有无冰封期，何时拥堵，对船舶国籍有无限制等因素。

（3）注意装运港、目的港有无重名问题。如维多利亚全世界有 12 个，悉尼、波士顿等都有重名的。若有重名，则应在合同中明确注明港口所在国家或地区的名称。

（4）合理使用选择港。一是要注意选择港口不宜太多，一般不超过 3 个，而且必须在同一航区、同一航线上；二是在合同中应明确规定，因选港而增加的运费、附加费由买方负担；三是要规定买方宣布最后目的港的时间，若其未在规定时间内通知船方最后选定的卸货港，船方有权在任一备选港口卸货。

（5）明确规定国外装运港或目的港，避免采用诸如"欧洲主要港口"（European Main Ports，EMP）或"非洲主要港口"（Africa Main Ports，AMP）等笼统规定。

（6）除非以多式联运方式运输，一般不接受以内陆城市为装运港或目的港的条款，否则我方要承担从港口到内陆城市的运费和风险。

讨论分析

1. 中国某公司按 FOB 条件从北欧进口一批大宗商品。双方约定的装运港原是一个比较偏僻的小港，大船不能直接进港装货。签约后，买方才了解该港条件，便要求变更装运港，但卖方不同意更改。买方只好租用小船，将货物运至汉堡集中，然后装海洋巨轮运回国内，这不仅延误了时间，而且增加了运杂费用，给国家和企业造成了不该发生的经济损失。试分析：我方业务员在该笔业务中忽视了什么问题？你们从中能吸取什么经验？

2. 我某出口公司按CFR条件向日本出口红豆250公吨，合同规定卸货港为日本口岸，发货时，正好有一艘轮船驶往大阪，我公司打算租用该船，但在装运前，我方主动去电询问在哪个口岸卸货，时值货价下跌，日方故意让我方在日本东北部的一个小港卸货，我方坚持要在神户、大阪。双方争执不下，日方就此撤销合同。试问：我方做法是否合适？日本商人是否违约？

（三）分批装运和转运条款

1. 分批装运

分批装运（Partial Shipment）又称分期装运（Shipment by Installment），是一个合同项下的货物先后分若干期或若干次装运。在国际贸易中，凡数量较大，或受货源、运输条件、市场销售或资金的条件所限，有必要分期分批装运、到货者，均应在买卖合同中规定分批装运条款（如 partial shipment to be allowed）。如果为减少提货手续，节省费用，在进口业务中要求国外出口人一次装运货物的，则应在合同中规定不准分批装运条款（如：partial shipment，not allowed）。

关于分批装运的解释和处理在国际贸易界并不统一，如果采用信用证方式支付，《跟单信用证统一惯例》（UCP600）有以下一些规定：

（1）除非信用证有相反规定，可准许分批和转运。但为了避免争议，一般应在合同中明确规定是否允许分批或转运。例如：允许分批装运和转运（with partial shipment and transshipment allowed）。对分批装运一般有三种规定方法：第一，规定“允许分批装运”，不加任何限制（如：partial shipment allowed）；第二，订明分若干批次装运，而不规定每批装运的数量（如：shipment during Mar. to Jun. in four monthly lots）；第三，订明每批装运的时间和数量，即定期、定量分批装运（如：shipment during Mar. / Apr. /May in three monthly lots，each ×× MT）。

（2）《跟单信用证统一惯例》（UCP600）第31条b款规定，使用同一运输工具并经由同次航程运输的数套运输单据在同一次提交时，只要显示相同目的地，将不视为分批装运，即使运输单据上标明的发运日期不同或装卸港、接管地或发送地点不同。如果交单由数套运输单据构成，则其中最晚的一个发运日将被视为发运日。

（3）《跟单信用证统一惯例》（UCP600）第31条c款规定，含有一份以上快递单据、邮局收据或投邮证明的交单，如果单据看似由同一块地区邮政机构在同一地点和日期加盖印戳或签字并且表明同一目的地，将不视为分批装运。

(4)《跟单信用证统一惯例》(UCP600)第 32 条规定，若信用证规定在指定的时间段内分批装运，当任何一期未按信用证规定的期限装运时，信用证对该期及以后各期均告失效。

实训操作

我某公司对南非出口一批化工产品 2 000 公吨，采用信用证支付方式。国外来证规定："禁止分批装运，允许转运"。该证注明受《跟单信用证统一惯例》(UCP600)约束。现已知：装运期临近，已订妥一艘驶往南非的"黄石"号货轮，该船先停靠新港，后停靠青岛。但此时，该批化工产品在新港和青岛各有 1 000 公吨尚未集中在一起。试问：如果你是这笔业务的经办人，最好选择哪种处理方法？为什么？

2. 转运

《跟单信用证统一惯例》(UCP600)规定，转运(Transhipment)是指在信用证规定的运输起点到终点的运输过程中，货物从一运输工具上卸下再装上另一运输工具的行为。根据《跟单信用证统一惯例》(UCP600)第 19 条、第 20 条、第 21 条、第 23 条、第 24 条的规定，可以归纳为两点：

(1)在联合运输、空运、公路、铁路或内陆运输中，只要同一运输单据包括运输全程，则运输单据可以注明货物将被转运或可被转运。同时，即使信用证禁止转运，银行也将接受注明将要发生或可能发生转运的运输单据。

(2)在海洋运输中，只要同一运输单据包括运输全程，则运输单据可以注明货物将被转运或可被转运。银行可以接受注明将要发生或可能发生转运的提单。同时，即使信用证禁止转运，只要运输单据上证实有关货物已由集装箱、拖车或子母船运输，银行仍可接受注明将要发生或可能发生转运的运输单据。

讨论分析

1. 某公司曾按 CIF 条件通过秦皇岛港口向中东地区出口一批为数几百公吨的货物，根据买方要求，在合同中约定了不准转船的条款。因为当时从秦皇岛港至中东地区没有直达航线，而仅仅为该批零星货物洽租货轮专程运送，则空仓费的损失比该批货物的出售价款还多，所以卖方便要求买方修改原定不准转船的条款，买方不同意，并以卖方违约为由提出索赔。最后，由卖方赔偿其损失而了结此案。试分析为何按此条件结案。

2. 开证行开立不可撤销议付信用证，并通过 A 银行通知受益人。信用证中规定："从中国港口至曼谷，不许分批装运和转运。"受益人接到上述信用证后，经审查认为与合同相符，即通过集装箱运输，随后备妥各种单据向A银行交单议付。A银行审核单据后办理议付，并向开证行寄单索偿。开证行收到单据后提出如下不符点："我信用证规定不许转运，但根据你提单上的记载，显然货物是经过转运到达曼谷港，故不符合信用证的规定。因此我行无法付款。"A银行接到拒付电后审核留底单据，认为开证行所提出的不符点是故意挑剔，遂去电反驳，指出该提单项下的货物是经集装箱运输，虽禁止转运，但符合《跟单信用证统一惯例》(UCP600)的有关规定。后开证行认为理亏，遂向议付行A银行支付了该信用证项下的款项和迟付的利息。试分析原因。

(四) 其他条款

在国际货物买卖合同中，除了规定上述装运条款外，有时还规定一些与装运有关的其他条款，现分别介绍如下：

1. 装船通知

装船通知（Advice of Shipment）是装运条款中不可缺少的一项重要内容，通常以传真、电传、电子邮件的形式发送。不论以何种贸易术语成交，交易双方都要承担互相通知的义务，以便共同做好车、船、货的衔接，从而有利于贸易的顺利进行。在实际业务中，装船通知一般没有固定格式，但是主要内容包括：合同号、货物品名、件数、重量、发票金额、船名航次、提单号、箱封号、装船日期、飞机航班、舱单等。

2. 滞期、速遣费条款

在定程租船的大宗商品买卖合同中，货物的装卸时间、装卸率会直接关系到船方的经营效益。为约束租船人，在租船合同中，对滞期、速遣问题要明确规定。滞期、速遣费条款实质上是一种奖罚条款，以明确货物装卸方的责任。所谓滞期费（Demurrage），是指负责装卸货物的一方未能按合同约定的装卸期限完成货物的装卸，则须向船方缴纳延误船期的罚款。所谓速遣费（Despatch Money），是指负责装卸货物的一方在合同约定的装卸期限内提前完成货物装卸作业，可以从船方取得奖金。按惯例，速遣费是滞期费的一半。

计算滞期费、速遣费与装卸时间的长短关系密切，因此，在合同中必须合理地规定计算装卸时间的方法。装卸时间的规定方法有三种：

(1) 规定具体的装卸日数；

(2) 规定一定的装卸数额或装卸率；

(3) 按港口习惯尽快装卸。

另外，在计算滞期费和速遣费时，实际装卸的时间与计算所采用的时间因对"日"的解释或规定不同而有很大区别。目前主要有以下几种解释或规定：

（1）日（Days）或连续日（Running Days），是指连续 24 小时的时间，也就是日历日数；

（2）工作日（Working Days）或连续工作日（Running Working Days），是指不包括星期日和节假日，可以进行工作的日历日数；

（3）晴天工作日（Weather Working Days，WWD），是指工作日或部分工作日中不受天气影响，可以进行装卸货物的时间；

（4）24 小时晴天工作日（Weather Working Days of 24 Hours），是指晴天工作日内，以累计工作小时数满 24 小时作为一个晴天工作日；

（5）连续 24 小时晴天工作日（Weather Working Days of 24 Consecutive Hours），是指除去星期日、节假日、天气不良等影响装卸的工作日或工作小时后，以真正的连续 24 小时为一日的表示装卸时间的办法。这是目前使用较多的表示装卸时间的方法。

装卸的起算时间一般以船长向租船人或代理递交装卸准备就绪通知书后的一定时间起算。例如：在 12:00 以前递交装卸准备就绪通知书，装卸时间从 13:00 时起算；在 18:00 以前递交，装卸时间则从次日 8:00 起算。终止时间以最后一件货物装上或卸下船为准。

3. OCP 条款

对美国和加拿大进行贸易时，为了取得运费的优惠，可采用 OCP 条款。OCP 是 Overland Common Points 的缩写，意为“内陆公共点”，该地区按美国运费率规定，以美国西部 9 个州为界，也即以落基山脉为界，北起北达科他州、南至新墨西哥州直到东部沿海，规定为 OCP 地区。OCP 运输过程就是出口到美国的货物海运到美国西部港口（如旧金山、西雅图）卸货，再通过陆路交通（主要是铁路）向东运至指定的内陆地点。按 OCP 运输条款达成交易，既可享受美国内陆运输的优惠费率，内陆交通点运费率比当地运费率约低 3%～5%，又可享受 OCP 海运的优惠费率，每尺码吨约低 3～5 美元。采用 OCP 条款时，应注意下列问题：

（1）货物最终目的地在 OCP 范围内；

（2）必须经美国西海岸港口中转，所以签订 CFR/CIF 合同时，目的港应注明为美国西海岸港口；

（3）海运提单上须注明 OCP 字样，并且在提单目的港一栏内除填写美、加西海岸港口的名称外，还要加注内陆地区的城市名称。

五、海运提单

（一）提单的性质和作用

《中华人民共和国海商法》第 71 条规定：“提单，是指用以证明海上货物运输合同和货物已经由承运人接收或者装船，以及承运人保证据以交付货物的单证。”它是承运人或其代理人在收到承运货物时签发给托运人的一种单据，体现了托运人和承运人的关系。提单（Bill of Lading，B/L）的主要性质和作用为：

（1）货物收据。提单是承运人或其代理人签发给托运人的表明已收讫货物的收据。

（2）物权凭证。提单代表货物的所有权，在法律上具有物权的作用。正本提单是卖方凭以议付、买方凭以提货、承运人凭以交货的依据。提单可用来抵押贷款或转让。

（3）运输契约的证明。运输契约是装货前商订的，提单是装货后签发的，其有关条款明确承运人和托运人双方的权利和义务。所以提单本身不是运输契约，而是运输契约的证明，是他们处理双方在运输中权利、义务、责任、豁免问题的主要法律依据。

（二）海运提单的种类

海运提单可以从不同角度进行分类，主要分为以下几种：

1. 按货物是否已装船划分

（1）已装船提单（On Board B/L；Shipped B/L）。已装船提单是指承运人已将货物装上指定的船舶后所签发的提单，提单上加注船名和已装船日期。它是凭大副装船后所签的收货单（大副收据）签发。

（2）备运提单（Received for Shipment B/L）。备运提单又称收妥待运提单或收讫待运提单，是指托运人将货物交给承运人接管，因船公司船期关系，或者船只尚未到港，暂存仓库由其保管，而凭场站收据向承运人换取的提单。备运提单只说明承运人已接管货物，未明确装船细节，难以保证收货人按时交货，故银行一般不接受此种提单。此种提单加注船名和已装船日期，也可以当作已装船提单被接受。例如：承运人在备运提单上加注“I certify the goods described herein are loaded on board the vessel named herein at the port specified in the bill of lading on or before the date of this endorsement dated...”等语，并加签署，这张备运提单则具有已装船提单的效力。

由于以集装箱运输为代表的多式联运的广泛应用，《跟单信用证统一惯例》（UCP600）取消了银行拒收备运提单的规定。在实际业务中，若托运人取得的是备运提单，一旦货物装船后，即可换取已装船提单，或者由承运人在备运提单上加注船名和装船日期并签字盖章使之成为已装船提单。

讨论分析

某年3月，国内某公司（以下简称“甲方”）与加拿大某公司（以下简称“乙方”）签订一设备引进合同。根据合同，甲方于4月开立信用证要求乙方在交单时，提供全套已装船清洁提单。但交单时甲方发现存在以下疑点：（1）提单签署日期早于装船日期；（2）提单中没有已装船字样。经过查证发现，乙方提供的是备运提单。最终，经双方协商，乙方同意在总货款 12.5 万美元的基础上降价 4 万美元并提供 3 年免费维修服务作为赔偿。试分析为何乙方赔偿。

2. 按提单上对货物或包装表面情况是否有不良批注划分

（1）清洁提单（Clean B/L）。清洁提单是指货物装船时“表面状况良好”，未加有关货损或包装不良之类批语的提单。银行一般要求卖方提交清洁提单。

（2）不清洁提单（Unclean B/L；Foul B/L）。不清洁提单是指承运人加注了托运货物外表状况不良、包装有差损或存在缺陷等批语的提单。例如，提单上批注：“包装破损”“包装不牢”“包装××件损坏”等。在实际业务中，除非买方授权，否则银行不接受不清洁提单。

讨论分析

某家海运公司所属“永安轮”于去年 10 月 20 日在天津港装载某糖业有限公司托运的 5 000 公吨白糖，后发现这批白糖有 15%的脏色。11 月 2 日，大副在收货单上对此作了批注。15 日，因信用证即将过期，糖业公司为及时出口货物及结算货款，就出具保函要求海运公司开出清洁提单。保函载明：如果收货人对该批货有异议，一切责任均由发货人承担，船方概不负责。海运公司接受了保函，并签发了清洁提单。11 月 25 日，货抵目的港，收货人以货有脏色为由，向法院申请扣押“永安轮”，海运公司向糖业公司提出赔偿因其货轮被扣而造成的经济损失，但糖业公司拒绝赔偿。请问：该不清洁提单保函是否有效？海运公司的损失能否得到补偿？

3. 按提单的收货人抬头不同划分

（1）记名提单（Straight B/L）。记名提单又称直交提单，即明确指明收货人，如“Pay to ×× only”。这种提单只能由指定收货人提货，不能背书转让，不能流通，国际贸易中很少使用。记名提单一般用于展览品、援外物资和贵重物品的运输。

（2）不记名提单（Blank B/L）。这种提单不具体规定收货人，收货人栏留空或填“来人”（Bearer）。这种提单不需要背书即可流通转让，并且凭单交货，风险大，国际贸易中很少使用。

（3）指示提单（Order B/L）。指示提单又称空白提单，是指在提单的收货人栏内填写“凭指示”（To order）或“凭××指示”（To the order of ××）的字样。这种提单可以通过背书转让给第三者，故又称为“可转让提单”。这种提单在国际贸易中广泛使用。

指示提单一般有四种抬头：

① 凭银行指示。即提单收货人栏填写为“to the order of ×× Bank”。

② 凭收货人指示。即提单收货人栏填写为“to the order of Consignee”。

③ 凭发货人指示。即提单收货人栏填写为“to the order of shipper”，并由托运人在提单背面空白背书。这种提单亦可根据信用证的规定而做成记名背书；托运人也可不作背书，这样只有托运人可以提货，即卖方保留货物所有权。

④ 不记名指示。即提单收货人栏填写为“To order”，并由托运人在提单背面作空白背书，亦可根据信用证的规定而做成记名背书。

背书有两种方法：一是由背书人（受让人）在提单背面签名盖章的，称作空白背书（Blank endorsed）；二是除由背书人签字盖章外，还列明被背书人名称的，称为记名背书（Endorsed in favor of）。国际贸易中，通常采用“空白抬头，空白背书”（B/L made out to order and blank endorsed）的方式，即正面写上“to order”，背面签转让人名。

讨论分析

某年4月，上海某公司与美国一代理商签订了一份金额为USD105 000的纺织品出口合同，6月初收到直接买户开出的不可撤销信用证，信用证要求出具记名××公司的提单，并指定货物装运美国某船公司。货物出运后全套单据经通知行寄开证行，一段时间后收到开证行的不符点电报，称单据有一处不符点，全套单据由开证行暂为保管。我公司查货物下落，船公司告知货物已被提走。我公司要求船公司做出解释，船公司告知，记名提单可不凭正本提单，仅凭收货人的身份证明即可放货，船公司无责任。我公司面临着手持正本提单却货、款两空的残酷现实。试分析原因。

4. 按运送方法不同划分

(1) 直达提单（Direct B/L）。直达提单是指表明货物自装运港直接运到最终目的港，中途不转船而签发的提单。

(2) 转船提单（Transshipment B/L）。转船提单是指货物在装运港装船后需中途转船再驶往目的港所签发的提单。这种提单一般由负责第一程运输的承运人签发并在提单上加列“转运”或“在××港转船”的转船批注，如Transshipment via Hong Kong。为节省转船费用、减少货运风险，收货人一般不同意转船，但实际业务中常常是若直运不可能则必须转船。所以国际贸易中，转船方式是常见的。

按照《海牙规则》，若船舶不能直达货物目的港，非中转不可，则一定要事先征得托运人同意。转运货物船方的责任可分为下列三种情况：一是第一航程与第二航程的承运人对货物的责任各自负责，互不牵连；二是第一航程的承运人在货物转运后承担费用，但不承担责任；三是第一航程的承运人对货物负责到底。

(3) 联运提单 (Through B/L)。联运提单是指在海运和其他运输方式所组成的联合运输方式下，由承运人或其代理人在货物的起运地签发运往货物最终目的地的提单。其主要特点是：①由第一航程的承运人作为总承运人，签发包括全程运输的提单；②运输风险采用分段责任，即各段承运人只负责其所承运区段的运输风险；③在海-海运输方式下，联运提单和转船提单的性质相同。

(4) 多式联运提单 (Combined Through B/L)。多式联运提单是指货物由海上、内河、铁路、公路、航空等两种或多种运输方式进行联合运输而签发的适用于全程运输的提单。这种提单适用于集装箱的多式联运方式，其主要特点是：①由对全程负总责的承运人签发；②第一航程运输不一定是海运，所以提单上不一定要注明第一航程船的船名和装船日期。

5. 按船舶营运方式不同划分

(1) 班轮提单 (Liner B/L)。班轮提单是指货物采用班轮运输，由经营班轮运输的承运人或其代理人签发的提单。在提单上载明运输合同的条款，班轮运输的承运人与货物托运人、收货人之间的权利与义务以船公司签发的班轮提单为依据，船、货双方受其约束，不再另行签订租船合同。

(2) 租船合约提单 (Charter Party B/L)。根据《跟单信用证统一惯例》(UCP600) 规定，租船合约提单是指在租船运输业务中，由船长、船东、租船人或他们的具名代理人签署的受租船合同约束的提单。通常情况下，提单上只列明货名、数量、船名、装运港、目的港等必要项目，无背面提单条款。这类提单不能作为一个完整的独立文件，它受租船合同条款的约束，通常在租船合约提单上应该有类似这样一些文字："此提单受租船合同的约束"。租船合约提单是否代表物权凭证完全取决于租船合同所订立的内容，当提单内容和条款与租船合同有冲突时，以租船合同为准。

讨论分析

中国某农产品A公司与国外B公司签订CIF贸易合同，由A公司向B公司提供大米若干公吨，付款方式是信用证并同意接受《跟单信用证统一惯例》(UCP600) 约束。鉴于货量较大，足以租用一条整船，A公司遂与某外运公司（即承运人）签订了一份租船合同，由该外运公司负责合同项下大米的运输。在合同规定的装运期内，A公司按时交货并获得承运人开具的全式提单，提单上批注有"根据××租船合同出立"字样。A公司遂向承运人就该批注是否会影响提单的独立性、是否构成租船合约提单提出质疑。承运人做出的解释是："上述批注不同于受租船合同约束的略式提单上'所有条件均根据×年×月×日签订的租船合约 (All terms and conditions as per charter party date ...)'的批注，我方开具的全式提单与正式提单的海运提单一样，具有货物收据、运输合同证明和物权凭证的作用，之所以加注‘根据××租船合同出立’字样，只是为了进一步表明其作为运输合同的证明。”A公司认为承运人言之有理，通过通知行寄单至开证行要求付款。开证行审单后提出：“提单上‘根据××租船合同出立’的批注使得该提单已构成了租船合约提单。根据《跟单信用证统一惯例》(UCP600) 规定，我们不能接受租船合约提单。速告对单据处理的意见。”A公司经研究认为：“提交的提单不应该认为是租船合约提单。所谓租船合约提单是一种略式提单，没有承运人的责任条款。我方所提交的提单是一种全式提单，其背面印有承运人责任的详细条款，所以它是一种正式海运提单，不属于租船合约提单，对于批注贵行可不予理会，请按时付款。”但开证行并不赞同A公司观点，建议A公司就该不符点联系进口方B公司，可以通过修改信用证接受租船合约提单。鉴于改证不仅需另缴改证费而且延误时间，与A公司有着长期良好合作关系的B公司本着促成交易的共同愿望向开证行表明接受不符点并付款赎单。开证行在扣除若干金额的“不符点费用”后对A公司办理了结汇。请总结此案中的知识点。

6. 按提单使用效力划分

(1) 正本提单 (Original B/L)。正本提单是指提单上经承运人、船长或其代理人正式签字盖章并注明签发日期的提单。正本提单在法律上和商业上都是公认有效的，其上必须注明“正本”(Original) 字样。正本提单一般一式三份，也有一式两份、四份和五份的，其中一份完成提货手续后，其余各份自动失效。因此，买方或银行一般要求卖方提供全套提单。

(2) 副本提单 (Copy B/L; Non-negotiable B/L)。副本提单通常指的是提单（即正本提单）的复制件。副本提单即提单上没有承运人签字盖章，只供工作上参考使用，不具有法律效力。副本提单一般正面注有“副本”(Copy) 和/或“不可转让”(Non-negotiable) 字样，且没有背面条款。副本提单份数是按照托运人要求或是由船方自行确定，通常用于货方、船方和港方联系和安排工作的凭证之一，是启运港、中转港和目的港的代理人和载货船舶不可缺少的文件（见表2-5-3）。

7. 按提单格式和内容繁简划分

(1) 简式提单 (Short Form B/L)。简式提单又称略式提单，是指只有正面记载事项，注明承运货物的基本情况和托运人、收货人的名称、地址等，而背面无提单条款，在一定程度上影响了它的流通性，所以有些信用证明确规定不接受简式提单。但只要没有这种明确规定，银行可以接受简式提单。在这种情况下，提单一般都加注“各项条款及例外条款均以本公司正规的全式提单内所印的条款为准”的字样，或者加列“本提单货物的收受、保管、运输和运费等事项，均按本公司全式提单的正面、背面的铅印手写、印章和打字等书面的条款和例外条款办理，该全式提单存于本公司、分支机构或代理人处，可供托运人随时查阅”等字样。简式提单在美国很流行。

（2）全式提单（Long Form B/L）。全式提单是指有正面记载事项，背面列有规定承运人、托运人之间权利与义务的合同条款。此种提单在国际贸易中应用广泛。

表 2-5-3　海运提单

SHIPPER	ORIGINAL BILL OF LADING	VOYAGE NUMBER / BILL OF LADING NUMBER
HEFEI MEDICON PLASTIC PRODUCTS CO.,LTD ROOM 612, SHENGJING BUILDING, HUANGSHAN ROAD, SHUSHAN DISTRICT, HEFEI CITY, ANHUI PROVINCE,*		VOYAGE NUMBER: 0GT19W1PL/034W BILL OF LADING NUMBER: SHWW008789

CONSIGNEE	EXPORT REFERENCES
BESTMILE MEDICAL SERVICES KSA RIYADH 00966112574007	APL
NOTIFY PARTY, Carrier not to be responsible for failure to notify BESTMILE MEDICAL SERVICES KSA RIYADH 00966112574007	CARRIER: APL Co. Pte Ltd Head Office: #14-01 The Metropolis, Tower 1 9 North Buona Vista Drive, Singapore 138588 Tel: (65) 6278 9000 - Fax: (65) 6278 4900

PRE CARRIAGE BY*	PLACE OF RECEIPT*	FREIGHT TO BE PAID AT	NUMBER OF ORIGINAL BILLS OF LADING
		SHANGHAI	THREE (3)
VESSEL	**PORT OF LOADING**	**PORT OF DISCHARGE**	**FINAL PLACE OF DELIVERY***
CSCL GLOBE	SHANGHAI	DAMMAM	RIYADH

MARKS AND NOS CONTAINER AND SEALS	NO AND KIND OF PACKAGES	DESCRIPTION OF PACKAGES AND GOODS AS STATED BY SHIPPER SHIPPER'S LOAD STOW AND COUNT SAID TO CONTAIN	GROSS WEIGHT CARGO	TARE	MEASUREMENT
			KGS	KGS	CBM
TCKU9090768 SEAL K9142226 N/M	1 x 40HC	2567 CARTONS DENTAL MICRO BRUSH DENTAL WATER TIP ETCHING TIP DENTURE BOX SALIVA EJECTOR DENTAL BIB BARRIER FILM DENT COTTON ROLL FACE MASK POUCH ROLL FREIGHT PREPAID * CHINA(230011). 1 X 40HC 2567 CARTONS SAY TWO THOUSAND FIVE HUNDRED SIXTY-SEVEN CARTONS	20490.120	3920	66.530

Continued on Next Sheet　　Sheet 1 of 2

ADDITIONAL CLAUSES

1. Cargo at port is at merchant risk, expenses and responsibility 104. In the event that this Bill of Lading is a Paperless Bill of Lading, it shall be governed by the Terms and Conditions available on the APL website (http://www.apl.com/resource-center/terms-conditions) which the Merchant has read and accepted. The delivery of the cargo carried under a Paperless Bill of Lading shall be made to the Consignee after the Paperless Bill of Lading has been surrendered to the Carrier on the eBusiness platform and after payment of any outstanding Freight and charges. 11. The Merchant is responsible for returning any empty container, with interior clean, free of any dangerous goods placards, labels or markings, at the designated place, and within 60 days following to the date of release, failing which the container shall be construed as lost. The Merchant shall be liable to indemnify the Carrier for any loss or expense whatsoever arising out of the foregoing, including but not limited to liquidate damages equivalent to the sound market value - or the depreciated value due by the Carrier to a container lessor. The Carrier is entitled to collect a deposit from the Merchant at the time of release of the container which shall be remitted as security for payment of any sums due to the Carrier, in particular for payment of all detention and demurrage and/or container indemnity as referred above. 26. The container(s) number of which is mentioned in this bill of lading is/are the property of Carrier.	Receivers undertake to return same container(s) after unloading to Carrier or Carrier agents in the same condition as received 27. Receivers to compensate Carrier for the value of container if lost respectively, for the cost of repairs if container damaged whilst in the custody of receivers, and to pay any duties/fines claimed by customs on account of container being lost 14. Demurrage and/or detention shall be calculated and paid as per general tariff available on the web site www.apl.com, or in any of APL agency. However if special free time conditions are granted, then rates applicable as per general tariff grid shall start from the day following the last free day. U.S. demurrage and detention conditions are billed per APL (America)'s U.S. tariff or service contracts filed with the FMC 2. THC at destination payable by consignees as per line/port tariff 3. Ground rent/storages/power supply/monitoring costs at port of discharge for Receiver's account according to port rates. 4. Mis-declaration of cargo weight endangers crew, port workers and vessels' safety. Your cargo may be

If the Pre-Carriage of Onward Carriage boxes are filled out, shipment will be treated as Through Combined Transport. Carrier undertakes entire transport from place where the goods are taken in charge to the place designated for their delivery and assumes full liability for such transport as per clause 6 of this B/L.
RECEIVED by the carrier from the shipper in apparent good order and condition (unless otherwise noted herein) the total number or quantity of Containers or other packages or units indicated above stated by the shipper to comprise the cargo specified above for transportation subject to all the terms hereof from the place of receipt or the port of loading, whichever is applicable, to the port of discharge or the place of delivery, whichever is applicable. Delivery of the Goods will only be made on payment of all Freight and charges. On presentation of this document (duly endorsed) to the Carrier, by or on behalf of the holder, the rights and liabilities arising in accordance with the terms hereof shall (without prejudice to any rule of common law or statutes rendering them binding upon the shipper, holder and carrier) become binding in all respects between the Carrier and Holder as though the contract contained herein or evidenced hereby had been made between them.
In witness whereof three (3) original Bills of Lading, unless otherwise stated above, have been issued. In the event one of which is accomplished, the others shall be void.

PLACE AND DATE OF ISSUE　SHANGHAI　30 AUG 2019	SIGNED FOR THE CARRIER APL Co. Pte Ltd BY APL (CHINA) CO., LTD SHANGHAI BRANCH as agents for the carrier APL Co. Pte Ltd
SIGNED FOR THE SHIPPER *APPLICABLE ONLY WHEN THIS DOCUMENT IS USED AS A COMBINED TRANSPORT BILL OF LADING	

BL LARA APL CO - printed by www.etic-france.com - 05/18

表 2-5-3（续）

APL

ORIGINAL
BILL OF LADING

VOYAGE NUMBER	BILL OF LADING NUMBER
0GT19W1PL/034W	SHWW008789

PRE CARRIAGE BY*	PLACE OF RECEIPT*	FREIGHT TO BE PAID AT	NUMBER OF ORIGINAL BILLS OF LADING
		SHANGHAI	THREE (3)
VESSEL	**PORT OF LOADING**	**PORT OF DISCHARGE**	**FINAL PLACE OF DELIVERY***
CSCL GLOBE	SHANGHAI	DAMMAM	RIYADH

MARKS AND NOS CONTAINER AND SEALS	NO AND KIND OF PACKAGES	DESCRIPTION OF PACKAGES AND GOODS AS STATED BY SHIPPER SHIPPER'S LOAD STOW AND COUNT SAID TO CONTAIN	GROSS WEIGHT CARGO	TARE	MEASUREMENT
			KGS	KGS	CBM
		Shipped on Board CSCL GLOBE 30-AUG-2019 APL (CHINA) CO., LTD SHANGHAI BRANCH As agents for the Carrier			
Weight in Kgs Total: 1 CONTAINER(S)		Continued From Previous Sheet Sheet 2 of 2	20490.120	3920	66.530

SHIPPERS DECLARED VALUE
SUBJECT TO EXTRA FREIGHT AS PER TARIFF AND CLAUSE 8 OF THIS B/L

ADDITIONAL CLAUSES

weighed at any place and time of carriage and any mis-declaration will expose you to claims for all losses, expenses or damages whatsoever resulting thereof and be subject to freight surcharge.

5. For any amendment in BL data it has to resubmit the SI through APL website or EDI with necessary amendment as because amendment request by phone and email are not acceptable (Amendment charge applicable if amendment request comes after filed the manifest)

6. For Freight and applicable charges payment at the third country- it must mention in the BL description field during SI submission about the third coutry name and payment party details with marked as- Freight Collect (Cross Payment Fee will be charged on top of freight charges and other surcharges for payment to APL at the third country)

25. Shippers accept to be held responsible for all duties, taxes, fines, port charges and/or freight for on carriage or return cargo resulting from non compliance with the SPA rules and regulation regarding shipment of cargo in containers

78. Demurrage and detention as per MAWANI NO: (61C1/D10 DATED :10/03/1440 H)

103. In addition to the rights granted in this bill of lading – and particularly its clause 13 - the receiver of the goods hereby authorize the Carrier and/or its agent to hold the shipment in the event of indebtedness on the same shipment, or prior shipments, to the same parties to the contract, with the delivery of the shipment immediately after the previous indebtedness.

PLACE AND DATE OF ISSUE	SHANGHAI	30 AUG 2019	SIGNED FOR THE CARRIER APL Co. Pte Ltd BY APL (CHINA) CO., LTD SHANGHAI BRANCH as agents for the carrier APL Co. Pte Ltd

SIGNED FOR THE SHIPPER
*APPLICABLE ONLY WHEN THIS DOCUMENT IS USED AS A COMBINED TRANSPORT BILL OF LADING

BL LARA APL CO - printed by www.etic-france.com - 05/18

8. 其他提单

（1）倒签提单（Ante-dated B/L）。货物实际装船日期晚于信用证上规定的装运日期，托运人为了使提单日期与信用证规定的装运日期相符，要求承运人按信用证规定的装运日期签署提单，这就叫作“倒签提单”。倒签提单掩盖了事实真相，是隐瞒迟期交货的侵权行为。许多国家法律条款和判例表明，一旦货物引起损坏，承运人不但要负责赔偿，而且将丧失享受责任限制和援用免责条款的权利。收货人可以以“伪造提单”为由，拒绝提货并向法院起诉，对承运人来说有很大风险。

讨论分析

我国某出口公司先后与伦敦A公司和瑞士B公司签订了两个出售农产品合同，共计4 200长吨，价值9.6万英镑。装运期为2020年10月。但由于原定的装货船舶出故障，只能改装另一艘外轮，致使货物到12月1日才装船完毕。在我公司的请求下，外轮代理公司将提单的日期改为10月31日，货物到达鹿特丹后，买方对装货日期提出质疑，要求我公司提供10月份装船证明。我公司坚持提单是正常的，无须提供证明。结果买方查阅船长的船海日志发现提单日期是伪造的，立即向当地法院控告并由法院发出通知扣留该船，经过4个月的协商，最后，我方赔款3万英镑结案，损失惨重。试分析我方损失的原因。

(2) 预借提单（Advanced B/L)。在货物装船前被托运人“借走”的提单，称为“预借提单”，这是因为信用证最迟装运期已届临，但这时货尚未装船，托运人为了取得与信用证相符的提单，要求承运人先行签发已装船提单，以便如期办理结汇。

倒签提单和预借提单的日期都不是实际的装船日期，这种行为侵犯了收货人的合法权益，应尽量减少或避免使用。

讨论分析

2019年，A公司向科威特出口白瓜子10公吨，原定装“ELDINA”轮，由于信用证即将到期，而“ELDINA”轮未按时到达装货港口，该公司即向外运公司预借提单，并向银行议付了货款。事后，该货改装上了其他船名的轮船，造成十分被动的局面。最后只得由中国银行硬着头皮请开证行用新提单换取旧提单，并由我方补偿开证行由此而产生的包括利息在内的费用。这个案子虽然在危险中得到了解决，对外却产生了不良的影响。试分析更佳解决方案。

(3) 顺签提单（Post-date B/L)。顺签提单是指托运人从承运人处得到的以晚于货物实际装船日期作为提单签发日期的提单。顺签提单一般是为了符合有关合同关于装运日期的规定而签发的提单，这种做法掩盖了真相，承运人要承担由此而产生的风险责任。因此，顺签提单一般要求提供保函。

(4) 过期提单（Stale B/L)。过期提单通常是指出口商取得提单后未能及时到银行，或者过了银行规定的交单期限未议付而形成的提单，习惯上也

顺签提单保函

称为滞期提单。过期提单包括两种情况：一种是指由于航线较短或银行单据流转速度太慢，以至于交单时间晚于货物到达目的港，收货人提货受阻；另一种则是由于出口商在取得提单后未能及时到银行议付形成的。

前一种情况在近海运输中容易出现，但并不影响银行接受此类单据；后一种情况，按照《跟单信用证统一惯例》（UCP600）规定，凡超过提单签发日后 21 天，或超过信用证的有效期，或超过信用证规定的交单期提交的提单都属于过期提单，银行一般不接受这类过期提单。

讨论分析

国外开来不可撤销信用证，证中规定最迟装运期为 2020 年 12 月 31 日，议付有效期为 2021 年 1 月 15 日。我方按证中规定的装运期完成装运，并取得签发日为 2020 年 12 月 10 日的提单。当我方备齐议付单据于 2021 年 1 月 4 日向银行议付交单时，银行以我方单据已过期为由拒付货款。请问：银行的拒付是否有理？为什么？

（5）舱面提单（On deck B/L）。舱面提单又称“甲板提单”，是指承运人签发的货物装在甲板上的提单。《鹿特丹规则》规定，在船舶舱面上载运货物，只能限于下列情形：①根据法律的要求进行此种运输；②货物载于适合舱面运输的集装箱内或者车辆内，而舱面专门适于载运此类集装箱或车辆；③舱面运输符合运输合同或者相关行业的习惯、惯例或做法。

在实际业务中，装在舱面上的货物一般有以下常见的情况：剧毒品、危险品、易燃品等法律规定必须装于舱面上的货物，为了船和其他货物的安全，可以事先不通知托运人；拖拉机、卡车、活牲畜和木材等按照商业惯例允许装于舱面上的货物，但事先应通知托运人。通常除集装箱等航运界习惯装于甲板上的货物外，船方很少将货装在甲板上，贸易中甲板货提单并不多见。由于货物装在甲板上风险较大，故买方和银行一般不接受舱面提单。

除了上述 22 种提单外，国际运输业务中还有很多其他种类的提单。例如：包裹提单（Parcel Receipt B/L），适用于少量货物、行李或样品等；最低运费提单或称起码提单（Minimum B/L），是指运费未到运价规定的最低额，而按规定的最低运费计收的提单；货运提单（House B/L），是指由货运代理人签发的提单，这种提单从技术上和严格的法律意义上说，是缺乏提单效力的；并提单（Omnibus B/L），是指不同批数的货物合并在一份提单上，或者不同批数的相同的液体货装在一个油舱内，签发几份提单时，前者叫并提单，后者叫拼装提单；分提单（Separated B/L），是指同一装货单的货物，可根据托运人的要求分列 2 套或 2 套以上的提单；交换提单（Switch B/L），是指在起运港签发提单后，在中途港另行换发的一套提单。

【学习测试】

一、简答题

1. 海洋运输有哪些特点?

2. 简述班轮运输的特点。

3. 定程租船和定期租船有何不同?

4. 规定选择港口时应注意哪些问题?

5. 集装箱运输的交接方式有哪些?

6. 班轮运输中基本运费和附加费分别如何计算?

7. 国际铁路联运的单据有哪些? 作用如何?

8. 国际多式联运经营人的性质和责任范围是什么?

9. 提单的作用是什么? 种类有哪些?

10. 指示性提单有几种写法? 其中哪种情况需要背书? 背书的方式有哪几种?

11. 倒签提单与预借提单有什么不同? 已装船提单记载的日期应该是货物装船完毕的日期还是船舶开航的日期,为什么?

12. 提单上批注"SHORT SHIPPED ONE JAR"(少装一坛),或"SHUT OUT ONE PACKAGE"(退关一件)。请问:该提单是不是不清洁提单?

13. 中国与哪些国家进行国际铁路联运?

14. 航空运单与海运提单的区别是什么?

15. 国际多式联运单据和联运提单有何区别?

16. 哪些货物比较适合邮包运输?

17. 提单是谁签发的? 签发之后如何流转? 是不是海运一定要使用提单?

18. 如果信用证规定是 Endorsed to ×× Co., Ltd. 或 Endorsed on favor of ×× Co., Ltd., 则提单中如何表示?

19. 联运提单和转船提单有什么区别?

20. 租船合同下的提单常常是简式提单,为什么?

二、计算题

1. 我国某公司出口一批货物到伦敦港,货物共有 100 箱,每箱毛重为 50 千克,体积为 0.04 立方米,运费计算标准为 M10 级,基本运费为 100 元人民币,另加收港口拥挤附加费 29%。问:总运费为多少元人民币?

2. 我公司向澳大利亚出口商品 1 000 箱,经香港中转,用纸箱包装,每箱毛重为 50 千克,体积为 0.06 立方米,运费计算标准为 W/M10 级,基本运费为 400 港元,另加收燃油附加费 29%、绕航附加费 18%。问:应付多

少元人民币运费？（100 港元＝80 元人民币）

3. 我公司向美国出口商品 2 000 箱，用纸箱包装，每箱毛重为 50 千克，体积为 0.045 立方米，运费计算标准为 W/M10 级，基本运费为 380 元人民币，另加收燃油附加费 25%、港口拥挤附加费 16%。问：应付多少元人民币运费？

4. 我国出口到某国商品 100 箱，每箱毛重为 40 千克，体积为 40 厘米×30 厘米×20 厘米，其运费计算标准为 W10 级，基本费率为 80 美元，另加收燃油附加费 15%，计算该批运费。

5. 某货主托运一票货，该货的积载因数是 1.6 立方米/吨。将该票货装于某拼箱公司的国际标箱 ICC 箱中，已知该集装箱自重为 2.5 吨，最大总重量为 24 吨，计算亏箱后最大总容积为 29 立方米。问：（1）1 个 ICC 箱中最多可装多少吨该票货物？（2）如果货主仅托运 3 吨该票货物（计费标准按 LCL 条款，即 USD200W/M），则该发货人应付的运费额是多少？

6. 我方出口羽绒服一批，总毛重为 312 千克，总体积为 2.275 立方米。航空运输协会规定每 7 000 立方厘米折算 1 千克，从高收取运费。该出口公司所在地至出口目的地日本大阪空运运价为每千克 120 日元。试计算该批货物应付多少运费。（计算结果保留两位小数）

7. 我某公司出口箱装货物共 100 箱，报价为每箱 4 000 美元 FOB 上海，基本费率为每运费吨 26 美元或 1.5%，以 W/M or Ad. Val. 选择法计算。该批货物的每箱体积为 1.4 米×1.3 米×1.1 米，每箱毛重为 2 公吨，并加收燃油附加费 10%、货币贬值附加费 20%、转船附加费 40%，求总运费。

8. 我某公司出口箱装货物一批，报价为 CFR 利物浦每箱 35 美元，英国商人要求改报 FOB 价。该批货物的每箱体积为 45 厘米×40 厘米×25 厘米，每箱毛重为 35 千克，商品计费标准为 W/M，基本运费为 120 美元/运费吨，并加收燃油附加费 20%、货币贬值附加费 10%。问：我方应如何报价？

9. 我某公司出口某商品到中东地区，共装 30 箱，每箱毛重 125 千克，每箱尺码为 60 厘米×60 厘米×120 厘米。查外轮公司运费表，该商品为 10 级货，按 W/M 标准，每运费吨运费为人民币 90 元，燃油附加费费率为 28%，港口附加费费率为 10%。问：应付多少运费？

10. 从上海出口某货物到英国格拉斯哥港，以“W/M or Ad. Val.”计费，基本费率为每尺码吨 25 英镑或从价费率 2%。该批货物的每箱体积为 4 立方米，毛重为 3.8 公吨，FOB 货值为 8 000 英镑。求：运费是多少？

三、案例分析

1. 中国某出口商 A 公司以 FOB 中国口岸条件与中国香港 W 公司成交一批钢材，港商即转手以 CFR 釜山条件出售给韩国 H 公司。港商来证条件为 FOB 中国口岸，要求货运釜山并在提单上标明 Freight Prepaid（运费预付)。试问：W 公司为什么这样做？A 公司应如何处理？

2. 某国际货运代理企业经营国际集装箱拼箱业务，此时他是 CONSOLIDATOR，因为他签发自己的提单，所以他是无船承运人（以下称为无船承运人)。2020 年 9 月 15 日，该无船承运人在 KOBE 港自己的 CFS 将分别属于 6 个不同发货人的拼箱货装入一个 20 英尺的集装箱，然后向某班轮公司托运。该集装箱于 2020 年 9 月 18 日装船，班轮公司签发给无船承运人 CY/CY 交接的 FCL 条款下的 MASTER B/L 一套；无船承运人然后向不同的发货人分别签发了 CFS/CFS 交接的 LCL 条款下的 HOUSE B/L 共 6 套，所有的提单都是清洁提单。2020 年 9 月 23 日，载货船舶抵达提单上记载的卸货港。第二天，无船承运人从班轮公司的 CY 提取了外表状况良好和铅封完整的集装箱（货物)，并在卸货港自己的 CFS 拆箱，拆箱时发现 2 件货物损坏。2020 年 9 月 25 日，收货人凭无船承运人签发的提单前来提货，发现货物损坏。请问：(1) 收货人向无船承运人提出货物损坏赔偿的请求时，无船承运人是否要承担责任？为什么？(2) 无船承运人向班轮公司提出集装箱货物损坏的赔偿请求时，班轮公司是否要承担责任？为什么？(3) 无船承运人如何防范这种风险？

条款六

保险条款

知识要点

1. 海上货物运输保险中风险、损失和费用的含义；

2. 共同海损构成的条件；

3. 中国保险条款中海上货物运输保险的基本险别，以及保险公司的责任起讫条款；

4. 保险金额的确定、保险费的计算及保险索赔。

技能要求

1. 掌握保险金额的确定和保险费计算的基本方法；

2. 了解保险单的主要栏目和填写要求；

3. 学会并牢记合同中保险条款的最简单写法；

4. 能运用所学的保险知识分析相关案例。

在国际贸易中，货物运输保险是一个不可缺少的组成部分。国际货物运输保险是以运输过程中的各种货物作为保险标的，被保险人（买方或卖方）向保险人（保险公司）按一定金额投保一定的险别，并缴纳保险费。保险人承保以后，如果保险标的在运输过程中发生约定范围内的损失，应按照规定给予被保险人经济上补偿的一种财产保险。国际货物运输保险的种类取决于国际货物运输方式。海上货物运输保险起源最早，历史最悠久。陆上、航空、邮包等货物运输保险都是在海上货物运输保险的基础上发展起来的，只是在发生损害的原因以及保险有效期限上有所不同。

海上货物运输保险

一、海上货物运输保险

（一）风险、损失和费用

进出口货物在海运中常常会遇到各种风险而导致损坏或灭失，但保险公司并非对任何风险都给予承保，也不是对什么损失都给予赔偿。要深入了解和掌握海运保险知识，必须首先熟悉海运保险的风险、损失和费用。

1. 风险

(1) 海上风险（Perils of Sea）。海上风险是保险业的专门术语，是指船舶或货物在海上运输过程中所遇到的自然灾害和意外事故，但并不包括海上的一切危险。

① 自然灾害（Natural Calamities）。自然灾害是指不以人们意志为转移的自然界力量所引起的灾害。但在海上保险业务中，它并不是泛指一切由于自然力量所造成的灾害，而是仅指恶劣气候、雷电、海啸、地震或火山爆发等人力不可抗拒的灾害。

② 意外事故（Fortuitous Accidents）。意外事故一般是指由于偶然的、非意料中的原因所造成的事故。但在海上保险业务中，意外事故并不是泛指的海上意外事故，而是仅指运输工具遭受搁浅、触礁、沉没、船舶与流冰或其他物体碰撞以及失踪、失火、爆炸等。

(2) 外来风险（Extraneous Risks）。外来风险通常是指除海上风险以外的其他外来原因所造成的风险，但不包括货物的自然损耗和本质缺陷。依保险的性质，外来风险可分为一般外来风险和特殊外来风险。

① 一般外来风险。一般外来风险是指被保险货物在运输途中由于偷窃、短量、雨淋、玷污、渗漏、破碎、受热受潮、串味、碰撞、锈损等外来原因所造成的风险。

② 特殊外来风险。特殊外来风险是指由于军事、政治、国家政策法令以及行政措施等特殊外来原因所造成的风险与损失。主要包括：战争、罢

工、拒收以及交货不到等。

2. 损失

海损一般是指海运保险货物在海洋运输中由于海上风险所造成的损坏和灭失。根据各国海运保险业务的习惯，海损通常也包括与海陆连接的陆运过程中所发生的损坏或灭失。海损按照损失的程度不同，可分为全部损失与部分损失；部分损失按照损失的性质不同，又可分为共同海损和单独海损。

(1) 全部损失（Total Loss）。全部损失简称全损，是指运输中的整批货物或不可分割的一批货物的全部损失。全损又有实际全损和推定全损两种。

① 实际全损（Actual Total Loss）。实际全损是指被保险货物完全灭失或完全变质，或者货物实际上已不可能归还被保险人而言的损失。构成被保险货物实际全损的情况有下列几种：a. 保险标的物完全灭失；b. 保险标的物的丧失已无法挽回；c. 保险标的物已丧失商业价值或失去原有用途；d. 船舶失踪，达到一定时期。

② 推定全损（Constructive Total Loss）。推定全损是指货物发生保险事故后，认为实际全损已经不可避免，或者为避免发生实际全损所需支付的费用与继续将货物运抵目的地的费用之和超过保险价值的损失。在推定全损的情况下，被保险人获得的损失赔偿有两种情况：一是被保险人获得全损的赔偿，另一种是被保险人获得部分损失的赔偿。若想获得全损的赔偿，被保险人必须无条件地将保险货物委付给保险人。

(2) 部分损失（Partial Loss）。部分损失是指运输中的整批货物或不可分割的一批货物没有达到全损程度的损失。部分损失按照损失的性质不同，又可以分为共同海损和单独海损。

① 共同海损（General Average，GA）。共同海损是指载货的船舶在海上遇到灾害或者意外事故，威胁到船、货等各方的共同安全，为了解除这种威胁，维护船货安全，或者使航程得以继续完成，由船方有意识地、合理地采取措施，所做出的某些特殊牺牲或支出某些额外费用。

构成共同海损须具备以下条件：第一，共同海损的危险必须是实际存在的，或者是不可避免地产生的，而不是主观臆测的；第二，必须是自动有意采取的行为；第三，必须是为船货共同安全而采取谨慎的、合理的措施；第四，必须是属非常性质的损失。

共同海损的牺牲和费用都是为了使船舶、货物和运费方免于遭受损失而支出的，因而应该由船舶、货物或运费方按最后获救价值共同按比例分摊，这种分摊叫共同海损的分摊。

② 单独海损（Particular Average，PA）。单独海损是指除共同海损以外的意外损失，即由于承保范围内的风险所直接导致的船舶或货物的部分损失。该损失仅由各受损者单独负担。

以上表明，共同海损和单独海损是有区别的，这主要表现在两个方面：

第一，造成海损的原因有别。单独海损是承保风险所直接导致的船货损失；共同海损则不是承保风险所直接导致的损失，而是为了解除船和货的共同危险有意采取合理措施而造成的损失。

第二，损失的承担责任有别。单独海损的损失由损失方自行承担，而共同海损的损失则应由各受益方按照受益大小的比例共同分摊。

讨论分析

1. 我国某公司出口一批布料。货轮在海上运输途中，因触礁导致船舱舱底出现裂口，舱内存放的布料全部严重浸水。因舱内进水，船长不得不将船就近驶入避风港修补裂口。如果将受水浸的布料漂洗后，再运至目的港，所花费的费用将超过该批布料本身的价值。

请问：该批布料的损失属于什么性质的损失？

2. 某公司出口一批货物 2 000 箱，在运输途中该批货物自燃，1 000 箱货被火烧毁，大火蔓延到机舱，船长为了船和货的共同安全，决定采取紧急措施，往舱中灌水灭火，该批货物中又有 600 箱由于灌水灭火受到毁坏。同时，主机受灌水影响受损，无法继续航行。船长雇用拖轮将货船拖至附近港口修理，检修后才重新驶往目的港。

请问：在本次事件中，产生一系列损失，从上述各项损失的性质来看，哪些属于单独海损？哪些属于共同海损？

3. 费用

被保险货物遭遇保险责任范围内的事故，除了能使货物本身受到损毁导致经济损失外，还会产生费用方面的损失。这种费用，保险公司也将给予赔偿，主要包括：

(1) 施救费用 (Sue and Labour Expenses)。施救费用是指保险标的遭遇保险责任范围内的灾害事故时被保险人或者他的代理人、雇佣人员和受让人等为防止损失的扩大而采取抢救措施所支出的费用。保险人对这种施救费用，负责赔偿。

(2) 救助费用 (Salvage Charges)。救助费用是指保险标的遭遇保险责任范围内的灾害事故时，由保险人和被保险人以外的第三者采取救助行动，而向其支付的费用。

(二) 我国海洋货物运输保险的险别与条款

我国海洋货物运输保险一般适用中国人民保险公司条款，简称“中国保险条款”(China Insurance Clause，CIC)。我国海洋货物运输保险的险别按照能否单独投保可分为基本险和附加险。

1. 基本险

基本险也称主险，是可以独立承保的险别。我国海洋货物运输保险的条款包括三种基本险别，即平安险（Free from Particular Average，FPA）、水渍险（With Particular Average，WPA 或 WA）和一切险（All Risks，AR）。

（1）平安险。平安险是我国保险业的习惯叫法，英文原意是“单独海损不赔”。随着保险业的发展，“平安险”和“单独海损不赔”这两种叫法早已名不副实。平安险的承担责任范围包括：

① 货物在运输途中由于自然灾害造成的实际全损或推定全损；

② 由于运输工具发生意外事故而造成的全部损失或部分损失；

③ 在运输工具发生搁浅、触礁、沉没、焚毁等意外事故之前或之后，又在海上遭受恶劣气候、雷电、海啸等自然灾害而使货物造成的部分损失；

④ 共同海损所造成的牺牲、分摊和救助费用；

⑤ 在装卸转运过程中一件或数件货物落海所造成的全损或部分损失；

⑥ 运输工具遭受海难后，需在中途港口或避难港口停靠而引起的卸货、装货、存仓以及运送货物而产生的特别费用；

⑦ 发生在承保责任范围内的危险，被保险人对货物采取抢救、防止或减少货损的措施而支付的合理费用，但以不超过该批货物的保险金额为限；

⑧ 运输契约中订有“船舶互撞责任”条款，根据该条款规定应由货方偿还船方损失。

（2）水渍险。水渍险原意是“单独海损包括在内”。水渍险的承保责任范围除包括平安险的各项责任外，还负责被保险货物由于恶劣气候、雷电、海啸、地震、洪水等自然灾害所造成的部分损失。

平安险对由于自然灾害造成的全部损失负责赔偿，而水渍险不仅对由自然灾害所造成的全部损失负责赔偿，而且对由其所造成的部分损失也负责赔偿。

（3）一切险。一切险的承保责任范围除包括平安险和水渍险的各项责任外，还对被保险货物在海运途中由于外来原因造成的全部损失或部分损失负赔偿责任。一切险的承保责任范围是各种基本险中最广泛的一种，因而，一切险比较适宜于价值较高、可能遭受损失因素较多的货物投保。

2. 附加险

附加险是基本险的补充和扩大，附加险只能在投保某一种基本险的基础上才可加保。附加险分为一般附加险和特别附加险。

（1）一般附加险。一般附加险承保由一般外来原因造成的全部或部分损失。它的承包责任范围包括：

① 偷窃、提货不着险（Theft Pilferage and Non-Delivery，TPND）。保

险公司对偷窃行为所致的损失和整件提货不着等损失，负责按保险价值赔偿。

② 淡水雨淋险（Fresh Water &/or Rain Damage，FWRD)。保险公司对直接遭受雨淋或其他原因的淡水所致的损失负责赔偿。淡水包括船上水管漏水、冰雾融化以及舱汗等。

③ 混杂、玷污险（Risk of Intermixture and Contamination)。保险公司对保险货物在运输过程中，混进杂质或被玷污所造成的损失负责赔偿。

④ 短量险（Risk of Shortage)。保险公司对保险货物数量短少和重量的损失负责赔偿。这种损失通常是指袋装或散装货的重量的短少，但不包括正常的损耗。保险公司必须查清外包装是否发生异常现象，如破口、破袋、扯缝等。

⑤ 渗漏险（Risk of Leakage)。对于在运输过程中因容器损坏而引起的渗漏损失，或者用液体储藏的货物因液体渗透而引起的货物腐蚀等损失，保险公司负责赔偿。

⑥ 碰损、破碎险（Risk of Clash and Breakage)。保险公司承保被保险货物在运输过程中因震动、碰撞、受压所造成的破碎和碰撞损失。

⑦ 受热、受潮险（Damage Caused by Sweating and Heating)。对于船舶在航行途中，由于气温骤变，或者由于船上通风设备失灵等使船上水汽凝结，发潮、发热引起的货物的损失，保险公司负责赔偿。

⑧ 钩损险（Hook Damage)。保险公司对保险标的在装卸过程中因为使用手钩、吊钩等工具所造成的损失，并对包装进行修补或调换所支付的费用负责赔偿。

⑨ 串味险（Risk of Odour)。对于同舱装载的货物，如茶叶、香料、药材等在运输过程中受到一起堆放的毛皮、樟脑等异味的影响使品质受到的损失，保险公司负责赔偿。

⑩ 包装破裂险（Breakage of Packing)。保险公司承保因为包装破裂造成物资的短少、玷污等损失。此外，对于因保险货物在运输过程中转运安全需要而产生的候补包装、调换包装所支付的费用，保险公司也应负责。

⑪ 锈损险（Risk of Rust)。保险公司负责保险货物在运输过程中因为生锈而造成的损失，不过这种生锈必须在保险期内发现，若原装时就已生锈，保险公司不予赔偿。

上述 11 种附加险，不能独立承保，它必须附属于基本险别下。也就是说，只有在投保了基本险别以后，投保人才允许投保附加险。投保一切险后，上述险别均包括在内。

(2) 特别附加险。特别附加险承保由于特殊外来风险所造成的全部或部分损失。特别附加险也属附加险类，但不属于一切险的范围之内，它往往与政治、国家行政管理规章所引起的风险相关联。目前，中国人民保险公司承保的特别附加险包括：

① 战争险（War Risk）。战争险负责赔偿直接由于战争、类似战争行为和敌对行为、武装冲突或海盗行为所致的损失，以及由此而引起的捕获、拘留、扣留、扣押所造成的损失，还负责各种常规武器（包括水雷、鱼雷、炸弹）所致的损失以及由于上述责任范围而引起的共同海损的牺牲、分摊和救助费，但对使用原子弹或热核武器所造成的损失和费用不负赔偿责任。

② 罢工险（Strikes Risk）。罢工险对被保险货物由于罢工者，被迫停工工人或参加工潮、暴动和民众斗争的人员的行动或任何人的恶意行为所造成的直接损失，以及上述行动或行为所引起的共同海损的牺牲、分摊和救助费用负责赔偿。

③ 黄曲霉素险（Aflatoxin Risk）。保险公司对被保险货物因所含黄曲霉素超过进口国的限制标准，被拒绝进口、没收或强制改变用途而遭受的损失负责赔偿。

④ 舱面险（On Deck Risk）。被保险货物存放舱面时，保险公司除按保险单所载条款负责赔偿外，还包括对被抛弃和被风浪冲击落水在内的损失负责赔偿。

⑤ 交货不到险（Failure to Deliver Risk）。对不论由于什么原因，从被保险货物装上船舶时开始，不能在预定抵达目的地的日期起 6 个月内交货的，保险公司负责按全损赔偿。

⑥ 拒收险（Rejection Risk）。保险公司对被保险货物在进出港被进口国的政府或有关当局拒绝进口或没收，按货物的保险价值负责赔偿。

⑦ 进口关税险（Import Duty Risk）。当被保险货物遭受保险责任范围以内的损失，而被保险人仍须按完好货物价值完税时，保险公司对损失部分货物的进口关税负责赔偿。

⑧ 货物出口到香港（包括九龙）或澳门存仓火险责任扩展条款（Fire Risk Extension Clause for Storage of Cargo at Destination Hong Kong，including Kowloon or Macao）。保险公司承保被保险货物到达目的地卸离运输工具后，如直接存放于保险单载明的过户银行所指定的仓库所造成的存仓火险损失，直至银行收回押款解除货物的权益为止或运输责任终止时期满 30 天为止。

讨论分析

1. 我国某外贸公司与某海运公司签订了运输 800 公吨黄豆到荷兰鹿特丹港的协议。同时，该公司又向保险公司就该批货物的运输投保了平安险。装载该批货物的轮船航行数日后，在海上遇到罕见的风暴，导致大部分货物被水浸泡，受损严重。外贸公司得知情况后立即就该批货物向保险公司索赔。

请问：本案例中保险公司是否应负赔偿责任？

2. 某公司自装运港装运冷冻鱼 50 公吨（散装），重量经过检验机构公证无误。到目的港卸货后，经公证机构检验全部重量为 48 公吨，短少 2 公吨。

请问：投保什么险种可获得赔偿？

3. 除外责任

除外责任是由保险公司明确规定不予承保的损失和费用。除外责任中所列的各项致损原因，一般都是非常意外的、偶然的，或者是比较特殊的风险，由保险公司明确作为一种免责规定。除外责任还起到划清保险人、被保险人和发货人各自应负的责任的作用。保险公司除外责任包括：

（1）由于被保险人的故意行为或过失；

（2）发货人的责任；

（3）保险责任开始前保险货物早已存在的品质不良和数量短缺；

（4）保险货物的自然损耗，以及本质缺陷和特性；

（5）保险货物的市价下跌；

（6）运输迟延造成的损失和引起的费用。

4. 保险责任的起讫及期限

保险期限是指保险人承担责任的起讫时限。我国海运货物保险条款对基本险和战争险分别做出了规定。

（1）基本险的责任起讫及期限。根据《中国人民保险公司海洋运输货物保险条款》，基本险承保责任的起讫，均采用国际保险业中惯用的“仓至仓条款”规定的办法处理。仓至仓条款规定保险公司所承担的保险责任，是从被保险货物运离保险单所载明的起运港（地）发货人仓库开始，一直到货物到达保险单所载明的目的港（地）收货人的仓库时为止。当货物一进入收货人仓库，保险责任即行终止；但是，当货物从目的港卸离海轮时起满 60 天，不论被保险货物有没有进入收货人的仓库，保险责任均告终止；若在上述 60 天内被保险货物需转运到非保险单所载明的目的地，则以该项货物开始转运时终止；另外，若被保险货物在运至保险单所载明的目的港或目的地以前，在某一仓库发生分配、分派的情况，则该仓库就作为被保险货物的最后仓库，保险公司的保险责任也从货物进入该仓库时终止。

此外，保险人可以要求扩展保险期限，经保险公司出立凭证批准予以延长，每日加收一定的保险费。

（2）战争险的责任起讫及期限。战争险的责任起讫与基本险的责任起讫不同，它不采用仓至仓条款。战争险的承保期限仅限于水上危险或运输工具上的危险。例如，海运战争险规定自被保险货物在保险单所载明的起运港装上海轮或驳船时开始，直到被保险货物在保险单所载明的目的港卸离海轮或驳船时为止。如果货物不卸离海轮或驳船，则保险责任最长延至货物到达目的港的当日午夜起算 15 天为止。若在中途港转船，则不论货物在当地卸载与否，保险责任以海轮到达该港或卸货地点的当日午夜起算满 15 天为止待再装上续运的海轮时，保险公司仍继续负责。

讨论分析

我国某出口公司与美国一进口公司签订一份 CIF 合同，出售花生 600 公吨。投保的险种为一切险加黄曲霉素险。货物从卖方仓库运往码头装运途中，发生了承保范围内的货物损失。当卖方凭保险单向保险公司提出索赔时，保险公司以货物未装运、货物损失不在承保范围内为由，拒绝赔偿。

请问：在上述情况下，卖方有无权利向保险公司索赔？为什么？

（三）伦敦保险协会海运货物保险条款

在国际保险业中，英国是一个历史最悠久和最发达的国家，它所制定的保险条款对世界各国影响很大。目前世界上大多数国家在海上保险业务中直接采用英国伦敦保险协会所制定的《协会货物条款》。《协会货物条款》（Institute Cargo Clause，I. C. C. ）最早制定于 1912 年，后来经过修订，新条款于 1982 年 1 月 1 日公布，1983 年 4 月 1 日开始使用。新条款共有 6 种险别，它们是：

(1)《协会货物条款》(A) [Institute Cargo Clauses（A)，I. C. C. (A)]。

(2)《协会货物条款》(B) [Institute Cargo Clauses（B)，I. C. C. (B)]。

(3)《协会货物条款》(C) [Institute Cargo Clauses（C)，I. C. C. (C)]。

(4)《协会战争险条款》(货物) [Institute War Clauses（Cargo)]。

(5)《协会罢工险条款》(货物) [Institute Strikes Clauses（Cargo)]。

(6)《恶意损害险条款》(Malicious Damage Clauses)。

其中 I. C. C. (A)、I. C. C. (B)、I. C. C. (C) 是主险，战争险、罢工险和恶意损害险为附加险，前 5 种险可以单独投保，第 6 种险不能单独投保。

在上述 6 种险别中，除恶意损害险外，其余 5 种险别均按条文的性质统一划分为 8 个部分：承保范围、除外责任、保险期限、索赔、保险利益、减少损失、防止延迟和法律惯例。

I. C. C. (A) 的承保责任范围较广，采取“一切风险减除外责任”的方式，它大体上相当于旧条款的一切险（All Risk)，其除外责任有以下 4 条：(1) 一般除外责任，如因包装原因造成的损失、由船方原因造成的损失、使用原子弹或热核武器造成的损失；(2) 不适航、不适货除外责任，如被保险人在装船时已知船舶不适航、不适货；(3) 战争除外责任；(4) 罢工除外责任。

I. C. C.（B）与原水渍险（WPA）比较，增加了船舶搁浅和倾覆、陆上运输工具倾覆或出轨、地震或火山爆发、浪击落海等条款，对不属于共同海损行为中的抛货责任和因湖水、河水进入船舶、驳船、运输工具的风险也可负责。

I. C. C.（C）比平安险（FPA）的责任范围小，它仅对“重大意外事故”（Major Casualties）风险负责，对非重大事故风险和 I. C. C.（B）中的自然灾害风险均不负责。与 I. C. C.（B）比较，I. C. C.（C）免除了由于地震、火山爆发、雷电、浪击落海以及海水、潮水或河水进入船舶、驳船、运输工具等造成的损失，以及货物在装卸时落海或跌落造成的整件全损等。

协会的新战争险和罢工险条款与旧条款相比差别不是很大，但在需要投保时也可作为独立的险别进行投保。

恶意损害险是新增加的附加险别，承保除被保险人以外的其他人（如船长、船员）的故意破坏行为所造成的被保险货物的灭失或损坏，但出于政治动机的人的行为则除外。恶意损害险在 I. C. C.（A）中列为承保责任，但在 I. C. C.（B）和 I. C. C.（C）中均列为除外责任。因此，在投保 I. C. C.（B）或 I. C. C.（C）时，若想取得这种风险的保障，应另行加保恶意损害险。

二、其他运输方式下的货运保险

在国际贸易中，不仅海洋运输需要办理保险，陆上运输、航空运输以及邮政运输也都需要办理保险。保险公司对不同方式下的运输都订有相应的专门条款。

（一）陆运货物运输保险

陆运货物运输保险的险别分为陆运险（Overland Transportation Risks）和陆运一切险（Overland Transportation All Risks）两种。

1. 陆运险的责任范围

陆运险的责任范围包括：被保险货物在运输途中遭受暴风、雷电、地震、洪水等自然灾害，或者由于陆上运输工具（主要是指火车、汽车）遭受碰撞、倾覆或出轨，如在驳运过程中，驳运工具搁浅、触礁、沉没或由于遭受隧道坍塌、崖崩或火灾、爆炸等意外事故所造成的全部损失或部分损失。由此可见，保险公司对陆运险的承保范围大致相当于海运货物保险中的“水渍险”。

2. 陆运一切险的责任范围

陆运一切险的责任范围除包括上述陆运险的责任外，还对被保险货物在运输途中由于一般外来原因造成的短少、短量、偷窃、渗漏、碰损、破碎、钩损、雨淋、生锈、受潮、受热、发霉、串味、玷污等全部或部分损失，也负赔偿责任。

在陆运货物运输保险中，被保险货物在投保陆运险或陆运一切险的基础上，经过协商还可以加保陆运货物运输保险的一种或若干种附加险，如陆运战争险等。

3. 保险责任的起讫及期限

保险责任的起讫及期限与海洋运输货物保险的仓至仓条款基本相同，是从被保险货物运离保险单所载明的启运地发货人的仓库或储存处所开始运输时生效，包括正常陆运和有关水上驳运在内，直到该项货物送交保险单所载明的目的地收货人仓库或储存处所，或者被保险人用作分配、分派或非正常运输的其他储存处所为止。但若未运抵上述仓库或储存处所，则以被保险货物到达最后卸载的车站后，保险责任以 60 天为限。

（二）航空货物运输保险

我国现行航空货物运输保险的基本险别有航空运输险（Air Transportation Risks）和航空运输一切险（Air Transportation All Risks）两种。

1. 航空运输险和航空运输一切险的责任范围

航空运输险的承保责任范围是被保险货物在运输途中遭受雷电、火灾、爆炸或由于飞机遭受恶劣气候或其他危难事故所造成的全部或部分损失。对保险责任范围内的事故所采取的抢救、防止或减少货损的措施而支付的合理费用也负责赔偿，但以不超过被救货物的保险金额为限。本险别的承保责任范围与海运险中的“水渍险”大致相同。

航空运输一切险的承保责任范围，除包括上述航空运输险的全部责任外，还对被保险货物在运输途中由于一般外来原因造成的，包括被偷窃、短少等全部或部分损失也负赔偿责任。

此外，在投保航空运输险和航空运输一切险的基础上，经与保险人协商后可以加保航空运输货物战争险。该险的承保责任范围，包括航空运输途中由于战争、类似战争行为、敌对行为或武装冲突以及各种常规武器和炸弹所造成的货物损失。

2. 航空运输险和航空运输一切险的责任起讫及期限

航空运输险和航空运输一切险的保险责任，也采用仓至仓条款。航空运输货物保险的责任，是从被保险货物运离保险单所载明的起运地仓库或储存处所开始时生效，在正常运输过程中继续有效，直至该项货物运抵保险单所载明的目的地，交到收货人仓库或储存处所，或者被保险人用作分配、分派或非正常运输的其他储存处所为止。若保险货物未到达上述仓库或储存处所，则以被保险货物在最后卸货地卸离飞机后满 30 天为止。

航空运输货物战争险的起讫责任，是自货物装上保险单所载明的起运地的飞机时开始，到卸离保险单所载明的目的地的飞机为止，但最长以飞机到达目的地的当日午夜起满 15 天为限。

（三）邮政货物运输保险

我国现行邮政货物运输保险的基本险别有邮包险（Parcel Post Risks）和邮包一切险（Parcel Post All Risks）两种。

1. 邮包险和邮包一切险的责任范围

邮包险的保险责任范围包括被保险货物在邮运途中遭受恶劣气候、雷电、海啸、地震、洪水等自然灾害，由于运输工具遭受搁浅、触礁、沉没、碰撞、倾覆、出轨、坠落、失踪，或者由于失火、爆炸等意外事故所造成的全部或部分损失。对由于保险责任范围内的事故所采取的为抢救、防止或减少货损的措施而支付的合理费用也负责赔偿，但以不超过被救货物的保险金额为限。

邮包一切险的承保责任范围，除包括上述邮包险的全部责任外，还负责赔偿被保险邮包在运输途中由于一般外来原因造成的（包括被偷窃、短少在内）全部或部分损失。

2. 邮包险和邮包一切险的责任起讫及期限

邮包险和邮包一切险的保险责任，是自被保险邮包离开保险单所载明的起运地点寄件人的处所运往邮局时开始生效，直至该项邮包运达保险单所载明的目的地邮局，自邮局发出到货通知给收件人的当日午夜起算满 15 天为止。在此期限内，邮包一经递交至收件人处所，保险责任即告终止。

三、保险实务

（一）保险利益

按照国际保险业的惯例，保险公司只对有保险利益的人承担赔偿责任。所谓保险利益（Insurance Interest），又可称为可保权益，是指投保人对保险标的具有法律上承认的利益。就货物运输保险而言，反映在运输货物上的利益，主要是货物本身的价值，也包括与此相关的运费、保险费、关税、预期利润等。

在国际货物运输保险业务中，保险公司并不是对所有的保险合同都承担“仓至仓”责任的。例如，按 FOB 或 CFR 术语成交，由于货物的风险是在装运港装上船后才由卖方转移给买方，也就是说货物装上船后买方才对该货物具有可保利益，因此保险公司在此承担的责任不是“仓至仓”，而是“船至仓”。

（二）保险险别的选择

保险公司承担的保险责任是以投保的险别为依据的。不同的险别，保险公司承担的责任范围不同，保险费率也不同。在确定投保险别时，应考虑下列因素：

1. 风险与损失的关系

应考虑被保险货物同运输中可能遭致的风险与损失之间的关系。因为不同种类的货物在运输途中遭遇意外事故，其损失情况和程度是不同的，所以在选择投保险别之前，应分析各种风险对于货物致损的影响程度，以确定适当的险别。保险公司对于货物潜在的缺点及运输途中的自然损耗，一般是不承保的。

2. 包装

要考虑货物的包装状况，特别是一些容易破损的包装，对货物致损影响较大，选择险别时要考虑这一点。但是由于包装不良或包装不适合国际贸易运输的一般要求而使货物受损，保险公司是不负责任的。

3. 航行路线

某些航行路线途经热带地区，若载货船舶通风不良就会增大货损；在海盗经常出没的海域内航行，则货物受意外损失的可能性就大一些。

（三）保险金额的确定和保险费的计算

保险金额是被保险人对保险标的的实际投保金额，是保险公司承担责任的标准和计收保险费的基础。在保险货物发生保险责任范围内的损失时，保险金额就是保险人赔偿的最高限额。投保人在投保货物运输保险时，应向保险公司申报保险金额。

1. 保险金额的计算方法

保险金额是根据保险价值确定的。保险价值是保险责任开始时货物在起运地的发票价格或者非贸易商品在起运地的实际价格以及运费和保险费的总和，即相当于CIF价格，不包括预期利润。国际上一般以CIF或CIP货价为计算保险金额的基础。这表明不仅是货物本身，而且连运费和保险费也作为保险标的一起加成投保。保险金额的计算公式为：

保险金额＝CIF×(1＋投保加成率)

2. 保险费的计算

保险费是保险公司经营业务的基本收入，也是被保险人获得损失赔偿权的对价。投保人交付保险费，是保险合同生效的前提条件。在被保险人交付保险费之前，保险公司可以拒绝签发保险单据。保险费率是按照不同货物、不同目的地、不同运输工具和保险险别由保险公司根据货物损失率和赔付率，并在此基础上，参照国际保险费水平，结合我国情况制定的。

保险费的计算公式为：

保险费＝保险金额×保险费率

即：

保险费＝CIF×(1＋投保加成率)×保险费率

【例 2-6-1】 某外贸企业按 CIF 条件出口一批茶叶，CIF 总值为 5 000 美元，按发票金额加成 10%投保一切险和战争险，一切险费率为 0.3%，战争险费率为 0.04%。试计算该外贸企业的应付保险费。

解：

保险金额＝CIF 总值×110%＝5 000×110%＝5 500（美元）

保险费＝保险金额×保险费率＝5 500×(0.3%+0.04%)

＝18.7（美元）

答： 该外贸企业的应付保险费为 18.7 美元。

（四）保险单证

保险合同的形式一般以保险单据表示。保险单据是保险人与被保险人之间订立保险合同的证明文件，它反映了保险人与被保险人之间的权利和义务关系，也是保险人的承保证明。当发生保险责任范围内的损失时，保险单据又是保险索赔和理赔的主要依据。

1. 保险单（Insurance Policy）

保险单的填写

保险单俗称大保单，是使用最广的一种保险单据，用于承保一个指定的航区内某一批货物发生的损失，具有法律上的效力，对双方当事人均有约束力。见表 2-6-1。

2. 保险凭证（Insurance Certificate）

保险凭证俗称小保单，是一种简化的保险单据，这种凭证除背面不载明保险人与被保险人双方的权利和义务等保险条款外，其余内容均与保险单相同。

保险凭证与上述保险单具有同等法律效力，但近年来，为实现单据规范化，不少保险公司已废弃此类保险凭证。

3. 联合凭证（Combined Certificate）

联合凭证是一种将发票和保险单相结合，比保险凭证更为简化的保险单据。保险公司将承保的险别、保险金额以及保险编号加注在投保人的发票上，并加盖印戳，其他项目均以发票上列明的为准。这种凭证只是在我国某些特定地区的出口业务中曾有使用，现已很少使用。

4. 预约保单（Open Policy）

预约保单又称预约保险合同，它是被保险人，一般为进口人，与保险人之间订立的总合同。订立这种合同的目的是简化保险手续，又可使货物一经装运即可取得保障。合同中规定承保货物的范围、险别、费率、责任、赔款处理等条款。凡属合同约定的运输货物，在合同有效期内自动承保。在实际业务中，预约保单适用于我国自国外进口的货物。凡属预约保单规定内的进口货物，一经启运，我国保险公司即自动按预约保单所订立的条件承保，但被保险人在获悉每批货物装运时，应及时将装运通知书（包括货物名称、数

表 2-6-1　保险单（正面）

中 国 人 民 保 险 公 司
THE PEOPLE'S INSURANCE COMPANY OF CHINA
保 险 单
INSURANCE POLICY

中国人民保险公司（以下简称本公司）根据
This Policy of Insurance witnesses that The People's Insurance Company of China (hereinafter called "the Company"), at the request of

____

（以下简称被保险人）的要求，由被保险人向本公司缴付约定
(hereinafter called "the Insured") and in consideration of the agreed premium paid to the Company by the
的保险费，按照本保险单承保险别和背面所载条款与下列
Insured, undertakes to insure the under mentioned goods in transportation subject to the conditions of this Policy
条款承保下述货物运输保险，特立本保险单。
as per the Clause printed overleaf and other special clauses attached hereon.

标记 Marks & Nos.	包装及数量 Quantity	保险货物项目 Description of Goods	保险金额 Amount Insured

总保险金额：
Total Amount Insured: ______________________________

保费　　　　费率　　　　装载运输工具
Premium: ________ Rate ________ Per conveyance S. S. ________

开行日期　　　　自　　　　至
Slg. on or abt. ________ From ________ to ________

承保险别
Conditions

所保货物，如遇出险，本公司凭本保险单及其他有关证件给付赔款。
Claims, if any, payable on surrender of this Policy together with other relevant documents.
所保货物，如发生本保险单项下负责赔偿的损失或事故，
In the event of accident whereby loss or damage may result in a claim under this Policy immediate notice applying
应立即通知本公司下述代理人查勘：
For survey must be given to the Company's Agent as mentioned hereunder:

____

赔款偿付地点
Claim payable at ________

出单公司地址　　　　日期
Address of issuing office ________ Date ________

量、保险金额、船名或其他运输工具名称、航程起讫地点、开航或启运日期等）交保险公司。事先订立预约保险合同，可以防止因漏保或迟保而造成的无法弥补的损失。

（五）合同中的保险条款

在国际货物买卖合同中，货运保险条款是一个重要的内容，其如何订立，应取决于买卖双方在合同中所采用的贸易术语。

以 CIF 或 CIP 术语成交，条款内容要明确由卖方办理保险，注明保险险别、保险金额、使用的保险条款，以及保险条款的生效日期。

【例 2-6-2】保险条款示例：

“由卖方按发票金额的 110%投保一切险和战争险，按 1981 年 1 月 1 日中国人民保险公司海洋货物运输保险条款投保”（Insurance is to be Covered by the Sellers for 110% of the Invoice Value Against All Risks and War Risk as per Ocean Marine Cargo Clauses of the People's Insurance Company of China Dated Jan. 1，1981）

（六）保险索赔

进出口货物在保险责任有效期内发生属于保险责任范围内的损失，被保险人按照保险单的有关规定向保险公司提出赔偿要求，称为保险索赔。

1. 索赔手续

（1）向保险公司发损失通知。收到通知后，保险公司即可采取相应措施，如检验损失、提出施救意见、确定保险责任和查验发货人或承运人的责任等。

（2）向承运人等有关方面提出索赔。要索取货损货差证明，及时向有关责任方提出索赔，并保留追偿的权利，有时还要延长索赔时效。

（3）采取合理的施救、整理措施。要防止扩大损失，其施救等的费用可由保险公司负责，但以不超过该批被救货物的保险金额为限。

（4）备妥索赔单证。主要有：海运提单、海运单、铁路或公路运单、航空运单、邮包收据；发票；装箱单或重量单；向承运人等第三者责任方请求赔偿的函电及其他必要的单证或文件；货损、货差证明；海事报告摘录；列明索赔金额及计算依据，以及有关费用的项目和用途的索赔清单。

（5）代位追偿。在保险业务中，为了防止被保险人双重获益，保险公司在履行全损赔偿或部分损失赔偿后，在其赔付金额内，要求被保险人转让其对造成损失的第三者责任方要求全损赔偿和相应部分赔偿的权利。这种权利称代位追偿权，或称代位权。在施救业务中，保险公司需首先向被保险人进行赔付，才能取得代位追偿权。

2. 索赔应注意的问题

（1）委付。委付是在推定全损的条件下，保险公司与被保险人办理赔偿的一种办法。货物受损后，被保险人向保险公司提出委付通知，将保险标的物的残余部分的所有权转移给保险公司。保险公司同意后，向被保险人支付全部保险金额的赔偿。否则，保险公司认为被保险人准备保留标的残余部分的使用权，只给予部分损失赔偿。

（2）索赔时效。被保险人提出索赔的时间如果超过规定的时间，保险公司就不再受理。中国人民保险条款的索赔时效为两年。因此，被保险人一旦获悉或发现货物遭受损失，便应立即通知保险公司。

（3）保险的失效。保险公司承保的是今后可能发生的意外风险，所以，投保人投保时如果被保险标的已经发生损失，保险理当无效。但是，在国际贸易中，由于买卖双方相距遥远，传递消息不及时，投保时，货物在外地或运输中已经发生损失的事也是常有的，因此国际货物运输保险习惯公认，如果投保时货物已经发生损失，只要是出于善意的，若投保人和保险公司不知情，则保险仍然有效；如果投保人投保时已知被保险标的发生损失，但保险公司不知情者，则保险无效。

（4）关于船舶的适航性。远洋货轮承运货物与航行，必须经过船舶检验，取得船舶适航证书。但是，取得了适航证书也不能无条件地承认船舶是适航的，而是要根据船舶发生事故时的实际状况来鉴定。

（5）承运人对于货物运输的责任。如果船舶本身的适航性不成问题，则发生不可抗力的海事事故可以免除船方的责任。有时航行中发生海事事故是事实，如果收货人及其保险公司对发生的情况不作认真的鉴别，往往会掩盖船舶不适航的真相。

【学习测试】

一、计算题

1. 我国某外贸公司按 CFR 条件出售 400 公吨小麦，成交金额为每公吨 730 美元。后买方要求改报 CIF 价，按加一成投保一切险外加交货不到险，费率分别为 0.4%和 0.02%。试计算 CIF 价、保险金额和保险费各为多少。

2. 某公司将出口 680 台打印机到英国，价格为 USD240.00/SET FOB SHANGHAI，按发票金额的 10%投保一切险和战争险，一切险和战争险的费率分别为 0.4%和 0.25%。若客户要求改报 CIF 价，那么保险金额是多少？应付保险公司多少保险费？

3. 某保险标的的实际价值是 100 万元，投保人分别向甲保险公司投保了 40 万元，向乙保险公司投保了 60 万元，向丙保险公司投保了 20 万元。如果在这三张保单同时有效的期间内，该保险标的发生了 60 万元的实际损失，按最大责任分摊法进行损失分摊，甲、乙、丙三个保险人的分摊金额分别是多少？

二、保险条款撰写

我国美亚玻璃制品有限公司向日本早川公司出口玻璃工艺品一批，商定采用 CFR 术语，买方委托卖方按发票金额的 110%投保水渍险和进口关税险，保险费用由买方承担。以中国人民保险公司 1981 年 1 月 1 日的有关海洋运输货物保险条款为准，请你拟定具体的保险条款。

三、案例分析

1. 我国 A 公司与某国 B 公司于 2019 年 1 月 23 日签订购买 52 500 吨化肥的 CFR 合同，A 公司开出信用证规定，装船期限为 2019 年 7 月。由于 B 公司租来运货的“顺风号”轮在开往装运港口的途中遇到飓风，结果至 2019 年 8 月 15 日才完成装船。承运人在取得 B 公司出具的保函的情况下，签发了与信用证条款一致的提单。“顺风号”轮于 8 月 16 日驶离装运港，A 公司为这批货物投保了水渍险。2019 年 8 月 30 日，“顺风号”轮途经巴拿马运河时起火，造成部分化肥被烧毁，船长在组织救火的过程中又造成部分化肥湿毁。由于船在装运港口延迟，该船到达目的港时正遇上化肥价格下跌，因此 A 公司在出售剩余化肥时不得不大幅度降价，给 A 公司造成很大损失。请问：

（1）运输途中烧毁的化肥损失属于什么损失？应由谁承担？为什么？

（2）运输途中湿毁的化肥损失属于什么损失？应由谁承担？为什么？

（3）A 公司可否向承运人追偿由于化肥价格下跌而造成的损失？为什么？

2. 中国某外贸公司与外商签订了一份 FOB 价出口合同，货物在上海装船后，中方及时向买方发出装船通知，买方向新华保险公司投保“仓至仓条款”一切险，但因货物在从中方仓库运往上海码头的途中由于恶劣气候导致 5%的货物受损，共计损失 5 万美元。事后，买方以投保“仓至仓条款”一切险为由要求新华保险公司赔偿，但新华保险公司拒绝赔偿。

请问：新华保险公司拒赔是否合理？为什么？

条款七

支付条款

知识要点

1. 汇票的内容、种类及使用；

2. 托收方式在国际贸易中的使用及风险的防范；

3. 信用证的含义、收付程序、特点、种类及《跟单信用证统一惯例》(UCP600)。

技能要求

1. 了解电汇、托收和信用证支付货款的一般程序；

2. 能够说明汇票每一栏目填写的目的和要求，并能根据业务实际制作汇票；

3. 能够填写进出口合同中的支付条款；

4. 能够独立审核信用证，并能进行比较正确的修改；

5. 基本掌握运用所学专业知识分析实际业务问题的方法。

在国际贸易业务活动中，货款的收付是买卖双方的基本权利和义务。货款的收付直接影响双方的资金周转和融通，以及各种金融风险和费用的负担，所以这是关系到买卖双方利益的问题。因此，买卖双方在磋商合同时都力争取得对自己有利的支付条件。在国际贸易合同中，支付条款主要涉及支付工具和支付方式，买卖双方必须对此取得一致意见，并在合同中加以明确规定。

一、支付工具

国际贸易货款支付中，常用的支付工具包括货币和金融票据。由于国际贸易中货币支付受到很大的制约，因而金融票据得到广泛使用。金融票据是国际统一的结算工具和信用工具，也称支付工具，主要包括汇票、本票和支票。在实际业务中，使用最多的是汇票。

(一) 汇票 (Bill of Exchange, Draft)

1. 汇票的含义

《中华人民共和国票据法》第 19 条规定："汇票是出票人签发的，委托付款人在见票时或者在指定日期无条件支付确定的金额给收款人或者持票人的票据。"

根据《英国票据法》规定，汇票是一人向另一人签发的，要求另一人在见票时或在将来的固定时间或在可以确定的时间，对某人或其指定人或持票人支付一定金额的无条件的书面支付命令。

简言之，汇票是一个人向另一个人签发的无条件的书面支付命令。

从汇票的定义可知，汇票的当事人有三个：出票人、受票人和受款人。

(1) 出票人 (Drawer)。是指签发命令要求另一个人支付一定金额的人。在进出口贸易中，出票人通常是出口商或出口地银行，而且是受票人的债权人。

（2）受票人（Drawee）。又称付款人（Payer），是指接受命令并将付款的人。在进出口贸易中，受票人通常是进口商或信用证下的指定银行。在信用证方式下，若信用证没有指定付款人，根据《跟单信用证统一惯例》（UCP600）的规定，开证行就是付款人。

（3）受款人（Payee）。即收款人，是指汇票规定可受领金额的人，如个人、商号、公司或银行等。在进出口贸易中，受款人通常就是出口商自己或其指定的银行。

2. 汇票的内容及制作

汇票的制作

按照各国票据法的规定，汇票的内容必须齐全。汇票一般应包括下列基本内容：（1）应载明“汇票”字样；（2）一定的货币和金额（大小写金额）；（3）汇票号码；（4）出票日期；（5）付款期限；（6）适当的文字表明无条件的支付命令；（7）受款人；（8）出票依据；（9）受票人；（10）出票人签字。商业汇票的样式见表 2－7－1。

表 2－7－1　商业汇票的样式

Bill of Exchange

凭　　　　　　　　　　　　信用证
Drawn under　documentary　L/C NO.　KT82869

日期　　　　　　　　　　　按＿息＿付款
Dated　May 22，2019　Payable with interest　@＿%＿

号码　　　　　　　　　　　汇票金额
NO.　AH10008　Exchange for USD25,000.00　Date June 22，2019

见票＿＿＿＿日后（本汇票之副本未付）
AT　——　sight of this FIRST of Exchange（Second of Exchange being unpaid）

付交
Pay to the order of ABC Co.
the sum of SAY UNITED STATES DOLLARS TWENTY-FIVE THOUSAND ONLY

款已收讫
Value received

此致
TO：The Sun Bank 5 Sunlight Street Sunlight City 030000，Import country

ABC Co.
John Smith

下面结合表 2－7－1 说明汇票的填制方法和技巧。

（1）应载明“汇票”字样。通常应在汇票上写明“Bill of Exchange”“Exchange”或“Draft”。

（2）汇票金额小写（Exchange for）。此处要用数字小写（Amount in Figures）表明。填写小写金额，一般要求汇票金额使用货币缩写和用阿拉伯数字表示金额小写数字。例如：USD25,000.00。小写金额均应端正地填写在虚线格内，不得涂改。除非信用证另有规定，汇票金额不得超过信用证金额，而且汇票金额应与发票金额一致，汇票币别必须与信用证规定和发票所使用的币别一致。

(3) 汇票号码 (NO.)。由出票人自行编号填入，一般使用发票号兼作汇票的编号。例如：NO. AH10008。在国际贸易结算单证中，商业发票是所有单据的核心，以商业发票的号码作为汇票的编号，表明本汇票属第×××号发票项下。在实务操作中，银行也接受此栏是空白的汇票。

(4) 出票日期 (Date)。填写汇票出具的日期。例如：Date June 22, 2019。

(5) 付款期限。一般可分为即期付款和远期付款两类。即期付款只需在汇票的固定格式栏内打上"at sight"。若已印有"at sight"，可不填；若已印有"at ____ sight"，应在横线上打上"——"。

远期付款期限填写一般有四种：

① 见票后××天付款，填上"at ×× days after sight"，即以付款人见票承兑日为起算日，××天后到期付款。

② 出票后××天付款，填上"at ×× days after date of draft"，即以汇票出票日为起算日，××天后到期付款，将汇票上印就的"sight"划掉。

③ 提单日后××天付款，填上"at ×× days after date of B/L"，即付款人以提单签发日为起算日，××天后到期付款。将汇票上印就的"sight"划掉。

④ 某指定日期付款，指定×年×月×日为付款日。例如"On Aug. 25th, 2020"，汇票上印就的"sight"应划掉。这种汇票称为"定期付款汇票"或"板期汇票"。托收方式的汇票付款期限，如：D/P 即期，填上"D/P at sight"；D/P 远期，填上"D/P at ×× days sight"；D/A 远期，填上"D/A at ×× days Sight"。

汇票到期付款日的计算方法采用"算尾不算头"的原则，如果到期日为节假日，则顺延到下一个工作日付款。

另外注意，汇票一般为一式两份，第一联、第二联在法律上无区别。其中一联生效则另一联自动作废。汇票上可注明"付一不付二"。

(6) 无条件的支付命令。一般用祈使句表示，"Pay to..."。

(7) 受款人 (Payee)。也称"抬头人"或"抬头"。汇票的抬头人通常有三种写法：

① 指示性抬头 (Demonstrative order)。例如："付××公司或其指定人"(Pay ×× Co.，or order) 或"付××公司指定人"(Pay to the order of ×× Co.)。例如：Pay to the order of ABC Co.。

② 限制性抬头 (Restrictive order)。例如："仅付××公司"(Pay ×× Co. only) 或"付××公司，不准流通"(Pay ×× Co.，Not negotiable)。

③ 持票人或来人抬头 (Payable to bearer)。例如："付给来人"(Pay bearer)。这种抬头的汇票无须持票人背书即可转让。

(8) 汇票金额大写（the sum of）。要用文字大写（Amount in words）表明。填大写金额，先填写“SAY”，再填写货币全称，然后填写金额的数目文字，句尾加“only”相当于中文的“整”字。例如，SAY UNITED STATES DOLLARS TWENTY-FIVE THOUSAND ONLY。大写金额均应端正地填写在虚线格内，不得涂改，且必须与汇票的小写金额一致。除非信用证另有规定，汇票金额不得超过信用证金额，而且汇票金额应与发票金额一致，汇票币别必须与信用证规定和发票所使用的币别一致。

(9) 出票依据（Drawn under）。在信用证方式下，出票依据就是信用证，填写信用证种类、号码、开证行以及开出信用证的日期。例如：Drawn under documentary L/C No. KT82869 dated May 22，2019。

(10) 受票人（Drawee）。信用证方式下通常为进口地开证银行。根据《跟单信用证统一惯例》（UCP600）的规定，信用证方式的汇票以开证行或其指定银行为付款人，不应以申请人为汇票的付款人。例如：To：The Sun Bank 5 Sunlight Street Sunlight City 030000，Import country。若非信用证方式，则填写进口商名称。

(11) 出票人（Drawer）。出票人，即出口商签字，填写公司名称和负责人的签字盖章，位于右下方空白栏（Authorized Signature）处。例如：ABC Co. John Smith。

3. 汇票的种类

依据不同的分类标准，汇票主要分为以下四类。

(1) 按照出票人的不同，汇票可分为商业汇票和银行汇票。

① 商业汇票（Commercial Bill）是指出票人是工商企业或个人的汇票。付款人则可以是其他工商企业或个人，也可以是银行。

② 银行汇票（Banker's Bill）是指出票人和付款人都是银行的汇票，是一家银行向另一家银行发出的书面支付命令。

(2) 按照是否随附商业单据，汇票可分为跟单汇票和光票。

① 跟单汇票（Documentary Bill）是指需要附带提单、商业汇票、装箱单等商业单据才能进行付款的汇票。商业汇票一般都是跟单汇票。

② 光票（Clean Bill）是指不附带商业单据的汇票。银行汇票多是光票。

(3) 按照付款时间的不同，汇票可分为即期汇票和远期汇票。

① 即期汇票（Sight Bill）是指付款人见票时立即付款的汇票，又称见票即付汇票。

② 远期汇票（Time Bill）是指付款人在将来一个可以确定的日期或在一个指定的日期付款的汇票。

在实际业务中，远期汇票付款时间的表示方法主要有四种：见票后若干天付款、出票日后若干天付款、提单签发日后若干天付款和某一特定日期付款。

(4) 根据承兑人不同，汇票可分为商业承兑汇票和银行承兑汇票。

① 商业承兑汇票（Commercial Acceptance Bill）是由一家工商企业开出的以另一家工商企业为付款人的远期汇票，在另一家工商企业承兑后，该汇票即为商业承兑汇票。

② 银行承兑汇票（Banker's Acceptance Bill）是由一家工商企业开立的，以一家银行为付款人的远期汇票，在银行承兑后，该汇票即为银行承兑汇票。

一张汇票可以同时具备以上几种性质，如一张商业汇票同时又可以是即期的跟单汇票，又如一张远期的商业跟单汇票同时又可以是商业承兑汇票等。

4. 汇票的使用过程

汇票的使用也称为汇票票据行为。在国际贸易业务中，汇票的使用一般包括出票、提示、承兑、付款、背书、贴现、拒付等行为。汇票的使用因即期或远期而异。

(1) 出票（Issue）。出票是指出票人在汇票上填写付款人、付款日期、付款金额、付款地点及收款人等项目，经签字后交给受票人的行为。出票包括两方面的行为，一要缮制汇票并签字，二要提交汇票。只缮制汇票而不提交汇票不叫出票，该汇票也没有生效。出票人签发汇票后，即承担该汇票被承兑或付款的责任。当汇票得不到承兑或付款时，持票人可以向出票人追索。汇票的抬头即受款人有三种写法：指示性抬头、限制性抬头和持票人或来人抬头。

(2) 提示（Presentation）。提示是指持票人向付款人出示汇票，并要求承兑或付款的行为。付款人见到汇票的行为叫见票。提示分为两种，即付款提示（Presentation for Payment）和承兑提示（Presentation for Acceptance）。

付款提示是指持票人向付款人提交汇票，要求付款的行为；承兑提示是指持票人向付款人提交远期汇票，要求付款人见票后办理承兑手续，到期付款的行为。即期汇票只有一次提示，受票人见票后必须付款。远期汇票的提示有两次：第一次提示，受票人只需对汇票加以承兑；等汇票到期后，持票人再做第二次提示，即付款提示，受票人见票后必须立即付款。

(3) 承兑（Acceptance）。承兑是指付款人对远期汇票表示承担到期付款责任的票据行为。具体做法就是付款人在汇票正面写明“承兑”字样，注明承兑日期，并由付款人签字。要求见票后定期付款的汇票，承兑时还需写明付款日期。汇票一经承兑，付款人就成为汇票的承兑人，并成为汇票的主债务人，而出票人便成为汇票的次债务人。

(4) 付款（Payment）。付款是指受票人在持票人做付款提示时，向持票人支付汇票金额的行为。即期汇票在持票人提交汇票时，付款人应立即付款；远期汇票经付款人承兑后，于到期日在持票人提示时再付款。付款人一经付款，汇票上的一切债务即告终止。

(5) 背书 (Endorsement)。背书是指票据的持有人在票据背面签上自己的姓名或再加上受让人（即被背书人）的姓名，并将票据交给受让人的行为。经背书后，汇票的权利即由背书人转让给了被背书人。

在国际贸易中，汇票是一种流通工具，因而可在票据市场上转让。汇票经背书可不断地转让下去。对受让人来说，所有在他前面背书的人以及出票人都是他的“前手”，而对出让人来说，所有在他后面的受让人都是他的“后手”。“前手”对“后手”负有担保汇票必然会被承兑或付款的责任。

背书有空白背书（Blank Endorsement）和记名背书（Special Endorsement）两种方式。空白背书是指背书人在汇票的背面只签上自己的姓名，而不写被背书人的姓名，这样汇票的持有人就是汇票的所有人；记名背书又称特别背书，是指背书人在汇票背面签上自己的姓名，并写上被背书人的姓名，这样被背书人就成为该汇票的所有人。在国际贸易中，通常使用的是空白背书。

(6) 贴现 (Discount)。贴现就是持票人将承兑后的远期汇票提交给贴现行或贴现机构，由贴现行或贴现机构扣除从贴现日到付款日的利息后，将余额付给持票人的行为。在国际市场上，一张远期汇票的持有人若想在汇票到期前取得票款，可以将汇票进行贴现。

(7) 拒付 (Dishonor)。拒付是指持票人向付款人提示汇票时，付款人拒绝承兑（Dishonor by Non-acceptance）或拒绝付款（Dishonor by Non-payment）。

拒付不仅包括付款人明确表示拒绝承兑或拒绝付款的情形，还包括付款人死亡、逃匿、避而不见、破产或被责令停业等原因致使持票人无法取得承兑或付款的情形。

汇票遭拒付后，汇票的善意持有人（Bona Fide Holder）有权向所有的“前手”追索，一直可追到出票人。持票人为了行使追索权，通常应及时做出拒付证书（Protest)。拒付证书是由付款地的法定公证人或其他依法有权做出证书的机构，如法院、银行、公会等，做出证明拒绝事实的文件，是持票人凭以向其“前手”进行追索的法律依据。若拒绝的汇票已经承兑，出票人可凭以向法院起诉，要求承兑人付款。

出票人或背书人为了避免被追索，可以在出票时加注“不受追索”（Without Recourse）字样。但此类汇票一般很难在市场上流通。

讨论分析

1. 汇票如何转让？
2. 远期汇票如何承兑？承兑前或承兑后的债务人有何不同？

实训操作

根据下列资料开出商业汇票。

1. 汇票金额为 58 000.00 美元，发票号码为 16609D8080。

2. 信用证信息：

(1) ISSUING BANK：BANK OF CHINA SHANXI BRANCH

(2) L/C NO.：610060000686

(3) DATE：2019-06-18

(4) EXPIRY DATE：2019-08-26

(5) EXPIRY PLACE：KOREA

(6) APPLICANT：JIAHE IMPORT&EXPORT COMPANY
NO. 28 QIANFENG ROAD，TAIYUAN，SHANXI

(7) BENEFICIARY：SUNKUONG LIMITED G. P. O. BOX 1180，SEOUL，KOREA

(8) AMOUNT：USD58,000.00　POS./NEG. TOL.(%)：05/05

(9) AVAILABLE WITH/BY：BANK OF CHINA SEOUL BRANCH，SEOUL，BY NEGOTIATION

(10) DRAFTS：AT 60 DAYS AFTER THE DATE OF SHIPMENT FOR 100PCT OF THE INVOICE VALUE

(11) DRAWEE：BANK OF CHINA，TAIYUAN（SHANXI BRANCH）

(12) QUANTITY 5PCT MORE OR LESS ARE ALLOWED

(13) LATEST SHIPMENT：2019-07-26

（二）本票（Promissory Note）

1. 本票的含义

《中华人民共和国票据法》第 73 条规定：“本票是出票人签发的，承诺自己在见票时无条件支付确定的金额给收款人或者持票人的票据。”

《英国票据法》规定，本票是一人向另一人签发的，保证于见票时或在将来的固定时间或在可以确定的时间向某人或其指定人或持票人支付一定金额的无条件的书面承诺。

简言之，本票是出票人对收款人支付一定金额的无条件的书面承诺。本票的当事人只有两个，即出票人和收款人，出票人就是本票的付款人。根据《中华人民共和国票据法》的规定，本票必须记载下列内容：“本票”字样、出票日期、收款人名称、无条件付款的承诺、确定金额、出票人签章等。本票样式见表 2-7-2。

表 2-7-2　本票样式

Promissory Note	
Singapore, June 25, 2019（出票地点、时间）	Amount USD100,000（小写金额）
On September 25, 2019（付款时间）, we promise to pay against this promissory note	
The sum of SAY US DOLLARS ONE HUNDRED THOUSAND ONLY（大写金额）	
To the order of ABC Company Ltd.（收款人）	
For value Received	
Payable at: Export Banking Company Plc Oxford Street London, UK	
	For and on behalf of Import Company Singapore Managing Director Peter Lee

按照出票人的不同，本票可分为银行本票和商业本票。银行本票是由银行签发的，只有即期，没有远期。在国际货款结算中，大都是银行本票。《中华人民共和国票据法》规定，我国允许开立自出票日起，付款期限不超过 2 个月的银行本票。商业本票是由工商企业或个人签发的。我国目前尚未正式使用商业本票。

2. 本票的特点

（1）本票是自付票据。本票由出票人本人对持票人付款。

（2）基本当事人少。本票的基本当事人只有出票人和收款人两个。

（3）无须承兑。由于本票由出票人本人承担付款责任，无须委托他人付款，因此无须承兑就能保证付款。

讨论分析

从票据的性质、当事人、承兑手续、票据责任等方面讨论汇票与本票有哪些区别。

（三）支票（Check, Cheque）

1. 支票的含义

《中华人民共和国票据法》第 81 条规定："支票是出票人签发的，委托办理支票存款业务的银行或者其他金融机构在见票时无条件支付确定的金额给收款人或者持票人的票据。"

根据《英国票据法》规定，支票是以银行为付款人的即期汇票，即存款人签发给开户银行要求其在见票时对特定的人或其指定人或持票人无条件支付一定金额的书面命令。

根据《中华人民共和国票据法》的规定，支票可分为现金支票、转账支票和普通支票三种。现金支票只能用于现金支取；转账支票只能用于通过银行或其他金融机构转账结算；普通支票既可以支取现金又可以转账，用于转账时应在支票正面左上角画两道平行线注明，这种支票称为“划线支票”。目前我国尚未使用普通支票，但在许多国家，支取现金或转账通常可由持票人或付款人自主选择。但一经划线便只能通过银行转账，不能直接支取现金。对于“未划线支票”，收款人既可通过自己的往来银行向付款银行收款，存入自己的账户，也可到付款银行提取现金。支票样式见表 2-7-3。

表 2-7-3　支票样式

THE BANK OF COMMUNICATION（账户行）
NO. 143（支票号码）
Check for USD5,000（小写金额）London，August 25，2019（出票地点和时间）
Pay to the order of United Trading Co.（收款人）
the sum of SAY US DOLLARS FIVE THOUSAND ONLY（大写金额）
For Hope Company，London（出票人）
Sue Cole

2. 支票的特点

（1）支票的出票人应在指定的付款银行存有一定的资金。如果支票的出票人所签发的支票金额超过在付款银行的实有存款金额，则该支票称为空头支票。银行拒绝支付空头支票的金额。

（2）支票为见票即付。

（3）支票的付款人仅限于银行。

（4）通常情况下，支票的出票人是主债务人。

（5）支票可以保付。银行可以按照出票人的要求，在支票上注明“保付”字样并签字，这时银行成为支票的主债务人，保证在收款人提示支票时一定付款。

（6）支票上一般不附带利息条款，即便有关于利息的记载，该记载也无效，付款时无须支付。

票据的作用

（7）《中华人民共和国票据法》规定：支票的持有人应当自出票日起 10 日内提示付款；异地使用的支票，其提示付款的期限由中国人民银行另行规定。对于超过法定或合理的流通期限、晚提示付款的支票，付款人可以不付款，但出票人并不因此解除对持票人的票据责任，除非晚提示对出票人造成损失。

（8）支票只开立一张而不是一式多份。

讨论分析

从票据的性质、当事人、付款期限、承兑手续、票据责任等方面讨论汇票和支票有哪些区别。

二、汇付与托收

国际贸易中的支付方式按其信用的不同，可划分为商业信用和银行信用。汇付和托收这两种支付方式均由买卖双方根据商务合同的规定互相提供信用，故属于商业信用；信用证及银行保函是银行向交易的一方提供信用，故属于银行信用。按资金的流向与支付工具的传递方向，国际贸易中的支付方式可以分为顺汇法和逆汇法两种。顺汇法是指资金的流向与支付工具的传递方向相同，汇付支付方式采用的是顺汇法；逆汇法是指资金的流向与支付工具的传递方向相反，托收及信用证这两种支付方式收取货款采用的是逆汇法。

在国际贸易货款结算中，汇付、托收及信用证是最主要的支付方式。这里将详细介绍汇付和托收这两种支付方式。

（一）汇付

1. 汇付的含义及有关当事人

汇付的含义及种类

汇付（Remittance）又称汇款，是指付款人或债务人主动通过银行或其他途径将款项交存银行，委托银行支付一定金额给收款人或债权人的结算方式。汇付属于顺汇，国际货款结算若采用汇付，一般由买方按合同约定的条件将货款通过银行汇交卖方。

在汇付业务中，主要当事人有汇款人、收款人、汇出行和汇入行。

（1）汇款人（Remitter），即汇出款项的人，一般是债务人，在国际贸易中，通常为合同的买方。

（2）收款人（Payee），即收取款项的人，一般是债权人，在国际贸易中，通常为合同的卖方。

（3）汇出行（Remitting Bank），是汇款人委托汇出款项的银行，通常为买方所在地的银行，即进口地银行。

（4）汇入行（Paying Bank），是接受汇出行委托解付汇款的银行，因此又称解付行，通常是卖方所在地的银行，即出口地银行。

汇款人在办理汇付时需要出具汇款申请书，汇款申请书被视为汇款人与汇出行之间的契约，汇出行有义务依汇款人的指示办理汇款业务，并通过代理行解付汇款。汇出行与汇入行之间是委托代理关系，汇入行依该代理关系对汇出行承担解付汇款的义务。

2. 汇付的种类及支付程序

汇付包括电汇、信汇和票汇三种类型。

（1）电汇（Telegraphic Transfer，T/T）。电汇，即汇出行应汇款人申请，以电报或电传通知汇入行，委托其将解付汇款给指定收款人。

电汇支付方式的优点是收款人可以迅速地收到汇款，但汇款人要负担较高的电报电传费用。电汇由于适应电子化的高速发展，因而在国际贸易中被广泛使用。电汇支付程序如图 2-7-1 所示。

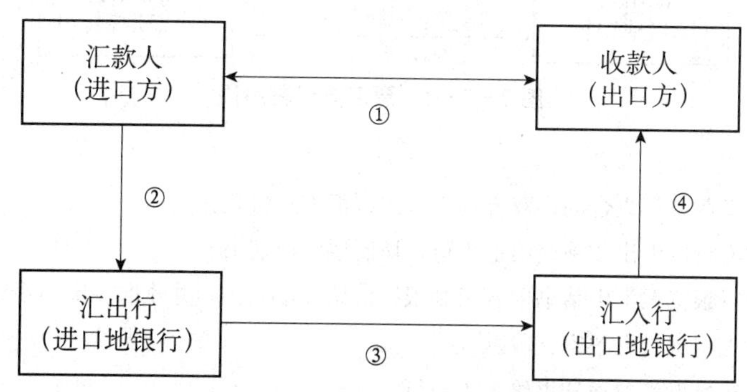

图 2-7-1　电汇支付程序图

汇付的流程及应用

说明：

① 进出口双方订立合同，双方约定采用电汇方式支付货款。

② 汇款人向当地银行提交电汇申请书并交款付费。电汇申请书需填写必要的项目，如币别、金额、收款人名称等。

③ 汇出行根据电汇申请书的内容，采用 SWIFT 或加押电报、电传方式缮制报文，通知汇入行付款。

④ 汇入行核对密押以证实其真实性，然后将汇入金额拨入收款人账户。

（2）信汇（Mail Transfer，M/T）。信汇，即汇出行应汇款人申请，将其交来的汇款通过信汇委托书邮寄至汇入行，委托其解付给收款人。

信汇支付方式的优点是费用较低，但收款人收汇时间较长。

信汇支付方式与电汇支付方式在程序上极为相似，只是电汇方式下，汇出行使用 SWIFT 或加押电报、电传方式指示付款；信汇方式下，汇出行使用信汇委托书或付款命令通过航空邮寄将款项交给汇入行，并且信汇委托书上需签字，汇入行凭汇出行的印鉴册核对签字无误后，即行解付。

（3）票汇（Remittance by Banker's Demand Draft，D/D）。票汇，即汇出行应汇款人申请，代开以汇入行为付款人的汇票，交给汇款人自行邮寄或携带出国，交给收款人向汇入行领取汇款。

票汇与电汇、信汇的不同之处在于：票汇的汇入行无须通知受款人取款，而由受款人持票登门取款；票汇除有限制转让和流通者外，经受款人背书，可以转让、流通，而电汇、信汇委托书则不能转让、流通。

票汇除了以银行汇票作为支付工具外，还可以以银行本票和支票作为支付工具。票汇支付程序如图 2-7-2 所示。

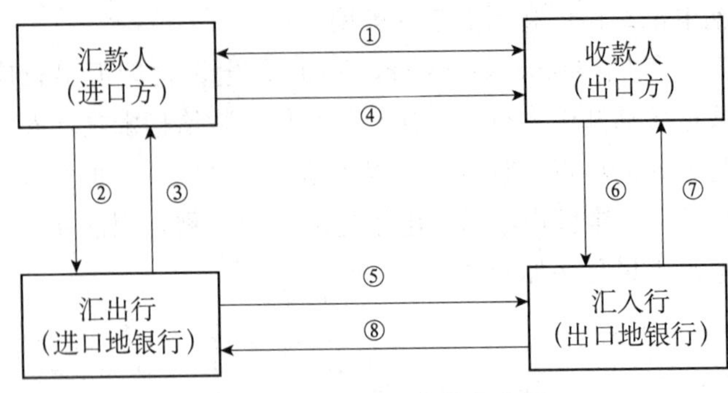

图 2-7-2　票汇支付程序图

说明：

① 进出口双方订立合同，双方约定采用票汇方式付款。

② 汇款人将应汇出款项交给汇出行，填制票汇申请书。

③ 汇出行根据票汇申请书内容缮制银行汇票交汇款人，并收取一定的手续费。

④ 汇款人将银行汇票寄交收款人。

⑤ 汇出行签发汇票通知书给汇入银行。

⑥ 收款人持银行汇票主动到汇入行取款。

⑦ 汇入行核对通知书无误后即付款给收款人。

⑧ 汇入行向汇出行发出付讫借记通知。

电汇、信汇、票汇这三种汇付支付方式的共同点是：汇款人在委托汇出行办理汇款时，均要出具汇款申请书，这就形成汇款人和汇出行之间的一种契约。三者的传送方向与资金的流向相同，均属于顺汇。这三种汇付支付方式的不同点是：电汇是以电报或电传作为结算工具；信汇是以信汇委托书或支付委托书作为结算工具；票汇是以银行即期汇票作为结算工具。

在信汇和电汇两种情况下，汇付使用的凭证是支付授权书或支付指示(Payment Order)。汇款人与汇出行是委托代理关系，汇出行和汇入行是委托代理关系。汇出行或汇入行与收款人没有直接的法律关系，收款人是上述代理关系的第三人。在票汇的情况下，汇付使用的是汇票。汇款人与汇出行是委托代理关系，汇出行、汇入行与收款人是票据关系，分别是出票人、付款人和收款人。

3. 汇付的应用

汇付方式属于商业信用，银行只提供一些服务。在国际贸易中，有关单据一般不通过银行转递，而由出口方自行寄交进口方。因此，卖方交货或交单后，买方是否按时付款及买方预付货款后，卖方是否交付或按时交付合格的货物或单据，完全取决于买卖双方的信用。

在国际贸易中，汇付方式通常用于随订单付款（Cash with Order)、预付货款（Payment in Advance)、凭单付汇（Payment against Documents)、

货到付款（Cash on Delivery）、赊销（Open Account）等业务。

第一种、第二种支付方式下，卖方先收货款，后交货，所以对卖方最为有利；第三种支付方式是在预付货款情况下，买方为了避免货款两空，要求收款人必须提供某些指定单据给解付行，才能拿到货款；第四种支付方式下，卖方先发货，买方收到货物后，再汇付货款，这是一种有利于买方而不利于卖方的结算方式，买方可以避免收货不着、货物质量不符合标准等交易风险；最后一种支付方式，即赊销业务下，卖方先交货，买方收到货物后并不立即付款，此支付方式不仅占用资金，而且卖方还要承担买方不付款的风险，因此对卖方不利，而对买方最为有利。由此可见，汇付不是卖方对买方的信任，就是买方对卖方的信任。此外，汇付方式还可用于订金、分期付款、货款尾数及佣金等费用的支付。

合同中汇付条款举例如下：

【例 2－7－1】买方应在 2019 年 9 月 19 日前将 100%的货款以电汇方式预付给卖方。

The buyer shall pay 100% of the sales proceeds in advance by T/T to reach the seller not later than Sep. 19，2019.

讨论分析

国际贸易中的支付方式主要有汇付、托收和信用证，以往进出口公司多采用 L/C 结算，而现在绝大部分进出口业务采用 T/T 或 D/P 以及 T/T 与 D/P 相结合的结算方式。请分析其中的原因。这样做有风险吗？如何防范？

（二）托收

1. 托收的含义及有关当事人

(1) 托收的含义。国际商会制定的《托收统一规则》（The Uniform Rules for Collection，ICC Publication No. 522，简称 URC522）对托收（Collection）的定义是：托收是指接到托收指示的银行根据所收的指示，处理金融单据及/或商业单据，目的在于取得付款和/或承兑，凭付款和/或承兑交单，或按其他条款及条件交单。

托收的含义及种类

其中，金融单据又称资金单据，是指汇票、本票、支票、付款收据或其他类似用于取得付款的凭证。而商业单据是指货物的发票、运输单据、物权单据或其他类似单据，或除金融单据以外的其他单据。

简言之，托收是指债权人（出口方）出具债权凭证（汇票、本票、支票等）或不开具债券凭证，仅凭单据委托银行向债务人（进口方）收取货款的一种支付方式。在国际贸易中，出口方根据买卖合同先行发运货物，再开具以进口方为付款人的汇票，连同有关货运单据，委托出口方银行（托收行）通过其在进口方的分行或代理行（代收行）向进口方收取货款。

（2）托收方式的有关当事人。

① 委托人（Principal），是指委托银行办理托收业务的一方。在国际贸易中，出口方开具汇票，委托银行向国外进口方（债务人）收款。

② 托收行（Remitting Bank），又称寄单行，是指接受委托人的委托办理托收业务的银行，通常为出口方所在地的银行。

③ 付款人（Payer），即汇票的受票人（Drawee），是银行根据托收指示书的指示提示单据的对象。托收业务中的付款人，即商务合同中的买方或债务人。

④ 代收行（Collecting Bank），是指接受托收行委托，向付款人收款的银行，通常是托收行在付款人（进口方）所在地的联行或代理行。

⑤ 提示行（Presenting Bank），是指向付款人作出提示汇票和单据的银行。提示行可以是代收行委托与付款人有往来账户关系的银行，也可以由代收行自己兼任提示行。

⑥ 需要时的代理（Customer's Representative in Case-of-Need）。在托收业务中，如果发生拒付，委托人可指定在付款地代为照料货物存仓、转售、运回或改变交单条件等事项的代理人。根据 URC522 的规定，委托人若需指定“需要时的代理”，必须在托收委托书上注明，如果无此注明，银行将不受理“需要时的代理”的任何指示。

2. 托收的种类及支付程序

托收业务的流程

根据办理托收业务时是否向银行提交货运单据，托收可分为光票托收和跟单托收两种。

（1）光票托收是指委托人（出口方）委托银行向付款人（进口方）收取款项时使用光票，即不附带任何商业（货运）单据。这种结算方式多用于贸易的从属费用、货款尾数、佣金、样品费的结算和非贸易结算等。

（2）跟单托收是指委托人（出口方）委托银行向付款人（进口方）收取款项时，使用跟单汇票或仅用商业单据。在国际贸易中，货款的收取大多采用跟单汇票。跟单托收根据交单条件的不同，又可分为付款交单和承兑交单两种。

① 付款交单（Documents against Payment，D/P），是指代收行必须在进口方付清货款后，才可将全套商业（货运）单据交给进口方的一种结算方式，即付款是交单的前提。

根据付款时间的不同，付款交单又可以分为即期付款交单和远期付款交单。

a. 即期付款交单（Documents against Payment at sight，D/P at sight），

是指出口方根据合同发货后开具即期汇票连同全套商业（货运）单据，委托当地银行通过其在进口方所在地的分行或代理行向进口方提示，进口方见票后立即付款，货款付清时，进口方取得全套货运单据。如图 2－7－3 所示。

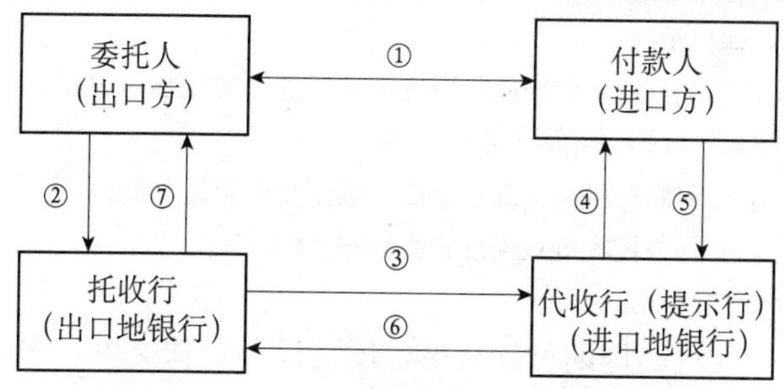

图 2－7－3　即期付款交单程序图

说明：

① 进出口双方签订合同，在合同中规定采用 D/P at sight 方式支付货款。

② 出口方按合同规定交付货物，取得全套货运单据。填写托收委托书，开立即期汇票，连同全套货运单据交托收行，委托其收取货款。

③ 托收行按托收委托书中的规定核实所收到的单据，确定单据表面与托收委托书所列一致时，将汇票连同全套货运单据，并说明托收委托书上各项指示，寄送它在进口地的分行或代理行，即提示行。

④ 提示行收到汇票及货运单据后，根据指示向进口方做出即期付款提示。

⑤ 进口方见票后立即向代收行付清全部货款，赎走全套货运单据。

⑥ 代收行电告或邮告托收行款项已收妥转账。

⑦ 托收行将货款交给出口方。

b. 远期付款交单（Documents against Payment after sight，D/P after sight），是指出口方根据合同发货后开具远期汇票连同全套商业（货运）单据，委托当地银行通过其在进口地的分行或代理行向进口方提示，进口方审核无误后在汇票上进行承兑，于汇票到期日付清货款取得全套货运单据。如图 2－7－4 所示。

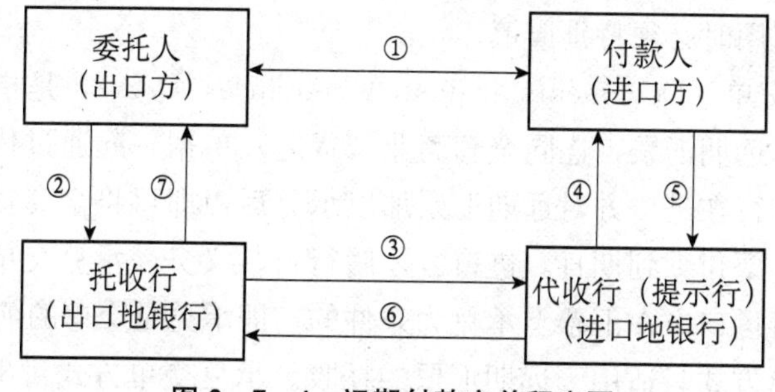

图 2－7－4　远期付款交单程序图

说明：

① 进出口双方签订合同，在合同中规定采用 D/P at ×× days after sight 方式支付货款。

② 出口方按合同规定交付货物，取得全套货运单据。填写托收委托书开立远期汇票，连同全套货运单据交托收行，委托其收取货款。

③ 托收行按托收委托书中的规定核实所收到的单据，确定单据表面与托收委托书所列一致时，将汇票连同全套货运单据，并说明托收委托书上各项指示，寄送它在进口地的分行或代理行，即提示行。

④ 提示行收到汇票及货运单据后，根据指示向进口方做出承兑提示。进口方见票后立即进行承兑，提示行收回承兑后的汇票与单据。

⑤ 进口方在汇票到期日付清全部货款后，赎走全套货运单据。

⑥ 代收行电告或邮告托收行款项已收妥转账。

⑦ 托收行将货款交给出口方。

综上所述，无论是即期付款交单，还是远期付款交单，进口方都只有先付清货款，才能取得货运单据。在远期付款交单条件下，若货物已到目的港，经承兑后的汇票和单据已退回代收行，此时行市看涨，进口方为了抓住有利的行市，可以通过两种方法提前提货转售：一是在付款到期日之前付款赎单，二是出具一张信托收据向代收行借出单据。其中以第二种较为常见，它是各国银行对进口方融资的通常做法。

信托收据（Trust Receipt，T/R）是进口方借单时提供的一种书面信用担保文件，用来表示愿意以代收行的受托人身份代为提货、报关、存仓、保险、出售并承认货物所有权属于银行，允诺货物出售后所得货款于汇票到期日交付给银行，收回信托收据。这是代收行自己向进口方提供的信用便利，与出口方无关。因此，如果代收行借出单据后，汇票到期不能收回货款，则代收行应对委托人（出口方）负全部责任。正因如此，代收行在凭信托收据借单时十分慎重，一般是代收行和进口方的关系比较好，进口方的企业资信状况和信誉比较好，并有一定的财产抵押。但如果出口方指示代收行借单，就是由出口方主动授权银行凭信托收据借给进口方，即所谓的“远期付款交单凭信托收据借单”（D/P·T/R）方式，也就是进口方在承兑汇票后可以凭信托收据先行借单提货，日后若进口方在汇票到期日拒付，则与银行无关，出口方自己承担收汇风险。这种做法的性质与承兑交单差不多，卖方的风险极大，因此使用时必须特别谨慎。

② 承兑交单（Documents against Acceptance，D/A），是指出口方在装运货物后开具远期汇票，连同全套商业（货运）单据一起通过代收行向进口方提示，代收行在进口方对远期汇票加以承兑后，即可将全套货运单据交给进口方，待汇票付款到期日，进口方才履行付款义务。承兑交单也就是出口方的交单是以进口方在汇票上承兑为条件的，即承兑是交单的前提。

承兑交单方式只适用于远期汇票的托收。承兑交单方式对出口方来说风险很大，其收款的保障依赖进口方的信用，一旦进口方到期因种种原因不付款，出口方可能会遭受到货款两空的损失。在实际业务中除特殊情况外，一般不使用这种方式。如图 2－7－5 所示。

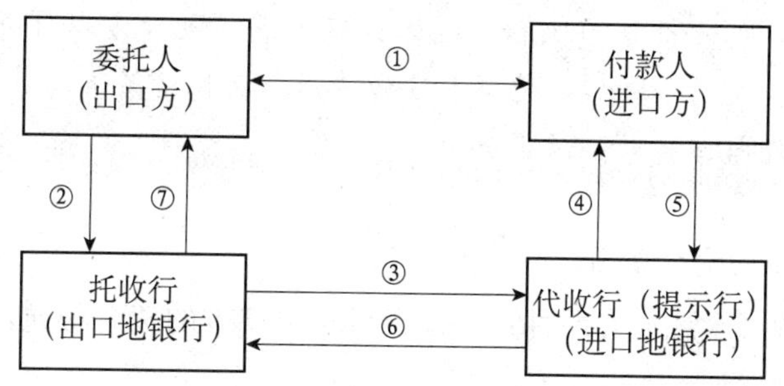

图 2-7-5　承兑交单程序图

说明：

① 进出口双方签订合同，在合同中规定采用 D/A at ×× days after sight 方式支付货款。

② 出口方按合同规定交付货物，取得全套货运单据。填写托收委托书开立远期汇票，连同全套货运单据交托收行，委托其收取货款。

③ 托收行按托收委托书中的规定核实所收到的单据，确定单据表面与托收委托书所列一致时，将汇票连同全套货运单据，并说明托收委托书上各项指示，寄送它在进口地的分行或代理行，即提示行。

④ 提示行收到汇票及货运单据后，根据指示向进口方作出承兑提示。进口方见票后立即进行承兑，取得全套货运单据。

⑤ 进口方在汇票到期日付清全部货款。

⑥ 代收行电告或邮告托收行款项已收妥转账。

⑦ 托收行将货款交给出口方。

由于托收业务属于商业信用，银行在办理业务时，既没有检查货运单据正确与否或是否完整的义务，也没有承担付款人必须到期付款的责任，银行只是作为委托人的代理人身份行事。除非另有规定，在托收遭到拒付时，银行没有义务代为保管货物，所以出口方必须关心货物的安全，直到进口方付清货款为止。因此，采用托收方式时，出口方要承担较大的风险，尤其是在承兑交单或付款交单凭信托收据借单的条件下，出口方的收汇完全取决于进口方的信用，若到期时进口方不付款或无力付款，出口方将会货款两空。但是，跟单托收对进口方却十分有利，它不仅可以免去申请开立信用证的手续，不必预付银行押金，减少费用支出，而且可以加速资金的周转。因此，在我国出口业务中使用托收方式收汇，有利于调动国外进口方经营我出口方产品的积极性，从而有利于促成交易的达成，扩大出口。故许多出口方都把采用托收支付方式作为推销库存商品和加强对外竞争的手段。

讨论分析

我某公司出口一批货物，付款条件为 D/P at 60 days after sight for collection，我公司发货后交汇票及全套货运单据给托收行。进口方对汇票进行了承兑，但货抵目的地后，适逢行市上涨，进口方以 T/R 方式从银行借得单据，货物出售后，进口方宣告破产。在此情况下，我方在汇票到期日是否还能收回货款？说明理由。

3. 托收中的资金融通

托收中的资金融通有两种：一是银行对出口方的资金融通，二是银行对进口方的资金融通。

（1）出口托收押汇。出口托收押汇是托收行对出口方的资金融通。具体操作步骤是托收行根据出口方的申请，将出口方开立的以进口方为付款人的跟单汇票以及随附的全套商业单据为质押，审核无误后，将票款扣除利息及费用后，按外汇管理规定及客户要求，原币付给出口方或按押汇日的银行外汇牌价折成人民币付给出口方，银行保留追索权，并通过代收行向进口方收款，以归还银行垫款。

（2）进口托收押汇。进口托收押汇是代收行对进口方的资金融通。具体操作步骤是代收行在收到出口方通过托收行寄来的全套商业单据后，根据进口方提交的押汇申请、信托收据以及代收行与进口方签订的《进口托收押汇协议》，先行对外支付并放单，进口方凭单提货，用销售后的货款归还代收行押汇本息的一种融资业务。

采用进口托收押汇，原本进口方应付款给出口方的商业信用转嫁给了代收行，从而加大了代收行的风险。一般来说，出口方愿意以托收方式结算，证明对进口方的资信和实力有一定信任度。作为代收行，其应根据进口方的资信情况、业务情况、抵（质）押/担保情况，为其核定一个押汇额度，供其周转使用，做到拓展业务和防范风险的有机结合。

4.《托收统一规则》

为了统一各国银行有关托收业务的做法，减少各有关当事人可能产生的矛盾和纠纷，国际商会于 1958 年草拟了《商业单据托收统一规则》（The Uniform Rules for Collection，ICC Publication No. 322），建议各国银行采用，并于 1967 年和 1978 年两次进行修订，改名为《托收统一规则》。为了适应国际贸易发展的需要，国际商会在总结实践经验的基础上，1995 年再次修订《托收统一规则》（国际商会第 522 号出版物，简称 URC522），1996 年 1 月 1 日实施。这个规则现在成为各国银行和委托人在办理托收时所遵循和参考的国际惯例。需要注意的是，该规则本身不是法律，因而对一般当事人没有约束力。只有在有关当事人事先约定的条件下，才受该惯例的约束。

《托收统一规则》（URC522）共 7 个部分 26 条，包括总则及定义、托收的形式和结构、提示的形式、义务和责任、付款、利息手续费及其他费用、其他条款。主要内容如下：

(1) 银行必须核实所收到的单据在表面上与托收指示书所列一致，若发现任何单据遗漏，银行有义务用电讯或其他快捷方式通知发出托收指示的一方，但银行并无审单的义务。

(2) 除非事先征得银行同意，货物不应以银行或其指定人为收货人。银行只处理单据而不处理货物或代表货物的合同，银行对跟单托收项下的货物没有义务采取任何行动。

(3) 托收不应含有远期汇票而又同时规定商业单据要在付款后才交付。如果托收含有远期付款的汇票，那么托收指示书应注明商业单据是凭承兑交单交付款人还是凭付款交单交付款人。若无上述说明，则银行只能在受票人付款后，方可将商业单据交出。

(4) 托收遭到拒付，提示行应向托收行发出拒付通知，托收行应在收到此项通知后，对如何处理单据给予相应的指示。若发出拒付通知 60 天内提示行仍未接到此项指示，可将单据退回托收行，不再负担任何责任。

(5) 委托人应受国外法律和惯例规定的义务和责任所约束，并对银行承担该项义务赔偿之责。

(6) 托收指示书中必须注明该托收按《托收统一规则》(URC522)办理。

必须注意的是，在托收业务中，有关银行一方面要依照《托收统一规则》的规定，另一方面也要服从托收指示书的规定，当两者的条款有抵触时，应服从托收指示书的规定。这是因为托收指示书是托收业务的基础，也是确定有关当事人权利和义务的依据。

5. 使用托收时应注意的问题

随着国际贸易和经济一体化的发展，买方市场在全球贸易中逐步形成，国际贸易领域出现了结算方式多元化的趋势，出口商品的竞争异常激烈，商业信用成交比例增加，托收作为一种支付方式在国际贸易中也被广泛使用。为了提高商品的竞争力和扩大出口，在我国出口业务中，有针对性地采用托收方式非常必要。但采用托收方式对出口方来说风险较大，因此出口方应建立健全企业的风险管理制度，防患于未然。具体来说，应注意下列事项：

(1) 加强对进口方的资信情况和经营作风的调查，掌握好进口商的授信额度，了解商品在进口地的市场动态，成交金额应掌握在进口方的支付能力范围内，选择合理的交单条件，尤其采用承兑交单要从严掌握。

(2) 了解进口国的贸易管制和外汇管制措施。对贸易管制和外汇管制较严的国家和地区，使用托收方式要慎重，以免货到目的港后，因违背进口国的法令法规而造成不准进口或收不到外汇导致产生损失。

(3) 了解调查代收行的背景，熟悉进口国的商业惯例，以免因为当地的习惯做法影响安全、迅速地收汇，如某些国家把D/P解释为交货付款，把远期付款交单视作承兑交单处理等。

（4）出口合同应争取按CIF或CIP条件成交，或者投保出口信用保险。在采用FOB/FCA或CFR/CPT等价格条件成交时，应投保卖方利益险。

（5）认真履行贸易合同，严格按合同规定的条款办理出口事宜，以免给进口方拒付或拖延付款找到理由。

（6）建立健全对合同的科学管理和检查制度，定期检查，发现问题及时处理，以避免或减少可能产生的损失。

合同中托收条款举例如下：

【例2-7-2】买方凭卖方开具的即期跟单汇票，于第一次见票时立即付款，付款后交单。

Upon first presentation the Buyer shall pay against documentary draft drawn by the Seller at sight. The shipping documents are to be delivered against payment only.

【例2-7-3】买方对卖方出具的见票后××天付款的跟单汇票于第一次提示时予以承兑，并在汇票到期日付款，付款后交单。

The Buyer shall duly accept the documentary draft drawn by the Seller at ×× days upon first presentation and make payment on its maturity. The shipping documents are to be delivered against payment only.

【例2-7-4】买方应于第一次提示卖方开具见票后××天付款的跟单汇票时予以承兑，并于汇票到期日付款，承兑后交单。

The Buyer shall duly accept the documentary draft drawn by the Seller at ×× days upon first presentation and make payment on its maturity. The shipping documents are to be delivered against acceptance.

实训操作

1. 将下列合同支付条款的表述进行正确连线。

D/P at sight	见票后30天远期付款交单
D/A at 30 days after date of draft	提单日期后30天承兑交单
D/P at 30 days after sight	即期付款交单
D/A at 30 days after date of B/L	汇票签发日后30天承兑交单

2. 翻译下列条款。

（1）买方应对卖方开具的以买方为付款人的提单装船日后60天付款的跟单汇票予以承兑后交单，并于汇票到期日付款。

（2）买方应对卖方开具的以买方为付款人的见票后60天付款的跟单汇票予以承兑，并在汇票到期日付款，付款后交单。

三、信用证支付方式

信用证（Letter of Credit，L/C）支付方式是随着国际贸易的发展，银行与金融机构参与国际贸易结算过程逐步形成的。信用证支付方式把由进口人履行的付款责任，转为由银行来履行付款责任，以保证出口方能安全、迅速地收到货款，进口方按时收到货运单据。信用证在一定程度上解决了进出口双方之间互不信任的矛盾，并为双方提供了资金融通的便利。因此，信用证支付方式一出现，便以很快的速度发展起来。目前该支付方式已成为国际贸易重要的支付方式之一。

（一）信用证的含义及有关当事人

1. 信用证的含义

根据国际商会《跟单信用证统一惯例》（UCP600）的解释，信用证是指一项不可撤销的安排，无论其名称或描述如何，该项安排构成开证行对相符交单予以承付的确定承诺。

“承付”是指：

（1）如果信用证为即期付款信用证，则即期付款。

（2）如果信用证为延期付款信用证，则承诺延期付款并在承诺到期日付款。

（3）如果信用证为承兑信用证，则承兑受益人开出的汇票并在汇票到期日付款。

简单地说，信用证是银行开立的一种有条件的承诺付款的书面文件。

采用信用证支付方式，给进、出口双方及银行都带来一定的好处。信用证在国际贸易结算中的作用，主要体现在：

（1）对出口商的作用。表现在：保证出口商凭合格的单据取得货款；在进口管制和外汇管制比较严的国家，使出口商得到了外汇上的保证；出口商可以以信用证或有关单据作为抵押，从银行取得贷款，从而取得资金融通的便利。

（2）对进口商的作用。买方付款后可以保证取得代表货物所有权的单据；进口商申请开证时可以通过控制信用证条款来约束出口商交货的时间、交货的品质和数量，从而保证进口商可以按时、按质、按量收到货物；可以为进口商提供资金融通的便利。

（3）对银行的作用。进口商在申请开证时，需向银行缴纳一定的押金或提供一定的担保品，为银行利用资金提供便利；银行每提供一项服务，均收取一定的费用，承办信用证业务是各银行的业务项目之一。

2. 信用证的主要当事人

信用证在使用过程中会涉及如下当事人：

（1）开证申请人（Applicant）。开证申请人是向银行申请开立信用证的人，即进口方，也称开证人（Opener）。少数信用证由银行主动开立，则不涉及开证申请人。

（2）开证行（Issuing Bank；Opening Bank）。开证行是指接受开证申请人的申请或自己主动开立信用证并承担付款责任的银行。开证行一般在进口方所在地。

（3）通知行（Advising Bank；Notifying Bank）。通知行是指受开证行的委托，将信用证转交给出口方的银行。其主要任务是通知并鉴别信用证的真实性。通知行一般在出口方所在地。

（4）受益人（Beneficiary）。受益人是指信用证中指定的有权使用该证的人。一般即出口方。

（5）议付行（Negotiating Bank）。议付行是指愿意买入受益人按信用证规定开立的跟单汇票的银行。议付行可以由信用证指定，也可以是非指定的银行。我国出口业务中，通知行作为议付行的较多。议付行一般在出口方所在地。

（6）付款行（Paying Bank）。付款行是信用证上指定的支付货款的银行。多数情况下就是开证行，也可以是开证行指定的另一家银行。具体的付款行一般由信用证规定，信用证未作明确规定的，开证行就是付款行。

（7）保兑行（Confirming Bank）。保兑行是指根据开证行请求在信用证中加具保兑的银行。保兑行与开证行对信用证承担同等的付款责任。保兑行通常由通知行兼任，但也可以由其他银行加具保兑。

（8）偿付行（Reimbursing Bank）。偿付行是指信用证指定的代开证行向议付行或付款行清偿垫款的银行。信用证中若规定有关银行向指定偿付行索偿，开证行须及时向偿付行提供恰当的指示或授权以支付索偿款项。开证行不应要求索偿行向偿付行提供单证相符的证明书。在偿付行偿付前，开证行不得解除其自行偿付的义务。

信用证业务流程

（二）信用证的一般收付程序

在国际贸易中，信用证的种类很多，不同信用证涉及的当事人及所办的手续有所不同，但其基本环节大同小异。下面用信用证支付的一般程序图加以说明（如图 2-7-6 所示）。

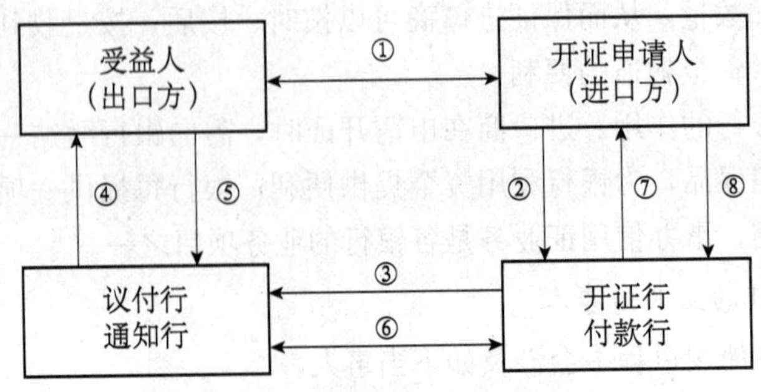

图 2-7-6　信用证支付的一般程序

说明：

① 买卖双方在合同中约定采用信用证方式支付货款。

② 买方按合同规定的开证日期或者若信用证中未规定开证日期则应在一个合理的时间内向当地银行申请向卖方开立信用证。开证人向银行申请开证时，应填写开证申请书，依据合同填写各项规定和要求。在开证申请书中，开证申请人承认在其未付清货款之前，物权归开证行。开证申请人申请开证时，应向开证行交付一定比率的押金或其他担保品。押金的高低与开证人的资信状况、市场及商品的行情有关，一般为信用证金额的百分之几至百分之几十。

③ 开证行依据开证申请书的内容，向出口方（受益人）开出信用证，并将信用证寄交给出口方所在地的分行或代理行（统称通知行）。

④ 通知行审核印押无误后，将信用证通知出口方。通知行的责任是必须合理、审慎地鉴别所通知的信用证的表面真实性。若它不愿意通知，则必须立即如实告之开证行。若通知行无法鉴别信用证表面的真实性，则它必须立即通知开证行说明它无法鉴别；若通知行仍愿意通知受益人，则必须告知受益人它未能证实该证的表面真实性。实际业务中，有开证行直接将信用证交给受益人的情况发生，此时受益人应将信用证交相关银行加以鉴别。

⑤ 受益人收到信用证后，依据合同条款进行审核，当信用证条款可以接受时，按信用证规定发运货物，并在取得全套货运单据后在信用证的有效期内交议付行议付货款。若发现信用证与合同不符或存在有不能接受的内容，应及时要求开证人通知开证行修改，然后按要求交货交单。

⑥ 议付行将汇票和全套单据寄开证行（或其指定的付款行）索偿。

开证行或其指定的付款行，在审核单据无误后，付款给议付行。若被指定的付款行拒绝开证行的指定，由开证行保证付款。

⑦ 开证行通知进口方。

⑧ 进口方付款赎单。

（三）信用证的主要内容

在国际贸易中，各国银行开出的信用证并没有统一的格式，有繁有简，有标准格式的，也有非标准格式的，但其内容基本相似，主要包括以下几个方面：

（1）对信用证本身的说明。包括信用证的号码、种类、性质、开证日期、信用证的有效期、交单期及交单地点等。

（2）信用证的当事人。如开证申请人、开证行、通知行、受益人、议付行、付款行、偿付行、保兑行等。

（3）对货物的描述。如品名、规格、数量、包装及种类、商品的单价及总值等。

（4）对运输的要求。如运输方式、起运港（地）、目的港（地）、可否分批、可否转运及装运期限等。

（5）对单据的要求。信用证中所需要的单据主要有：

① 资金单据，如汇票等；

② 货物单据，如发票、装箱单、重量单、产地证、商检证书等；

③ 运输单据，如提单、铁路运单、承运货物收据、航空运单等；

④ 保险单据，如保险单等。

此外还可能要求提供其他单证，如受益人证明、装船通知副本等。

（6）特别条款。主要是根据每笔业务的不同需要而规定的一些条款，如要求××银行加具保兑、限制××银行议付等。

（7）银行的保证付款词句及适用的国际惯例等。

信用证样例如下：

22/12/19 - 02:03:38　　　PXXX - 0860 - 000005　　　5

RCV * ———— Instance Type and Transmission ————
RCV * Original received from SWIFT
RCV * Priority: Normal
RCV * Message Output Reference: 0200 191222CMBCCNBSA4415418219134
RCV * Correspondent Input Reference: 1551 191221BCOMPTPLALEU7647833129
RCV * ———— Message Header ————
RCV * Swift Output: FIN 700 Issue of a Documentary Credit
RCV * Sender: BCOMPTPLLEU
RCV * BANCO COMMERCIAL PORTUGUESE
RCV * (RUA INSTITUTE INDUSTRIAL N 7)
RCV * LISBON PT
RCV * Receiver: CMBCCNBS441
RCV * CHINA MERCHANTS BANK
RCV * (HEFEI BRANCH)
RCV * HEFEI CN
RCV * ———— Message Text ————
RCV * 27: Sequence of Total
RCV * 1/1
RCV * 40A: Form of Documentary Credit
RCV * IRREVOCABLE
RCV * 20: Documentary Credit Number
RCV * 976 - 01 - 0340008
RCV * 31C: Date of Issue
RCV * 191221
RCV * 40E: Applicable Rules
RCV * UCP LATEST VERSION
RCV * 31D: Date and Place of Expiry
RCV * 200215 CHINA
RCV * 50: Applicant
RCV * F. T. C. CORP.
RCV * AKEDSANTERINK AUTO
RCV * P. O. BOX. 9. LISBOA
RCV * 59: Beneficiary-Name & Address
RCV * YIHAI TRADE CO., LTD.

RCV *　　ROOM 720，NO. 465 JINZHAI ROAD,
RCV *　　HEFEI，CHINA
RCV *　32B：Currency Code，Amount
RCV *　　Currency：USD（US DOLLAR）
RCV *　　Amount：#11454，#
RCV *　39B：Maximum Credit Amount
RCV *　　NOT EXCEEDING
RCV *　41A：Available With...By...-BIC
RCV *　　CMBCCNBS441
RCV *　　CHINA MERCHANTS BANK
RCV *　　（HEFEI BRANCH）
RCV *　　HEFEI CN
RCV *　　BY PAYMENT
RCV *　43P：Partial Shipments
RCV *　　PROHIBITED
RCV *　43T：Transhipment
RCV *　　ALLOWED
RCV *　44E：Port of Loading/Airport of Dep.
RCV *　　NINGBO PORT
RCV *　44F：Port of Discharge/Airport of Dest
RCV *　　LISBON，PORTUGAL
RCV *　44C：Latest Date of Shipment
RCV *　　200131
RCV *　45A：Description of Goods &/or Services
RCV *　　+8100 PCS OF BAGS
RCV *　　.
RCV *　　PRICE FOB-NINGBO PORT
RCV *　46A：Documents Required
RCV *　　+COMMERCIAL INVOICE IN 3 SIGNED ORIGINAL PLUS 1 COPY(IES)
RCV *　　+PACKING LIST IN 1 ORIGINAL(S) PLUS 1 COPY(IES)
RCV *　　+FULL SET OF CLEAN ON BOARD OCEAN BILLS OF LADING IS-
　　SUED TO THE ORDER OF BANCO COM. PORTUGUESE 1249-006
RCV *　　LISBOA，NOTIFY F. T. A. CORP.
RCV *　　AKEDSANTERINK AUTO P. O. BOX. 9. LISBOA，SHOWING OUR
　　REFERENCE NUMBER
RCV *　　976-01-0340008 MARKED FREIGHT PAYABLE AT DESTINATION
　　PLUS 1 COPY(IES).
RCV *　47A：Additional Conditions
RCV *　　+PLEASE NOTE THAT A FEE WILL BE DEDUCTED FROM THE
　　AMOUNT PAID（EUR 60,00 PLUS TAX），IF WE HAVE TO CONTACT
RCV *　　APPLICANT IN ORDER TO WAIVE DISCREPANCIES IN THE PRE-
RCV *　　SENTED DOCUMENTS.
RCV *　71B：Charges
RCV *　　ALL BANKING EXPENSES AND COMMISSION OUTSIDE PORTUGAL
RCV *　　ARE FOR BENEFICIARY'S ACCOUNT.
RCV *　48：Period for Presentation
RCV *　　15 DAYS
RCV *　49：Confirmation Instructions
RCV *　　WITHOUT

RCV * 78: Instr to Payg/Accptg/Negotg Bank
RCV * YOU ARE AUTHORIZED TO REIMBURSE YOURSELVES FOR THE AMOUNT OF YOUR NEGOTIATION AT SIGHT FROM OURSELVES,
RCV * VALUE SEVEN WORKING DAYS AFTER DATE OF YOUR AUTHE-
RCV * NTICATED SWIFT ADVICE TO US, CERTIFYING THAT ALL DOC-
RCV * UMENTS ARE STRICTLY IN ACCORDANCE WITH ALL TERMS OF
RCV * THE CREDIT AND THAT YOU HAVE ALREADY SENT TO US ALL DOCUMENTS IN GOOD ORDER BY DHL.
RCV * PAYMENT UNDER RESERVES NOT ALLOWED.
RCV * 57D: 'Advise Through' Bank-Name&Addr.
RCV * A/C NO. 2580105910001
RCV * .
RCV * .
RCV * .
RCV * 72: Sender to Receiver Information
RCV * PLEASE SEND DOCUMENTS BY SPECIAL
RCV * COURIER TO:
RCV * BANCO COMMERCIAL PORTUGUESE, S. A.
RCV * R DO INSTITUTO INDUSTRIAL N. 7-2
RCV * 1249-006 LISBOA
RCV * PORTUGAL
RCV * ——— Message Trailer ———
RCV * {CHK: 071D5AE4D0D2}
RCV * {DLM:}
RCV * PKI Signature: MAC-Equivalent

（四）信用证业务的特点

信用证业务的特点

1. 信用证属于银行信用，开证行负第一性付款责任

信用证支付方式是一种银行信用，由开证行以自己的信用作付款保证。在信用证业务中，开证行处于首要付款人的地位。它不仅向受益人以自己的信用保证付款，而且对它所指定的所有当事人保证，在其凭表面与信用证相符的单据办理付款、承兑或议付时，保证依据《跟单信用证统一惯例》(UCP600) 予以偿付。

讨论分析

某年我方按 CIF 大阪向日本出口一批货物，8 月 20 日由日本东京银行开来不可撤销即期跟单信用证，金额为 50 000 美元，装船期为 9 月份，证中规定偿付行为纽约花旗银行，我中行收到证后于 8 月 22 日通知出口公司。8 月底，公司获悉进口方因资金问题濒临破产倒闭。请问：在此情况下我方应如何处理？并说明理由。

2. 信用证是一种自足的文件

《跟单信用证统一惯例》(UCP600) 第 4 条规定：“就其性质而言，信用证与可能作为其开立基础的销售合同或其他合同是相互独立的交易，即使信用证中含有对此类合同的任何援引，银行也与该合同无关，且不受其约束。因此，银行关于承付、议付或履行信用证项下其他义务的承诺，不受申请人基于与开证行或与受益人之间的关系而产生的任何请求或抗辩的影响。受益人在任何情况下不得利用银行之间或申请人与开证行之间的合同关系。”因此，信用证是依据贸易合同开出的，但它一经开出就成为独立于合同之外的自足文件，即使信用证援引该合同的条款或内容，银行也与该合同无关而不受其约束。买卖合同是进、出口方之间的契约，只对进、出口双方有约束力；而信用证是开证行与受益人之间的契约，开证行与受益人以及参与信用证业务的其他银行均受信用证的约束，所有当事人必须按信用证的规定办理。

3. 信用证业务所处理的是单据

《跟单信用证统一惯例》（UCP600）第 5 条规定：“银行处理的是单据，而不是单据可能涉及的货物、服务或履约行为。”由此可知，信用证业务所处理的是一种纯粹的单据业务。只要单据表面上符合信用证的规定和要求，开证行就应承担付款、承兑或议付的责任，即使收到货物后发现不符合合同要求，也只能由开证人根据买卖合同向有关方面索赔。换言之，如果买方收到的货物完全符合合同的规定，但受益人所提交的单据不符合信用证的要求，银行完全有理由拒付。应当指出，按《跟单信用证统一惯例》的规定，银行虽有义务“合理、小心地审核一切单据”，但这种审核，只是用以确定单据表面上是否符合信用证条款。《跟单信用证统一惯例》（UCP600）第 34 条规定：“银行对任何单据的形式、充分性、准确性、内容真实性、虚假性或法律效力，或对单据中规定或添加的一般或特殊条件，概不负责；银行对任何单据所代表的货物、服务或其他履约行为的描述、数量、重量、品质、状况、包装、交付、价值或其存在与否，或对发货人、承运人、货运代理人、收货人、货物的保险人或其他任何人的诚信与否、作为或不作为、清偿能力、履约或资信状况，也概不负责。”

讨论分析

某公司从国外进口大宗初级产品，合同中规定：允许分批装运，凭不可撤销信用证方式支付。第一批货物装运后，卖方凭合格的单据取得货款。但买方提货后，发现货物品质和数量均不符合合同规定，因而要求银行对后几批货物拒付。请问：这一要求是否合理？并说明理由。

总之，信用证业务的特点就是“一个原则，两个只凭”。“一个原则”就是“相符交单的原则”，《跟单信用证统一惯例》（UCP600）规定“相符交单”是指“与信用证条款、本惯例的相关适用条款以及国际标准银行实务一致的交单”。“两个只凭”就是指银行只凭信用证，不问合同；只凭单据，不管货物。

（五）信用证的种类

信用证可根据其性质、期限、流通方式等特点加以划分。

1. 不可撤销信用证

不可撤销信用证（Irrevocable L/C）是指信用证一经开出，在有效期内，未经受益人及有关当事人的同意，开证行不得片面修改和撤销。只要受益人提交了符合信用证条款的单据，开证行就必须履行付款义务。

《跟单信用证统一惯例》（UCP600）第 7 条 b 款明确规定：“开证行自开立信用证之时起即不可撤销地承担承付责任。”据此，在国际贸易中，信用证是不可撤销的。

2. 保兑信用证和不保兑信用证

根据有没有另一家银行加具保兑，信用证可分为保兑信用证和不保兑信用证。

（1）保兑信用证（Confirmed L/C），是指开证行开出的信用证由另一家银行对开证行的付款承诺再次进行保证的信用证。对信用证加具保兑的银行，叫保兑行。

实际业务中，当出口方对开证行的资信或付款能力表示怀疑时，出口方可要求进口方请开证行委托另一家银行，往往是通知行，在信用证上加以保兑。保兑信用证项下，受益人可得到两家银行的付款保证，一是开证行，一是保兑行。因此该类信用证对卖方安全收汇十分有利。

保兑信用证项下，开证行与保兑行承担的保证付款责任一样，即两者均承担第一性付款责任。

（2）不保兑信用证（Unconfirmed L/C），是指开证行开出的信用证没有经另一家银行加以保兑。

讨论分析

我某公司向国外 A 商出口货物一批。A 商按时开来不可撤销即期议付信用证，该证由设在我国境内的外资 B 银行通知并加具保兑。我公司在货物装运后，将全套合格单据交 B 银行议付，收妥货款。但 B 银行向开证行索偿时，得知开证行因经营不善已宣布破产。于是，B 银行要求我公司将议付款退还，并建议我方直接向买方索款。请问：我方应如何处理？并说明理由。

3. 跟单信用证和光票信用证

根据信用证项下所使用的汇票是否附有货运单据，信用证可分为跟单信用证和光票信用证。

（1）跟单信用证（Documentary L/C），是指开证行凭跟单汇票或仅凭单据履行付款义务的信用证。国际贸易中所使用的信用证大部分是跟单信用证。

（2）光票信用证（Clean L/C），是指开证行凭不随附单据的汇票（即光票）付款的信用证。一般较少使用。

4. *即期信用证和远期信用证*

根据付款时间的不同，信用证可分为即期信用证和远期信用证。

（1）即期信用证（Sight L/C），是指信用证内规定只要受益人提交了符合信用证条款的跟单汇票或单据，开证行或付款行立即履行付款义务的信用证。即期信用证是单到付款，其特点是出口方收汇迅速、安全，所以在国际贸易中大多数出口方都愿意采用这种信用证。

即期信用证有即期付款信用证和即期议付信用证之分。两者的主要区别在于即期付款信用证不提供汇票，仅凭商业单据付款，而即期议付信用证须提供即期汇票。

在即期信用证中有时还加列电汇索偿条款（T/T Reimbursement Clause）。它是指开证行允许议付行或寄单行用电报通知开证行或付款行，说明各种单据与信用证条款完全相符，开证行或付款行有义务立即用电汇方式将款项拨交给议付行。这种信用证比一般的即期信用证收汇较快，有利于加速卖方的资金周转。

（2）远期信用证（Usance L/C），是指开证行或付款行在信用证中保证，在收到符合信用证要求的单据时，在规定的期限内付款的信用证。远期信用证又可分为银行承兑远期信用证、延期付款信用证和假远期信用证。

① 银行承兑远期信用证（Banker's Acceptance Credit），是指以开证行或其指定银行作为远期汇票付款人的信用证。根据《跟单信用证统一惯例》（UCP600）的规定，信用证不应要求凭开证申请人为付款人的汇票兑付。

银行承兑远期信用证，使用远期汇票，是卖方对买方的资金融通。在实际业务中，若卖方想提前取得款项，可以持承兑后的汇票到有关银行或贴现公司办理贴现，但贴现息和承兑费用由卖方自己承担。

② 延期付款信用证（Deferred Payment Credit），是指在信用证上规定，开证行或付款行在收到符合信用证规定的单据后若干天，或货物装船后若干天付款的信用证。

延期付款信用证和银行承兑远期信用证都属于远期信用证，但两者有明显的不同，除在运作程序上不一致外，至少还有下列区别。第一，是否须开立汇票不同。银行承兑远期信用证须开立远期汇票，而延期付款信用证无须开立汇票。第二，融资渠道不同。如前所述，银行承兑远期信用证项下的受益人若想融资，一般通过贴现银行承兑后的汇票获得；而延期付款信用证因不用汇票，受益人不能利用贴现市场的资金，只能自垫款项或从银行取得信贷。第三，适用交易的情况不同。银行承兑远期信用证适用于一般的商品买卖，而延期付款信用证一般多用于大型成套设备项目出口或承包工程等。

(3) 假远期信用证（Usance Credit Payable at Sight）。假远期信用证的实质是远期信用证，即期付款。其特点是，信用证规定受益人开立远期汇票，由付款行负责承兑和贴现，承兑费用和贴现利息由进口方承担。这种信用证从表面上看是远期信用证，但受益人却能即期十足地收回款项，因而被称为“假远期信用证”。该信用证对出口方来说类似于即期信用证，但对进口方来说，要承担贴现息和承兑费用，故又称之为买方远期信用证（Buyer's Usance Credit）。

进口方开立假远期信用证的主要目的是可以利用贴现市场或银行的资金，以解决资金周转不足的问题。假远期信用证的实质是进口方套用付款银行的资金。此外，有些国家对外汇管制较严，要求进口商品一律采用远期信用证，使用假远期信用证可以摆脱这些国家在外汇管制上的限制。

就出口方而言，假远期信用证和即期信用证最大的区别在于假远期信用证项下出口方要承担远期汇票到期前被追索的风险。

5. 可转让信用证

根据《跟单信用证统一惯例》（UCP600）的规定，可转让信用证（Transferable Credit）是指特别注明“可转让”（transferable）字样的信用证。可转让信用证可应受益人（第一受益人）的要求转为全部或部分由另一受益人（第二受益人）兑用。

为保护各方利益、防止办理转让过程中的脱节现象，《跟单信用证统一惯例》（UCP600）第 38 条对转让行有一定限制：转让行系指办理信用证转让的指定银行，或当信用证规定可在任一银行兑用时，指开证行特别如此授权并实际办理转让的银行。开证行也可以担任转让行。

只要信用证允许部分支款或部分发运，信用证可以分部分地转让给数名第二受益人。已转让信用证不得应第二受益人的要求转让给任何其后受益人。第一受益人不视为其后受益人。

《跟单信用证统一惯例》（UCP600）规定，已转让信用证须准确转载原证条款，但信用证金额、单价、截止日、交单期限及最迟发运日或发运期间这几个项目中，任何一项或全部均可减少或缩短；必须投保的保险比例可以增加，以达到原信用证或《跟单信用证统一惯例》（UCP600）规定的保险金额。此外，在办理转让时，可用第一受益人的名称替换原证中的开证申请人名称。如果原证特别要求开证申请人名称应在除发票以外的任何单据出现，那么已转让信用证必须反映该项要求。

第一受益人有权以自己的发票和汇票（若有）替换第二受益人的发票和汇票，其金额不得超过原信用证的金额。经过替换后，第一受益人可在原信用证项下支取自己发票与第二受益人发票间的差价（若有）。

如果第一受益人应提交其自己的发票和汇票（若有），但未能在第一次要求时照办，或者第一受益人提交的发票导致了第二受益人的交单中本不存在的不符点，而其未能在第一次要求时修正，转让行有权将从第二受益人处收到的单据照交开证行，并不再对第一受益人承担责任；在要求转让时，第一受益人可以要求在信用证转让后的兑用地点，在原信用证的截止日之前（包括截止日），对第二受益人承付或议付；第二受益人或代表第二受益人的交单必须交给转让行。

6. 循环信用证

循环信用证（Revolving Credit）是指受益人在一定时间内使用了规定的金额后，其金额又恢复到原金额，直至达到规定的时间、次数或金额为止的信用证。

循环信用证不同于一般信用证，一般信用证在使用完后即告失效，而循环信用证可多次循环使用。这种信用证多用于成交金额比较大或交货时间比较长的商品交易。其主要优点在于，进口方可以减少开证手续、降低开证费用。

按循环的计算方法，循环信用证可分为按时间循环和按金额循环两种。按时间循环（Revolving around Time）是指受益人可根据信用证规定的期限反复支取信用证规定的金额；按金额循环（Revolving around Value）是指信用证规定的金额被用完后自动恢复到原金额，直至规定的全部金额用完为止。

按恢复方式，循环信用证可分为自动循环、半自动循环和非自动循环三种。

（1）自动循环（Automatic Revolving），是指受益人每期用完一定金额后，不用等待开证行的通知即可自动恢复到原金额供再次使用。

（2）半自动循环（Semi-automatic Revolving），是指受益人每期用完一定金额后，在若干天内开证行未提出不能恢复到原金额的通知，即自动恢复到原金额。

（3）非自动循环（Non-automatic Revolving），是指受益人每期用完一定金额后，需经开证行通知，才能恢复到原金额再次使用。

7. 对开信用证

对开信用证（Reciprocal Credit）是指交易的双方都对其进口部分以对方为受益人所开立的信用证。

对开信用证的特点是第一张信用证的开证申请人和受益人分别是第二张

信用证的受益人和开证申请人。

当交易双方进行互有进、出和互有关联的对等或基本对等交易时，如来料加工、补偿贸易或易货贸易等，一般可采用对开信用证。

一般来说，在对开信用证情况下，两证必须同时生效。交易一方开出的第一张信用证暂不生效，等对方开来回头证（第二张信用证）被受益人接受后，才通知对方银行两证同时生效。在极个别情况下，两证分别生效。因此对开信用证相互关联、互为条件，彼此约束。

8. 对背信用证

对背信用证（Back to Back Credit）是指信用证的受益人要求通知行或其他银行以原证为基础另开一张内容近似的新证给实际供货人，这另开的新证称为对背信用证。

对背信用证的内容除开证人、受益人、开证行等有关当事人及信用证金额、单价、装运期、有效期及交单期等可以有变动外，其他条款基本与原证相同。对背信用证的开立无须征得原开证申请人或开证行的同意，但对背信用证的修改涉及原证的内容，因而必须得到原开证人的同意，所以修改比较困难。

9. 预支信用证

预支信用证（Anticipatory Credit）是指开证行授权代付行（通常是通知行）向受益人预支信用证金额的全部或一部分，由开证行偿还并负担利息。

一般信用证是卖方先交货，买方收单后付款，而预支信用证则是买方先付款，卖方后交单，等日后受益人交单时扣除预支的货款及利息。预支信用证适用于货源紧缺的商品。

预支信用证业务中，代付行凭受益人光票付款，也有要求受益人附一份保证补交信用证规定单据的声明书，若受益人以后不交单，开证行及代付行并不承担责任。

为引人注目，过去在信用证中，预支货款的条款常用红字打出，故也称为“红条款”信用证（red clause L/C）。现在的信用证中预支条款并非都用红字表示，但作用相同。

10. 付款信用证、承兑信用证和议付信用证

根据《跟单信用证统一惯例》（UCP600）的规定，“一切信用证都必须清楚地表明该证适用于即期付款、延期付款、承兑或议付”。因此，按照付款方式的不同，信用证可以分为付款信用证、承兑信用证和议付信用证。

(1) 付款信用证（Payment Credit）。凡在信用证中明确规定某一银行付款的信用证，称为付款信用证。证中通常注明“付款兑现”（Available by Payment）字样。

付款信用证按照付款时间不同可以分为即期付款信用证和延期付款信用证两种，无论哪种付款信用证，都不需要受益人开具汇票，仅凭提交的商业单据付款。在付款信用证中，通常有“兹确认我行凭提交符合信用证条款的单据付款”（We hereby confirm that payment will be duly made against documents presented in conformity with the terms of this credit）等类似的保证条款。

付款信用证的到期地点通常都规定在开证行或其指定付款行所在地，故卖方在交单时应予以特别注意。若付款信用证的指定付款行就是卖方所在地的通知行，则该证的到期地点是卖方所在地，对卖方比较有利。

（2）承兑信用证（Acceptance Credit）。凡在信用证中明确指定在某一家银行进行承兑的信用证叫作承兑信用证。

在承兑信用证中，通常有“我行确认凡符合信用证条款的汇票被提示时及时予以承兑，并于到期日及时付款”（We hereby confirm that draft(s) drawn in conformity with the terms of this credit will duly accepted on presentation and duly honored at maturity）等类似的保证条款。

承兑信用证肯定是银行付款的远期信用证，承兑信用证的到期地点就是对远期汇票进行承兑的银行所在地。

（3）议付信用证（Negotiation Credit）。凡是在信用证中明确指示受益人可以在某一指定银行或任何银行议付的信用证叫作议付信用证。议付信用证中一般都注明“议付兑现”（Available by Negotiation）字样。

根据《跟单信用证统一惯例》（UCP600）的规定，“议付是指指定银行在相符交单下，在其应获偿付的银行工作日当天或之前向受益人预付或者同意预付款项，从而购买汇票（其付款人为指定银行以外的其他银行）及/或单据的行为。”

议付信用证可以分为公开议付信用证和限制性议付信用证。

① 公开议付信用证（Open Negotiation Credit），又称自由议付信用证（Freely Negotiation Credit），是指开证行在信用证中承诺任何一家银行均可办理议付的信用证。

② 限制性议付信用证（Restricted Negotiation Credit），是指开证行在信用证中限定某一银行对该证进行议付。

限制性议付信用证通常注明“本证限××银行议付”（Negotiation under this credit are restricted to ×× Bank）。对于这类议付信用证，受益人只能在指定银行办理议付。

在我国出口业务中，国外开来的信用证一般都是议付信用证，其到期地点基本上规定在出口方所在地。若收到的议付信用证规定它在国外到期，应修改信用证条款。

“议付”与“付款”的主要区别之一在于：若议付行因开证行无力偿还等原因而未能收回款项，可向受益人追索；而开证行或付款行一经付款则无权追索。

11. 备用信用证

备用信用证（Standby Credit）又称担保信用证（Guarantee Credit），是指开证行开给受益人的一种有条件地保证付款的书面文件。其主要内容是在信用证中规定，在开证申请人未能履行投标人的职责，或者未能按时偿还贷款或货款时，开证行负责为其支付。若开证申请人履行了信用证中规定的上述某项义务，则该信用证就不起作用，所以其被称作备用信用证。

《跟单信用证统一惯例》（国际商会第 400 号出版物）首次将备用信用证纳入其使用范围。1998 年 12 月，国际商会针对备用信用证制定了《国际备用信用证惯例》（International Standby Practice 1998，ISP98），并已于 1999 年 1 月 10 日起实施。

备用信用证与一般的跟单信用证的主要区别有以下几点：

（1）备用信用证往往是备而不用的文件。在跟单信用证项下，只要受益人提交了符合信用证要求的单据，开证行就保证付款。在备用信用证项下，只有在开证申请人不履行其承担的某项义务时，才能行使信用证规定的权利，因而备用信用证往往是备而不用的文件。

（2）适用的范围不同。跟单信用证适用于国际贸易中一般商品的进出口，而备用信用证除适用于一般商品的进出口外，更多地用于货物以外的多方面的交易，如投标、借款、垫款、赊销等。

（3）付款的依据不同。跟单信用证凭提交符合信用证规定的单据付款，而备用信用证一般仅凭开证申请人不履约的书面声明或证件要求开证行或指定付款行付款。

（六）《跟单信用证统一惯例》（UCP600）

信用证支付方式是在国际贸易发展过程中，银行逐渐参与其中而形成的。然而，在信用证发展初始阶段，由于对跟单信用证有关当事人的权利、责任，对信用证相关条款的认知存在一定的差异，各国银行往往根据各自的习惯和利益办事，因此，当事人之间经常发生一些争议和纠纷，从而阻碍了国际贸易的发展。为了减少因各国解释不同而产生的纠纷，调和各当事人之间的矛盾，也为了有利于国际贸易的进一步发展，迫切地需要一个共同遵守的统一规则。国际商会于 1930 年拟订了一套《商业跟单信用证统一惯例》并于 1933 年正式公布，该惯例对信用证的定义，以及有关当事人的权利、义务进行了解释，建议各国银行采用。随着国际贸易的进一步发展，国际商会先后于 1951 年、1962 年、1974 年进行了数次修改。1983 年 6 月，国际商会对统一惯例再次进行了修改，称为《跟单信用证统一惯例》（国际商会第 400 号出版物）。

20 世纪 80 年代末、90 年代初，随着国际上运输工具和运输方式的发展变化，以及通信工具的电子化、网络化和计算机的普遍使用，国际贸易、运输、保险、单据处理和结算工作也发生了较大的变化。1991 年，国际商会再次对《跟单信用证统一惯例》（国际商会第 400 号出版物）进行研究、修改并广泛征求各专家的意见和建议，于 1993 年进行修订，称为《跟单信用证统一惯例》（国际商会第 500 号出版物）（Uniform Customs and Practice for Documentary Credits，1993 revision，ICC Publication No. 500），并于 1994 年 1 月 1 日起执行。

在 UCP500 实施的十多年间，虽然国际商会先后制定并公布了很多新的规则或文件，但是，各国家委员会及银行仍有大量围绕 UCP500 的业务咨询提交到国际商会银行技术与惯例委员会。另外，随着国际贸易和信息电子技术的发展，与信用证业务相关的运输、保险、质检、物流等方面的做法也出现了显著的变化。有鉴于此，银行界人士和信用证专家纷纷向国际商会提出对 UCP500 进行修改的要求。在此背景下，《跟单信用证统一惯例》（国际商会第 600 号出版物，UCP600）应运而生，并已于 2007 年 7 月 1 日起正式实施。

应当指出，《跟单信用证统一惯例》只是一种被各国银行普遍接受的国际惯例，它并不具有国际法的性质，不具有法律的强制性和约束力，但它对跟单信用证项下的国际贸易有极强的指导作用。

讨论分析

假如某信用证规定：TIME OF SHIPMENT：DURING MAY；EXPIRY：ON OR ABOUT JUNE 15，2020。出口商 5 月份按规定交货，并取得时间为 5 月 31 日的提单，随后严格按规定制齐全套单据。请问：出口商最迟交单时间为几月几日？如果提单日期为 5 月 20 日，最迟交单时间又为几月几日？

实训操作

1. 信用证条款互译：

（1）买方应通过卖方所接受的银行于装运月份前 30 天开出并送达卖方不可撤销的即期信用证，于装运月份后 15 天在中国议付有效。

（2）全套清洁已装船海运提单，做出“空白抬头、空白背书”，通知开证申请人。

（3）The Buyers shall open through a bank acceptable to the Sellers an Irrevocable Letter of Credit at 45 day's sight to reach the Sellers 30 days before the month of shipment. Valid for negotiation in Shanghai until the 15th day after the month of shipment.

其他支付方式

(4) INSURANCE POLICY: TO BE COVERED BY THE SELLERS FOR 110% OF INVOICE VALUE AGAINST ALL RISKS AND WAR RISK AS PER CIC OF PICC DATED 01/01/1981.

2. 根据上述信用证回答下列问题：

(1) 简述该信用证的有效期及到期地点、信用证的性质和种类、信用证的币种及金额；

(2) 列出信用证的主要当事人；

(3) 列出信用证需要的主要单据。

四、支付条款及各种支付方式的综合运用

支付条款（Terms of Payment）是国际货物买卖合同中的重要条款，其英文表达要求严谨准确，表示支付方式的词语用介词"by"引导。例如：付款交单（Payment by Document against Payment）、承兑交单（Payment by Document against Acceptance）、用信用证支付（Payment by Letter of Credit）。

（一）合同中的支付条款

1. 合同中的汇付条款

汇付（Remittance）通常有四个关系人：汇款人（Remitter）、收款人（Payee）、汇出行（Remitting Bank）、汇入行（Paying Bank）。汇付方式分为电汇（Telegraphic Transfer，T/T）、信汇（Mail Transfer，M/T）、票汇（Remittance by Banker's Demand Draft，D/D）。

汇付通常用于预付款和赊账交易，使用汇付方式时，应在买卖合同中明确规定汇付的时间、具体的汇付方式和金额等。

【例 2-7-5】 合同签订后 20 个工作日内，买方向卖方电汇支付合同总价的 10%，计 3 000 美元作为合同预付款。

Within the contract after the signing of 20 working days, the buyer should pay 10% of the total contract price to seller through telegraphic transfer, including USD3,000 as advance payment of the contract.

【例 2-7-6】 买方应不迟于 10 月 15 日将 100%的货款经由票汇预付给卖方。

The buyer shall pay 100% the sales proceeds in advance by Demand Draft to reach the seller not later than Oct. 15.

【例 2-7-7】 买方应于 3 月 20 日前将全部货款以信汇方式预付给卖方。

The buyer shall pay the total value to the seller in advance by M/T not later than Mar. 20.

2. 合同中的托收条款

以托收（Collection）方式结算货款的贸易，合同必须规定交单条件和付款、承兑责任以及付款期限等内容。托收关系人包括：委托人（Principal）、托收银行（Remitting Bank）、代收银行（Collecting Bank）、付款人（Payer）。

托收种类包括：（1）付款交单（Documents against Payment，D/P），包括即期付款交单（Documents against Payment at sight，D/P at sight）和远期付款交单（Documents against Payment after sight，D/P after sight）。（2）承兑交单（Documents against Acceptance，D/A）。

使用托收方式，应在买卖合同中明确规定交单条件、买方付款和/或承兑责任以及付款期限等。

【例 2－7－8】货物装运后，卖方应将以买方为付款人的即期汇票连同本合同的各种货运单据，通过卖方银行寄交买方银行转交买方，并托收货款。买方凭卖方开具的即期跟单汇票于见票时立即付款，付款后交单。

After delivery，the seller shall send through the seller's bank a draft at sight drawn on the buyer together with the shipping documents to the buyer through the buyer's bank for collection. Upon first presentation the buyer shall pay against documentary draft drawn by the seller at sight. The shipping documents are to be delivered against payment only.

【例 2－7－9】货物装运后，卖方应将以买方为付款人的远期汇票连同本合同的各种货运单据，通过卖方银行寄交买方银行转交买方，并托收货款。买方对卖方开具的见票后 30 天付款的跟单汇票，于提示时承兑，并于汇票到期时付款，承兑后交单。

After delivery，the seller shall send through the seller's bank a usance draft drawn on the buyer together with the shipping documents to the buyer through the buyer's bank for collection. The buyer shall duly accept the documentary draft drawn by the seller at 30 days sight upon first presentation and make payment on its maturity. The shipping documents are to be delivered against acceptance.

3. 合同中的信用证条款

在国际贸易中，若买卖双方同意以信用证方式支付，则必须就将来所开信用证的有关事项在合同中加以明确。其主要内容包括：

（1）开证时间。在信用证业务中，按时开来信用证是买方的一项基本义务，也是卖方履约的基础。若合同中明确规定开证时间则对卖方较有利，若买方不按时开证，即构成违约；若合同中未规定开证日期，在实际业务中，由于市场形势的变化买方可能拖延开证，则卖方处于不利的地位。为了明确开证责任，开证时间应在合同中加以规定。

（2）信用证的种类。信用证种类繁多。在我国出口业务中，一般只接受不可撤销的信用证。其他类别，则应视每笔交易的不同情况灵活加以选择。若成交金额较大，或者对开证行的资信表示怀疑或由于其他特殊原因，可考虑要求买方开立保兑信用证。专业外贸公司在货源比较分散时，可要求买方开立不可撤销的可转让信用证，对交货时间较长且分批交货的合同，可考虑使用循环信用证，这样可省去买方分批开证的手续和费用，也便于卖方安排出口。

（3）信用证的金额。信用证的金额一般都规定为发票金额的100%，若预计可能发生一些额外的费用如港口拥挤费、超额保险费等，可要求买方在证中规定，超过的有关费用凭受益人提交的有关费用收据，在信用证金额外支付给受益人。

（4）付款的日期。付款的日期关系到买卖双方收付货款的时间。实际业务中，卖方希望收到货款越快越好，这样一方面能加速资金的周转，另一方面能减少汇率波动的风险；而买方则希望远期付款，这样便于资金的融通。因此，在合同中必须确定付款日期。在采用远期信用证的情况下，卖方在报价时应考虑利息因素。

（5）信用证的有效期及到期地点。信用证的有效期是指信用证中规定的交单付款、承兑或议付的到期日。在我国出口业务中，大部分采用议付信用证，所以合同条款一般都规定“议付有效期为装运月后第15天在中国到期”(Valid for negotiation in China until 15th day after month of shipment)。

信用证的到期地点是指信用证有效期的终止地点，一般有三种情况：在出口方到期、在进口方到期、在第三国到期。不同的到期地点对卖方交单有着不同的影响。在出口方到期对受益人最为有利，因为便于掌握交单时间；而在进口方到期或在第三国到期，有可能因为单据传递延误而错过了信用证的交单期。所以在我国出口业务中，基本上都要求信用证在中国到期。

【例2-7-10】凭全额发票金额的、保兑的、不可撤销的、可转让的、可分割的即期信用证，应于装运前30天送达卖方，其议付有效期延至上述装运期后15天在中国到期。

By 100% confirmed, irrevocable, transferable, divisible sight L/C to reach the Sellers 30 days before the date of shipment and remain valid for negotiation in China until the 15th day after the final date of shipment.

【例2-7-11】买方应通过卖方所接受的银行于装运月份前30天开出并送达卖方不可撤销的即期信用证，于装运月份后15天在中国议付有效。

The Buyers shall open through a bank acceptable to the Sellers an Irrevocable Sight Letter of Credit to reach the Sellers 30 days before the month of shipment. Valid for negotiation in China until the 15th day after the month of shipment.

【例 2-7-12】买方应通过卖方可以接受的银行于装运月份前××天开出并送达卖方不可撤销的见票后 45 天付款的信用证，有效期至装运月份后 15 天在上海议付。

The Buyers shall open through a bank acceptable to the Sellers an Irrevocable Letter of Credit at 45 day's sight to reach the Sellers ××days before the month of shipment. Valid for negotiation in Shanghai until the 15th day after the month of shipment.

【例 2-7-13】本信用证项下的远期汇票由付款人承兑和贴现，所有费用由买方负担，远期汇票可即期收款。

Drawee will accept and discount usance drafts drawn under this Credit. All charges are for buyer's account, usance draft payable at sight basis.

【例 2-7-14】买方应通过为卖方可接受的银行于第一批装运月份前 30 天开立并送达卖方不可撤销的即期循环信用证，该证在 2018 年期间，每月自动可供 20 000 美元，并保持有效期至 2019 年 1 月 15 日在北京议付。

The buyers shall open through a bank acceptable to the sellers an irrevocable revolving letter of credit at sight to reach the sellers 30 days before the month of first shipment. The credit shall be automatically available during the period of 2018 for 20,000 US Dollars per month, and remain valid for negotiation in Beijing until Jan. 15, 2019.

讨论分析

我某出口公司按 CIF HONG KONG 出口一批工艺品，卖方按照规定找了一家船公司准备装运，此时，买方来电称：此批工艺品现在急需，请改为空运，由此引起的卖方的损失及空运和海运运费的差价均由买方承担，由于时间紧，来不及改证，这笔款项将在货到后付给卖方。卖方考虑到双方的友好关系，及时按要求发了货。发货后，卖方备齐全套单据向银行议付，但是却遭到开证行的拒付。请问：你认为问题可能会出在哪儿？

（二）各种支付方式的结合使用

在国际贸易中，每一种支付方式均可以单独使用，但在特定的贸易条件下，为促成交易、加速资金周转或安全地收、付汇，也可以将不同的支付方式结合起来使用。

1. 信用证与汇付相结合

这种支付方式是指部分货款用信用证方式支付，部分货款用汇付方式结算。这种支付方式一般用在成交数量大、交货数量机动幅度也比较大的商品上。其主要部分用信用证方式支付，超过信用证部分采用汇付方式支付。有些交易的预付款用汇付方式支付，其余部分采用信用证支付。

2. 托收与信用证相结合

这种支付方式是指部分货款用托收方式支付，部分货款用信用证方式支付。一般做法是来证规定，出口方出立两张汇票，信用证部分凭光票付款，全套货运单据附在托收部分汇票项下收取。但信用证内必须注明“在发票金额全部付清后方可交单”的条款。

【例 2-7-15】 买方应通过为卖方所接受的银行于装运月份前 30 天开出不可撤销的即期信用证，规定 50%的发票金额采用即期光票支付，其余 50%发票金额采用即期付款交单。100%发票金额的全套装运单据随附托收项下，于买方付清发票的全部金额后交单。若买方不付清全部发票金额，则货运单据须由开证行掌握，凭卖方指示处理。

The Buyers shall open through a bank acceptable to the Sellers an Irrevocable Sight Letter of Credit to reach the Sellers 30 days before the month of shipment，stating that 50% of the invoice value available against clean draft at sight while the remaining 50% on D/P at sight. The full set of the shipping documents of 100% of invoice value shall accompany by the collection item and shall only be released after full payment of the invoice value. If the Buyers fail to pay full invoice value，the shipping documents shall be held by the issuing bank at the Sellers disposal.

3. 汇付、托收与信用证三者相结合

这种支付方式一般用在大型成套设备项目、船舶、飞机等金额大、交货期长的交易中。这种交易一般按工程进度和交货进度分期付款或延期付款，采用汇付、托收和信用证相结合的方式。

(1) 分期付款（Progression Payment）。分期付款是买卖双方在合同中规定，在产品投产前，买方可采用汇付方式预付部分定金，其余货款根据商品制造进度或交货进度，买方开立不可撤销的信用证，即期付款。全部货款在货物交付完毕时付清或基本付清，货物所有权则在付清最后一笔货款时转移。分期付款实际上是一种即期交易。按分期付款成交，买方在预付定金时，通常要求卖方通过银行出具保函或备用信用证，以确保买方预付款的安全。

(2) 延期付款（Deferred Payment）。延期付款是买卖双方在合同中规定，买方在预付一部分定金后，其余大部分货款在卖方交货后相当长时间内分期摊还。延期付款的那部分货款可采用远期信用证方式支付。因此，延期付款实际上是卖方向买方提供的商业信贷，它带有赊销赊购的性质，所以买方应承担延期付款的利息。

分期付款与延期付款两者虽有相似之处，但又有区别，表现在以下几个方面：

第一，付清货款的时间不同。分期付款的货款在交货时付清或基本付清；而延期付款，其货款是在交货后相当长的时间内分期摊付。

第二，货物所有权的转移时间不同。采用分期付款时，只有付清最后一笔货款，货物所有权才转移；而采用延期付款，货物所有权一般在交货时转移，因此物权转移在先，货款付清在后。

第三，有关利息负担不同。分期付款属即期交易，因而不存在利息负担问题；而延期付款由于买方利用了卖方的资金，买方须向卖方支付利息，因此货价一般稍高。延期付款是利用外资的一种形式。

【学习测试】

一、名词解释

1. 汇票	2. 本票、支票	3. 电汇
4. D/A	5. 假远期信用证	6. 托收
7. D/P	8. UCP600	9. 备用信用证
10. 承兑	11. L/C	12. 延期付款
13. 分期付款	14. 不可撤销的跟单信用证	15. 保理业务

二、简答题

1. 汇票可分为哪几类？

2. 本票和支票各有哪些特点？

3. 简述托收方式的程序及其特点，结合实际业务谈谈使用托收方式应注意哪些问题。

4. 简述信用证收付的一般程序、信用证业务的特点及信用证的主要种类。

5. 构成“假远期信用证”应具备哪几个条件？

6. 什么是保理业务？其主要程序和特点是什么？

三、技能实训

1. 某汇票的受票人是中国银行太原分行，汇票的付款期限为“at 60 days after date of B/L”，提单日期为 2019 年 7 月 29 日（周一），请问汇票的到期日是哪一天？如果提单日为 2019 年 8 月 6 日（周二），该银行在哪一天付款？

2. 信用证实例 1：

FROM：19086096
DEUTSCHE BANK AG LONDON
TO：8546053
BANK OF CHINA，HENAN BRANCH，CHINA

MESSAGE DATED 30TH MARCH 2020
WE OPEN OUR IRREVOCABLE DOCUMENTARY CREDIT NO. LDC1026
FOR: USD222,480.00 (UNITED STATES DOLLARS TWO HUNDRED AND TWENTY-TWO THOUSAND FOUR HUNDRED AND EIGHTY ONLY)
IN FAVOUR OF:
HENAN NATIVE PRODUCE IMPORT AND EXPORT CORPORATION
115 WENHUA ROAD, ZHENGZHOU, CHINA
BY ORDER OF: GREEN TREE CO., LTD.
AVAILABLE WITH OURSELVES AT SIGHT UPON PRESENTATION OF THE DOCUMENTS DETAILED:
—SIGNED COMMERCIAL INVOICES IN QUADRUPLICATE SHOWING THE CIF VALUE OF THE GOODS AND QUOTING THE ORDER NO: 2000HNP/322
—WEIGHT CERTIFICATE IN DUPLICATE AS ISSUED BY CHINA ENTRY AND EXIT INSPECTION AND QUARANTINE BUREAU
—COMPLETE SET OF 3 ORIGINAL CLEAN ON BOARD MARINE BILLS OF LADING MADE OUT TO ORDER AND BLANK ENDORSED MARKED "FREIGHT PAID" AND NOTIFY APPLICANT
—MARINE INSURANCE POLICY ENDORSED IN BLANK FOR 110% CIF VALUE COVERING ALL RISKS AND WAR RISK AS PER CIC DATED 01/01/1981
—G. S. P. CERTIFICATE OF ORIGIN FORM A
—COPY OF CABLE/TELEX SENT BY BENEFICIARY TO THE APPLICANT ADVISING DESPATCH WITH SHIP'S NAME, BILLS OF LADING NUMBER AND DATE, AND DESTINATION PORT
EXTRA CONDITIONS:
SHIPPING MARKS TO APPEAR ON BILL OF LADING, CERTIFICATE OF ORIGIN AND INVOICE
SHIPPING MARKS: A. M. G.
MARSEILLE
NO. 1/80
—CERTIFICATE FROM BENEFICIARY STATED WHO STUFFED CONTAINER
COVERING: 1 FCL 16,400.00 KILOS OF CHINESE CRUDE PEPPERMINT OIL MIN. 78 PCT MENTHOL CONTENT AT USD20.00 PER KILO CIF MARSEILLE
SHIPMENT FROM CHINA TO MARSEILLE
PARTIAL SHIPMENT IS NOT PERMITTED
TRANSHIPMENT IS PERMITTED
SHIPMENT IS NOT LATER THAN 15TH APRIL 2020
THIS CREDIT IS VALID UNTIL 30TH APRIL 2020 IN CHINA FOR PRESENTATION OF DOCUMENTS
DOCUMENTS MUST BE PRESENTED WITHIN 15 DAYS AFTER THE ISSUANCE OF BILLS OF LADING
BANKING CHARGES ON YOUR SIDE ARE FOR BENEFICIARY'S ACCOUNT
UPON RECEIPT OF CREDIT CONFORMING DOCUMENTS WE SHALL COVER YOU AS PER YOUR INSTRUCTIONS
PLEASE ADVISE BENEFICIARY WITHOUT ADDING YOUR CONFIRMATION
IF DISCREPANT DOCUMENTS ARE PRESENTED AT OUR COUNTERS, WE RESERVE THE RIGHT TO CHARGE AN ADDITIONAL FEE TO COVER OUR

COSTS MIN. USD55.00
THIS CREDIT IS SUBJECT TO UNIFORM CUSTOMS AND PRACTICE FOR DOCUMENTARY CREDITS (2007 REVISION) ICC PUBL. NO 600
PLEASE ACKNOWLEDGE RECEIPT
REGARDS/DEUTSCHE BANK AG LONDON
ENDS

认真阅读上述信用证并回答下列问题：

(1) 该信用证的主要当事人有哪些？

(2) 何谓信用证的有效期？该信用证的有效期是哪一天？信用证可否没有有效期？

(3) 列出该信用证要求的所有单据。

四、案例分析

甲公司与乙公司订立一份木材购销合同，约定甲公司在一个月内向乙公司提供优质东北红松 1 000 立方米，价值 200 万元，乙公司开给甲公司一张面额 200 万元的银行承兑汇票，开户行为中国工商银行。甲公司因拖欠丙公司的货款，就将此汇票背书给丙公司。甲公司按约交付了 1 000 立方米的红松，双方对质量没有异议。但乙公司的客户撤销了购买红松的意向，1 000 立方米的红松积压在乙公司手上，也就无力付款。当汇票到期时，丙公司向中国工商银行提示付款，但中国工商银行称乙公司账上没有足够的存款，遂拒绝对该汇票付款。丙公司向甲公司行使追索权，要求甲公司付款。而甲公司称："我的 1 000 立方米红松卖出去还没有拿到钱，不能贴钱向你付款。"于是拒绝对丙公司付款。试问：丙公司该怎么办？

条款八 进出口商检条款

知识要点

1. 商检程序；
2. 检验时间和地点的规定；
3. 进出口商品的检验检疫。

技能要求

1. 能够按照《联合国国际货物销售合同公约》以及合同的有关规定办理进出口商品检验；

2. 能够根据进出口国法律和相关政策规定办理进出口商品的法定检验；

3. 能够正确地选择或订立符合国际惯例和合同要求的商品检验条款。

在国际贸易中，买卖双方地处两个国家，货物一般需要经过长途运输，在运输途中货物的品质和数量很可能受到损害。因此，如果到货品质或数量与合同规定不符，就会引起买卖双方的争议。为了维护买卖双方的利益，同时促进对外贸易的顺利进行，一个独立而公正的第三方的检验工作就显得十分重要。检验机构经过检验或鉴定后出具的检验证书，已成为国际贸易中买卖双方交接货物、结算货款、索赔和理赔的主要依据。

各国法律和《联合国国际货物销售合同公约》都对买方的检验权作了相似的规定：除非合同另有规定，当卖方履行交货义务以后，买方有权对货物进行检验，如果发现货物与合同规定不符，而且确属卖方的责任，买方有权表示拒收，并有权索赔。

此外，在国际贸易中有时进出口国家还会对进出口商品规定法定检验检疫，但是国际货物买卖进出口合同中不会对法定检验检疫的内容进行约定，法定检验检疫主要依据进出口国家的法律或政策规定。

一、进出口商品检验概述

进出口商检条款

进出口商品检验（Import / Export Commodity Inspection）确定进出口商品的品质、规格、重量、数量、包装、安全性能、卫生方面的指标及装运技术和装运条件等项目实施检验和鉴定，以确定其是否与贸易合同、有关标准规定一致，是否符合进出口国有关法律和行政法规的规定。进出口商品检验简称“商检”。

商检是进出口商品交易不可缺少的重要环节。合同相应条款会对商品的质量条件、质量标准等都有相应的规定。通过商品检验，买卖双方可以确认交货商品的品质、数量和包装等条件是否符合合同规定。在具体业务中，买方收到了货物并不意味着已经接受。按照国际惯例，买方收到货后，有权在合同规定的合理范围内对货物进行检验，如所收到的货物与合同规定不符，可以不接受货物。因此，商品检验与买卖双方权益的保护有着密切的关系。

国际贸易中进出口商品检验是对商品的品质和数量以及包装进行检验鉴定，以便确定是否符合合同规定；有时还对装运过程中所发生的残损、短缺或装运技术条件等进行检验和鉴定，以明确事故的起因和责任的归属。检验的内容包括：

（一）进出口商品法定检验检疫

进出口商品法定检验又称强制性检验，是指海关根据国家法律法规对规定的进出口商品或其他法律法规规定有关的检验检疫事项实施强制性的检验检疫，必须经过海关检验，未经检验检疫或经检验检疫不符合法律法规规定要求的，不准输入或输出。

法定检验检疫的目的是保证进出口商品、动植物（或产品）及其运输设备的安全、卫生符合国家有关法律法规规定和国际上的有关规定；防止次劣有害商品、动植物（或产品）以及危害人类和环境的病虫害、传染病源输入或输出，保障生产建设安全和人类健康。海关对进出口商品实施法定检验检疫的范围包括：

（1）列入《出入境检验检疫机构实施检验检疫的进出境商品目录》。

（2）《中华人民共和国食品安全法》规定，应实施卫生检验检疫的进出口食品。

（3）危险货物的包装容器、危险货物运输设备和工具的安全技术条件的性能和使用鉴定。

（4）装运易腐烂变质食品、冷冻品的船舱、货仓、车厢和集装箱等运载工具。

（5）国家其他有关法律、法规规定须经海关检验的进出口商品、物品、动植物等。

讨论分析

凡列入《出入境检验检疫机构实施检验检疫的进出境商品目录》的进出口商品，必须经过海关或经国家商检部门许可的检验机构检验。请问哪些商品会被列入《出入境检验检疫机构实施检验检疫的进出境商品目录》？

（二）进出口商品检验

为保证进出口商品在品质、规格、数量、重量、包装等项目与贸易合同、有关标准、进出口国有关法律和行政法规相符，出入境检验检疫机构对进出口商品实施检验。商品检验的主要内容包括：

1. 质量检验

质量检验也称品质检验，是检验工作的主要项目。商检机构在对进出口商品进行品质检验时，会对商品的外观质量、内在质量、产品的物理或化学成分、产品性能以及特定质量检验项目进行检验以确定商品的品质是否与合同规定的品质相符，商品性能是否可靠。

2. 数量和重量检验

数量检验是商检机构使用合同规定的计量单位和计量方法对商品的数量

和重量进行鉴定，以确定买方是否按合同规定的数量和重量向买方提交了货物。因为商品在生产和运输过程中难免出现数量和重量方面的误差，所以买卖双方在买卖合同中应规定好具体使用的计量方法、计量单位、计重单位和溢短装条款。

3. 包装检验

包装检验是根据合同、标准和其他有关规定，对进出口商品的外包装和内包装以及包装标志进行检验。出入境检验检疫机构对进出口商品的包装检验，一般在抽样现场检验，或在进行衡量计重的同时结合进行。

进出口货物包装种类很多，主要是针对进出口商品的木质包装、出口货物运输包装容器的检验。

4. 残损检验

残损检验是指对发生残损的进口商品进行的一种比较特殊的检验。进口商检机构会依据发票、装箱单、保险单、提单、商务记录以及外轮理货报告等有效单证或资料对受损货物的残损部分予以鉴定，分析受损原因及残损对商品价值的影响，估定损失范围，并出具证明，作为有关方面索赔的依据。

5. 进出口商品鉴定

进出口商品鉴定的业务范围主要包括：进出口商品质量鉴定、装运技术条件鉴定、集装箱鉴定、外商投资财产鉴定、其他鉴定业务。

二、商检机构及职责

（一）我国检验检疫机构及其职责

1. 中华人民共和国海关总署

中华人民共和国海关总署（General Administration of Customs，the People's Republic of China）（简称“海关总署”）是国务院直属机构，负责全国海关工作、组织推动口岸“大通关”建设、海关监管工作、进出口关税及其他税费征收管理、出入境卫生检疫和出入境动植物及其产品检验检疫、进出口商品法定检验等工作任务。海关总署下设卫生检疫司、动植物检疫司、进出口食品安全局、商品检疫司四个职能机构，工作职责有三项：对进出口商品实施法定检验检疫，办理进出口商品鉴定业务，对进出口商品的质量和检验工作实施监督管理。

出入境检验检疫划入海关

2. 中国商品检验公司

中国商品检验公司（China National Import & Export Commodities Inspection Corporation，CCIC），全称是中国进出口商品检验总公司，于1980年7月经国务院批准成立，是实施进出口商品检验和鉴定业务的民间商品检验机构。中国商品检验公司在全国各省、市、自治区设有分支机构，接受对外贸易关系人的委托，办理各项进出口商品检验鉴定业务，为之提供顺利交接结算、合理解决索赔争议等方面的服务。另外，中国商品检验公司还在世界上 20 多个国家设有分支机构，承担着装船前检验和对外贸易鉴定业务。

我国商检机构和一些国外检验机构建立了委托代理关系（如 SGS）或合资检验机构（如 OMIC）。国外检验机构经批准也可在我国设立分支机构，在指定范围内接受进出口商品检验和鉴定业务。

关检融合

（二）国际上的检验机构

世界上大多数国家都设有专门的检验机构，这些机构从性质上分，有官方检验机构，也有同业公会或协会设立的检验组织；此外，生产厂商也可能有自己的检验部门。

1. 官方机构

官方机构是指由国家或地方政府投资，按照国家有关法律法令对出入境商品实施强制性检验、检疫和监督的机构。如美国食品药物管理局（FDA）、英国标准协会（BSI）、德国技术检验代理机构网（TUV）等。

2. 半官方机构

半官方机构是指具有一定权威、由国家政府授权，并代表政府行使某项商品检验或某方面检验管理工作的民间机构。如我国的质量检验所、美国的担保人实验室。

3. 非官方机构

非官方机构是指由私人创办，具有专业检验、鉴定技术能力的公证行或检验公司。如英国劳埃得（劳氏）公证行（Loyd's Surveyor）、瑞士日内瓦通用鉴定公司（Society General De Surveillance S. A.，SGS）等。

三、进出口商品检验检疫的程序

（一）进口商品报验的程序

（1）到货后由收、用货单位自行检验，若发现问题需凭商检证书索赔的，应向所在地商检机构申请检验出证。

（2）商检机构经检验不符合合同约定的，出具商检证书，订货单位凭此证书对外提出索赔。

（3）申请人及时领取商检证书。对于买卖双方在对外贸易合同中约定凭中国商检机构的检验结果和签发的商检证书进行交接结算的进口货物，有关收、用货部门在进口货物入境时，应依合同约定的卸货口岸或到达地向商检机构申请检验。

（二）出口商品报验的程序

（1）按合同、信用证的规定或申请人的要求，需商检机构检验出具商检证书的，可向商检机构申请报验。

（2）填写“出口检验申请单”，并提供有关单据资料。

（3）商检机构根据申请人的申请对出口商品实施检验，合格的出具商检证书，不合格的则出具“出口商品检验不合格通知单”。

（4）领取商检证书。

（三）商检证书

商检证书是指商检机构对进出口商品进行检验检疫或鉴定后，根据不同的检验结果或鉴定项目签发的各种书面证明。

1. 检验证书的种类

（1）品质检验证书；

（2）数量或重量检验证书；

（3）包装检验证书；

（4）卫生/健康证书；

（5）消毒检验证书；

（6）熏蒸检验证书；

（7）残损检验证书；

（8）船舱检验证书；

（9）货载衡量检验证书；

（10）产地证明书。

2. 检验证书的作用

（1）检验证书是证明卖方所交货物的品质、数量、包装以及卫生条件等是否符合合同规定的依据；

（2）检验证书是海关验关放行的依据；

（3）检验证书是卖方办理货款结算的依据；

（4）检验证书是买方因商品品质、数量、重量、包装等方面的问题，拒收或提出异议和索赔的凭证；

（5）检验证书是证明货物在装卸、运输过程中实际状况，明确责任归属的依据；

（6）检验证书是海关计征关税的凭证。

四、进出口商品法定检验检疫的程序

凡是属于法定检验商品或合同规定需要商检机构进行检验并出具检验证书的商品，对外贸易关系人均应及时提请商检机构进行检验。我国进出口商品法定检验检疫的程序主要包括报检、抽样、检验以及签证与放行四个环节。

（一）报检

进出口报检报验是指对外贸易关系人按照法律、法规或规章的规定向海关报请检验检疫工作的手续。

1. 报检资格的认定

（1）报检单位首次报检时须持本单位营业执照和政府批文在海关注册登记或备案，将同时取得报关和报检资质。关检融合后，将检验检疫自理报检企业备案与海关进出口货物收发货人备案，合并为海关进出口货物收发货人备案。企业备案后同时取得报关和报检资质。关检融合后，将检验检疫报检人员备案与海关报关人员备案，合并为报关人员备案。报关人员备案后同时取得报关和报检资质。

（2）代理报检单位在关检融合后，将检验检疫代理报检企业备案与海关报关企业（包括海关特殊监管区域双重身份企业）注册登记或者报关企业分支机构备案，合并为海关报关企业注册登记和报关企业分支机构备案。企业注册登记或者企业分支机构备案后，同时取得报关和报检资质。

（3）代理报检的，须提供委托书，委托书由委托人按检验检疫机构规定的格式填写。采用快件方式进出口商品的，收货人或发货人应当委托出入境快件运营企业办理报检手续。

（4）非贸易性质的报检行为，报检人凭有效证件可直接办理报检手续。

2. 报检手续

（1）进口报检手续。进口商品凡列入《商检机构实施检验的进出口商品种类表》内或合同规定由商检机构检验并出具检验证书的，在货到后，收货、用货部门或代理接送部门应及时向到达口岸或到达站的商检机构报检。报检应填写新版进口报关单，填明入境申请检验鉴定项目要求，并提供合同发票、提单、装箱单等有关资料。品质检验的还应提供国外品质证书或质量保证书、产品使用说明书及有关标准和技术资料；凭样成交的，须加附成交样品；以品级或公量计价结算的，应同时申请重量鉴定。申请残损鉴定的还应提供理货残损单、铁路商务记录、空运事故记录或海事报告等证明货损情况的有关单证。申请重（数）量鉴定的还应提供重量明细单，理货清单等。

（2）出口报检手续。

① 填写新版出口报关单。报检人必须按规定在新版出口报关单上填写报检申请部分，每份申请单只限填报一批商品（并批的应填写附单）。“一批”是指同一品名，在同一时间，以同一运输工具，来自或运往同一地点，同一收货、发货人的货物。

② 应提供的单证和资料。出口商品报检时，报检人应提供对外贸易合同（售货确认书或函电）、发票、装箱单等必要的单证；凭样成交的应提供买卖双方确认的样品；国家实施许可制度管理的货物，应提供有关证明；出

境货物须经生产者或经营者检验合格并加附检验合格证或检测报告；申请重量鉴定的，应加附重量明细单或磅码单；报检出境危险货物时，应当取得危险货物包装容器性能鉴定结果单和使用鉴定结果单；申请原产地证明书和普惠制原产地证明书的，应提供商业发票等资料；出境特殊物品的，根据法律法规规定应提供有关的审批文件。

（二）抽样

海关或经国家商检部门许可的检验机构接受报检后，须及时派人到存货堆存地点进行现场检验鉴定。其内容包括货物的数量、重量、包装、外观等项目。由于进出口商品种类繁多，情况复杂，有时一批商品的数量很大甚至达几万吨，因此现场检验一般采取国际贸易中普遍使用的抽样法（个别特殊商品除外）。抽样时须按规定的抽样方法和一定的比例随机抽样，以便样品能代表整批商品的质量。

（三）检验

海关或经国家商检部门许可的检验机构可以使用从感官到化学分析、仪器分析等各种技术手段。海关或经国家商检部门许可的检验机构根据抽样和现场检验记录，仔细核对合同及信用证对品质、规格、数量、包装的规定，根据检验的标准，采用合理的方法实施检验。

（四）签证与放行

签证、放行是检验检疫工作的最后一个环节。

进出境货物经海关或经国家商检部门许可的检验机构检验检疫合格后，海关统一发送一次放行指令，海关监管作业场所经营单位凭海关放行指令为企业办理货物提离手续。对于特殊情况下，仍需检验检疫纸质证明文件的，按以下方式处理：对入境动植物及其产品，在运输途中需提供运递证明的，出具纸质入境货物调离通知单；对出口集中申报等特殊货物，或者因计算机、系统等故障问题，根据需要出具纸质出境货物检验检疫工作联系单。由对外贸易人申请检验的货物，经检验合格的，海关或经国家商检部门许可的检验机构签发相应的检验证书（Inspection Certificate）。该证书是对外贸易有关各方履行契约义务、处理索赔争议和仲裁、诉讼举证，具有法律依据的有效证件，也是海关验放、征收关税和优惠减免关税的必要证明。商检证书的种类主要有：品质检验证书（Inspection Certificate of Quality）、数量检验证书（Inspection Certificate of Quantity）、卫生检验证书（Sanitary Inspection Certificate）、消毒检验证书（Disinfections Inspection Certificate）、残损检验证书（Inspection Certificate on Damaged Cargo）、产地证明书（Certificate of Origin）等。

五、进出口商品检验检疫时间和地点的规定方法

确定商品检验的时间和地点，实际上就是确定买卖双方中哪一方行使对货物的检验权的问题。国际上一般都承认买方在接受货物之前，有权检验货物。但是，买方在何时何地检验货物，各国的法律并无统一规定。尽管如此，为了明确起见，买卖双方应在合同中作出具体规定。但是必须指出的是，买方对货物的检验并不是其接受货物的前提条件，假如买方没有在合理的时间内对货物进行检验，就是放弃了检验权，因此也就丧失了拒收货物的权利。

在国际货物买卖合同中，关于检验时间和地点的确定方法，有以下四种：

（一）在出口国检验

此种方法可分为在产地检验和装运前或装运时在装运港（地）检验。

1. 产地检验

在产地（工厂）检验，即在货物离开生产地点（如工厂、农场或矿山等）之前，由卖方或其委托的检验机构人员或者买方或其委托的检验机构人员对货物进行检验或验收。在货物离开产地之前进行检验或验收为止的责任，由卖方负责。

2. 装运前或装运时在装运港（地）检验

据此规定，货物在装运港或装运地交货前，由买卖合同中规定的检验机构对货物的品质和重量或数量进行检验，并以该机构出具的检验证书作为最后依据。卖方对交货后货物所发生的变化不承担责任，买方也无权拒收货物或提出异议和索赔，即以离岸品质、离岸重量（Shipping Quality and Shipping Weight）为准。

（二）在进口国检验

此种方法即在货物运抵目的港（地）卸货后检验，或在买方营业处所（最终用户所在地）检验。

1. 在目的港（地）检验

也就是以到岸品质、重量（或数量）（Landing Quality，Weight or Quantity as Final）为准，是指在货物运抵目的港（地）卸货后的一段时间内，由双方约定的目的港（地）的检验机构进行检验，并以该机构出具的检验证书作为决定交付货物的品质、重量或数量的依据。如果检验证书证明货物与合同规定不符系属卖方责任，则卖方应予负责。

2. 在买方营业处所（最终用户所在地）检验

也就是在买方营业处所或最终用户所在地，由合同规定的检验机构在规

定的时间内进行检验。货物的品质和重量（或数量）等项内容以该检验机构出具的检验证书为准。在买方营业处所（最终用户所在地）检验通常都是对于那些因使用前不便拆开包装，或者因不具备检验条件而不能在目的港或目的地检验的货物，如密封包装货物、精密仪器等。

采取上述两种做法时，卖方实际必须承担到货品质、重量（或数量）的责任。如果货物在品质、重量（或数量）等方面存在的不符点，属于卖方责任所致，买方则有权凭货物在目的港、目的地或买方营业处所或最终用户所在地经检验机构检验后出具的检验证书向卖方提出索赔，卖方不得拒绝。因此，这两种方法对卖方不利。

（三）在出口国检验，在进口国复验

这种做法即以出口国装运港（地）的检验机构验货后出具的检验证书作为卖方收付货款的依据。货物运到目的港（地）后，由双方约定的检验机构在规定的时间内进行复验，若发现货物的品质、数量、包装等与合同规定不符而责任属于卖方，买方可在规定的时间内凭复验证书向卖方提出异议和索赔。由于这种做法兼顾了买卖双方的利益，比较公平合理，因而它是国际货物买卖中最常见的一种规定检验时间和地点的方法，也是我国进出口业务中最常见的一种方法。

（四）装运港（地）检验重量，目的港（地）检验品质

这种做法是以装运港（地）检验机构检验后出具的重量证书为最后依据，以目的港（地）检验机构出具的品质证书为最后依据。这叫作离岸重量、到岸品质（Shipping Weight and Landed Quality）。这种做法多应用于大宗商品交易的检验中，以调和买卖双方在检验问题上存在的矛盾。

买卖双方在订立进出口合同中的检验条款时，一般包括对有关检验权、检验和复验的时间和地点、检验机构、检验检疫证书的规定等。

【例 2-8-1】商品检验条款示例：

双方同意以装运港所在地中华人民共和国出入境检验检疫局签发的品质和数量或重量检验证书，作为信用证项下议付单据的一部分，买方有权对货物的品质、数（重）量进行复验。复验费由买方负担。若发现品质或数（重）量与合同不符，买方有权向卖方索赔。索赔期限为货到目的港后××天内。

Inspection：It is mutually agreed that the Inspection Certificate of quality and quantity（weight）issued by the Entry-Exit Inspection & Quarantine Bureau（PRC）at the port of shipment shall be part of the documents to be presented for negotiation under the relevant L/C. The Buyer shall have the right to reinspect the quality and quantity（weight）of the cargo. The reinspection fee shall be borne by the Buyer. Should the quality and/or quantity（weight） be found not in conformity with that of the contract, the Buyer is entitled to lodge with the Seller a claim. The claim, if any, shall be lodged within ×× days after arrival of the cargo at the port of destination.

讨论分析

合同中的检验条款规定："以装运地检验报告为准"。但货到目的地后，买方发现货物与合同规定不符，经当地商品检验机构出具检验证书后，买方可否向卖方索赔？为什么？

【学习测试】

一、名词解释

1. 离岸品质　　2. 离岸重量　　3. 到岸品质
4. 商检证书　　5. 法定检验　　6. 商品检验
7. 监督管理

二、简答题

1. 简述我国关于检验时间、地点的规定。
2. 我国商检机构的主要任务有哪些？
3. 简述商检证书的作用。
4. 合同中的检验条款一般包括哪些内容？
5.《联合国国际货物销售合同公约》对买方检验货物的权利是如何规定的？
6. 我国商检机构的检验依据是什么？

三、案例分析

1. 我国某公司以 CFR 条件向法国出口一批小五金。合同规定货到目的港 30 天内检验，买方有权凭检验结果提出索赔。我某公司按期发货，法国客户按期凭单支付了货款。可一年以后，我某公司收到法国客户的索赔文件，称其进口的小五金有 80%已经生锈，并附有法国某地检验机构出具的检验证书。请问：法国客户的索赔有无道理？

2. A 出口公司向德国商人出口散装甜菜粕，CIF 马赛，按发票价值的 110%投保一切险加战争险。货到马赛后，买方又陆运转运至巴黎，经检验，发现船舱内因通风不良而引起的水汽凝结使货物受潮、受热。请问：保险公司是否要理赔？

条款九

不可抗力条款

不可抗力条款

知识要点

1. 不可抗力事件的认定；
2. 不可抗力事件的处理办法。

技能要求

1. 准确判断贸易中发生的事件是否属于不可抗力事件；
2. 能够对出现的不可抗力事件进行有效处理；
3. 订立合同中的不可抗力条款。

国际货物买卖合同成立以后，有时会发生人力不可抗拒的意外事件，使之失去合同原有的履行基础。对此，法律可以免除未履行或未完全履行合同的一方对另一方的责任，但就不可抗力事件如何处理，双方当事人应在合同中加以明确规定。

一、不可抗力的含义

不可抗力（Force Majeure），又称人力不可抗拒，是指合同签订后，不是由于当事人的过失或疏忽，而是由于发生了当事人无法预见、无法预防、无法避免和无法控制的事情，以致不能履行或不能如期履行合同的情形。按照相关法律和惯例的规定，依据不可抗力事件的后果，发生事件的一方可以解除合同或者也可以部分履行合同或延迟履行合同。

目前，各国法律和国际惯例对不可抗力的名称和解释存在一定差异。在英美法系中，不可抗力被称为“合同落空”，意思是指合同签订后，不是由于双方当事人的过失所导致的意外事件，致使订约目的受到根本挫折，从而造成“合同落空”。发生事件的一方，可据此免除责任。在大陆法系中，不可抗力通常被称为“情势变迁”或“契约失效”，其意思是指合同的有效性应以合同成立的时间、地点和环境为基础。如果在合同成立之后，由于发生了当事人预想不到的，不是当事人过失造成的意外事件，使得合同履行的基础不复存在，发生事件的一方可以不再履行合同，或对原合同作相应的变更。

《联合国国际货物销售合同公约》将不可抗力称为“履行合同的障碍”，如果当事人能证明此种不履行义务是由于某种非他所能控制的障碍造成的，而且对于这种障碍，没有理由预期他在订立合同时能考虑到或能避免或能克服，那么他对不履行义务不负责任。

讨论分析

1 月份，中国拟从阿根廷进口普通豆饼 2 万千克，合同交货期为 8 月底，拟转售欧洲。然而，4 月份阿根廷商人原定的收购地点发生了百年未遇的洪水，收购计划落空。阿根廷商人要求按不可抗力事件处理，免除交货责任。请问：该事件是否属于不可抗力事件？

二、不可抗力的原因及认定条件

引发不可抗力事件的原因通常包括两种情况：一种是“自然力量”引起的，是指无法控制的自然界力量所引起的灾害，如水灾、火灾、风灾、旱灾、雨灾、冰灾、雪灾、雷电和地震等；另一种是“社会力量”引起的，如政府当局发布的新法律、法规和行政禁令等，再如战争、罢工、暴动、骚乱等。

一项致使合同不能履行或不能按期履行的意外事件能否被视为不可抗力，不是由合同当事人说了算的，而要看这项意外事件是否具备不可抗力的条件。尽管各国法律和国际公约、国际惯例对不可抗力的含义与解释有所不同，但却都承认构成不可抗力事件需具备三个条件：①事件是在合同成立之后发生的；②不是出于任何一方当事人的故意或过失造成的；③事件的发生及造成的后果是当事人无法预见、无法控制、无法避免和不可克服的。需注意的是，并不是所有的“自然力量”“社会力量”所引起的意外事故都可以归结为不可抗力，如汇率变化、价格升跌、货币贬值、能源危机、机器故障、怠工、关闭工厂、船期变更等不属于不可抗力事件的范围。

讨论分析

1. 2005 年 2 月 13 日，中国某公司和美国 A 公司签订了醋酸纤维素板的来料加工和补偿贸易合同。合同的主要内容是中方公司利用 A 公司与另外两家美国金融机构共同提供的设备为 A 公司进行来料加工，每生产 1 吨板材的加工费为 1 600 美元，A 公司负责向中方公司提供原材料，即醋酸纤维素板。数量为：2005 年不少于 80 吨，2006 年不少于 150 吨，2007 年不少于 200 吨，以后每年不少于 200 吨。中方公司以来料加工偿还设备贷款的本息。但在实际履行中，A 公司仅在 2005 年 1 月 30 日提供了原材料 34 吨，2006 年 9 月 4 日提供了 17 吨，2007 年 2 月 16 日提供了 1.1 吨，合计提供原材料 52.1 吨。2007 年 10 月，双方签订补充协议，再次规定了

A公司提供原材料的义务和数量。结果A公司仍未履行该补充协议，致使中方公司引进的设备无法得到充分利用，最终只偿还了设备贷款本息的一小部分。中方提请仲裁，要求A公司赔偿包括设备贷款在内的经济损失。A公司辩称，未能履行合同的全部义务，是因为国际市场发生重大变化，原材料价格上涨，数量短缺，无法买到原材料所致。最终，A公司宣称未能及时提交原材料的情况应属于不可抗力事件，A公司不承担责任。试分析本案例。

2. 我国进口商向巴西木材出口商订购一批木材，合同规定“如受到政府干预，合同应当延长，以至取消”。签约后适逢巴西热带雨林破坏加速，巴西政府对木材出口进行限制，致使巴西出口商在合同规定期内难以履行合同，并以不可抗力为由要求我方延迟合同履行或者解除合同，我方不同意对方要求，并提出索赔。试分析对方提出的要求是否合理。

三、不可抗力事件的处理

（一）对合同的处理方式

不可抗力事件发生后，对合同的处理主要有两种方式：一种是解除合同，另一种是变更合同。在何种情况下解除合同、何种情况下变更合同，不同法律体系中的规定存在分歧。英美法系认为，一旦出现“合同落空”，合同即告终结，从而自动解除当事人的履约义务。而有些国家法律中规定，出现不可抗力事件不一定要解除合同，而应根据不可抗力事件的原因、性质、规模、对履约的影响区别对待。我国对不可抗力事件的处理规定了三种办法：第一，如果发生不可抗力事件，致使合同义务不能全部履行或已经没有必要履行，当事人可以解除合同，并免除全部责任；第二，如果发生不可抗力事件，致使合同部分义务不能履行，则当事人可以免除部分义务，合同其余部分的义务仍需履行；第三，如果发生的不可抗力事件只是导致合同不能按约定时间履行，则当事人可以延迟履行合同。

（二）通知及必要的证明文件

《联合国国际货物销售合同公约》和我国《合同法》都规定，在不可抗力事件发生后，发生不可抗力事件的一方必须及时通知另一方，并提供必要的证明文件，并且在通知中提出处理意见。若因未及时通知而使另一方受到损害，则应负赔偿责任。此外，发生不可抗力事件的一方应在合理的时间内向另一方提供有关机构出具的证明，以证明不可抗力事件的发生。

1. 不可抗力的通知

按照国际惯例，当发生不可抗力事件影响合同履行时，当事人要取得免责的权利，就必须及时通知另一方，并在通知中提出处理意见。对此，《联合国国际货物销售合同公约》中明确规定，发生不可抗力事件的一方，应将发生的不可抗力事件以及对履行合同的影响通知另一方，如果该项通知在发生不可抗力事件的一方已经知道发生，或者理应知道发生后的一段合理时间内，另一方未收到，并且因此利益受损，则发生不可抗力事件的一方应负赔偿责任。与此同时，另一方应在接到通知后及时答复，如有异议应及时提出。

2. 不可抗力的证明

在国际贸易中，当一方援引不可抗力条款要求免责时，必须向对方提交证明文件，作为发生不可抗力事件的证据。证明文件一般由发生不可抗力事件一方所在地的商会或合法的公证机构出具；在我国，不可抗力证明一般由中国国际贸易促进委员会或其分会出具。另一方接到不可抗力事件的通知和证明文件后，应根据事件性质，决定是否确认其为不可抗力事件，并把处理意见及时通知发生不可抗力事件的一方。

（三）不可抗力事件处理时应注意的问题

对不可抗力事件的处理，关键是对不可抗力事件的认定，尽管合同的不可抗力条款对此作了一定的说明和规定，但在不可抗力事件具体发生时，双方仍有可能会对不可抗力事件是否成立存在分歧。在处理不可抗力事件时，通常应重点注意以下事项。

1. 区分商业风险和不可抗力事件

商业风险是指商品流通过程中商业蒙受的损失和得到利益上的不确定性，主要包括价格波动风险、信用风险和外汇风险。从法律上推定，商业风险应是当事人能预见的，且应由当事人自行承担后果的；不可抗力事件是当事人无法预见的，是不可避免和克服的。

2. 重视“特定标的物”的作用

“特定标的物”是指在货物包装上刷制唛头或在运输、商业等类型单据上将货物确定为某合同项下的标的物。如果货物未能特定化，则会造成不可抗力事件免责依据不足而无法免责。例如，三万米棉布在储存中由于不可抗力事件导致损失了一万米，因这些受损的棉布分别售于两个货主，却未对棉布作特定化处理，从而导致卖方对两个买主都无法引用不可抗力条款进行免责。

讨论分析

我国公司于 1990 年 11 月 2 日与伊朗公司签订了一份进口合同，交易条件为 FOB。后因海湾战争爆发，我方接货货轮无法驶抵伊朗，未能派船接货。到1991年4月海湾战争结束后，我方才派船去装运港接货，而外商以我方未能按时派船接货为由，要求我方赔偿其仓储费。分析外商这一要求是否合理，以及我方对此事件的处理方式是否妥当。

四、不可抗力条款的内容及规定方法

（一）条款内容及注意事项

不可抗力条款是指在合同中规定如果一方当事人因不可抗力事件而不能全部或部分履行合同，可以免除其全部或部分责任；如果不能按照合同规定如期履行义务，可以延迟履行合同。不可抗力条款属于免责条款，包括：不可抗力事件的范围，不可抗力事件的处理办法、通知期限和方法，不可抗力事件的证明机构等内容。

订立不可抗力条款应该注意的事项有：

（1）双方应了解对方的贸易习惯以及对方国家法律的有关规定，以确定不可抗力条款的内容。

（2）双方应在合同中规定，什么样的意外事件可以构成不可抗力，明确不可抗力事件的范围。规定不可抗力条款有三种方法：一是概括式规定，即笼统地指出不可抗力的原因，对于不可抗力的具体内容不加说明；二是列举式规定，即列举出几种不可抗力事件，这种规定方法比较具体，但同时，未列举的不可抗力事件一旦发生，仍会引起争议；三是综合式规定，即列明双方取得一致的各种不可抗力事件，再加上“其他不可抗力的原因”的规定，为可能出现的未列明的不可抗力事件给予一个共同认定的空间。实践中采用第三种方法较多。

（3）双方要根据发生不可抗力事件的原因、性质、规模及对履行合同所产生的影响，在合同中明确规定，在什么情况下可以解除合同，在什么情况下只能延期履行合同，否则容易引起纠纷。

（4）双方应在合同中明确规定一方发生不可抗力事件后通知对方的期限和方式，并列明出具不可抗力事件证明文件的机构。

（二）不可抗力条款的规定方法

不可抗力条款的规定方法通常有以下三种：

1. 概括式

即在合同中不具体订明哪些属于不可抗力事件，只是用笼统的语言作出概括的规定。

【例2-9-1】不可抗力条款示例：

由于不可抗力的原因，致使卖方不能部分或全部装运或延迟装运合同货物，卖方对于这种不能装运或延迟装运本合同货物不负有责任。

If the shipment of the contracted goods is prevented or delayed in whole or in part due to Force Majeure，the Seller shall not be liable for non-shipment or late shipment of the goods of this contract.

2. 列举式

即在合同中明确列出经双方认可的不可抗力事件。凡合同中没有明确规定的，均不能作为不可抗力事件对待。

【例 2-9-2】不可抗力条款示例：

由于战争、地震、火灾、水灾、雪灾、暴风雨的原因，致使卖方不能全部或部分装运或延迟装运合同货物，卖方对于这种不能装运或延迟装运本合同货物不负有责任。

If the shipment of the contracted goods is prevented or delayed in whole or in part by reason of war，earthquake，fire，flood，heavy snow，storm，the Seller shall not be liable for non-shipment or late shipment of the goods of this contract.

3. 综合式

即将列举式与概括式结合起来，先将双方当事人已取得共识的各种不可抗力事件列举出来，其后再加上如"以及其他不可抗力事件等"的概括式语句。

【例 2-9-3】不可抗力条款示例：

如因战争、地震、火灾、雪灾、暴风雨或其他不可抗力事件，致使卖方不能全部或部分装运或延迟装运合同货物，卖方对于这种不能装运或延迟装运本合同货物不负有责任。

If the shipment of the contracted goods is prevented or delayed in whole or in part by reason of war，earthquake，fire，flood，heavy snow，storm or other causes of Force Majeure，the Seller shall not be liable for non-shipment or late shipment of the goods of this contract.

综合式规定方法，弥补了前两种规定方法的不足，做到了具体、明确，同时又有一定的灵活性，因此，在实际业务中采用较为普遍。

【学习测试】

一、名词解释

1. 不可抗力　　2. 合同落空　　3. 情势变迁

4. 商业风险　　5. 特定标的物

二、简单题

1. 不可抗力事件的认定条件是什么?
2. 不可抗力的法律后果是什么?
3. 不可抗力条款的订立方式有哪些?
4. 处理不可抗力事件有哪些注意点?
5. 援引不可抗力条款处理事故有哪些注意事项?

三、案例分析

1. 我A公司以CIF纽约与美国B公司订立了100套家具的出口合同，合同规定在2020年7月交货，6月底，A公司的仓库发生了雷击火灾，致使一半左右的家具被烧毁。请问：被烧毁的家具是否可以看作是不可抗力造成的?

2. 我方按FOB条件进口商品一批，合同规定交货期为5月份。4月8日接对方来电称，因洪水冲毁公路（附有证明），要求将交货期推至7月份。我方接信后，认为既然有证明因洪水冲毁公路，推迟交货期应该没有问题，但因广交会期间工作比较忙，我方一直未给予对方答复。6、7月份船期较紧，我方于8月份才派船前往装运港接货。因货物置于码头仓库产生了巨额的仓租、保管等费用，对方便要求我方承担有关费用。请问：我方是否可以以对方违约在先而不予理赔？为什么?

条款十

索赔条款

索赔条款

知识要点

1. 索赔条款的规定方法；
2. 索赔和理赔应注意的问题。

技能要求

1. 制定合同中的索赔条款；
2. 分析索赔案件。

国际货物买卖中，业务环节多，履约时间长，加之国际市场变幻莫测，时常发生对当事人不利的变化，致使合同得不到履行或毁约，引发索赔和理赔的问题。

一、争议产生的原因

争议（Disputes）是指交易的一方认为另一方未能全部或部分履行合同规定的责任而引起的纠纷。在国际贸易业务中，这种纠纷屡见不鲜，其主要原因有：

（1）卖方违约。例如：卖方不交货，或者未按合同规定的时间、品质、数量、包装条款交货；单证不符等。

（2）买方违约。例如：买方不开或缓开信用证、不付款或不按时付款赎单、无理拒收货物、在 FOB 条件下不按时派船接货等。

（3）合同条款的规定不明确。例如：各国法律或国际贸易惯例对“合理公差”“适合海运包装”等类似笼统的规定解释不一致。

（4）在履行合同的过程中遇到了买卖双方所不能预见或无法控制的情况。例如：对于某种不可抗力事件，双方有不一致的解释等。

二、索赔的对象和内容

索赔（Claims）是指买卖的一方违反合同规定，直接或间接地给另一方造成损害，受损方向违约方提出损害赔偿要求的行为。

根据索赔对象的不同，索赔可以分为向合同违约方索赔、向运输公司索赔、向保险公司索赔等。向卖方索赔的情况有：交货数量不足；货物的品质、规格与合同规定不符；包装不良致使货物受损；未按期交货或拒不交货等。向运输公司索赔的情况有：接受货物数量少于提单所载数量；提单是清洁提单，而货物有残缺情况，且属于船方过失所致；根据租船合约有关责任，应由船方负责的货物损失等。向保险公司索赔的情况有：由于自然灾害、意外事故或运输中其他事故的发生，致使货物受到承保险别范围以内的损失。

从贸易纠纷的内容上看，索赔分为两大类：一类是对货物损害的索赔，一类是商业行为方面的索赔。对货物损害的索赔包括交货数量的短缺与损毁、货物品质的低劣与变化等与合同规定不符的情况。商业行为方面的索赔包括因时间因素而发生的损失，如付款延误、未清偿货款、未履行合同或毁约等。后一类索赔是由合同当事人的违约行为引起的，包括卖方的索赔和买方的索赔。

在贸易实践中，多数情况因货物损害而引发索赔，当事人要根据货物实际受损的情形来判定事故的性质，然后进行索赔。通常，货物损害情况有如下几种：

1. 短交

短交（Short Delivery）是指货物包装表面完整，但在开箱检验时，发现货物数量少于装箱单中所列的数量，或货物价款已列入发票，装箱时货物数量不足。这种情况多数为卖方疏忽或故意所致，一般需要向卖方索赔。

2. 短卸

短卸（Short Landed）是指卸船时交货数量与提单所列不符，是船公司失误所致，需要向承运人索赔。

3. 短失

短失（Lost in Transit）是指发票、装箱单及公证报告均列明货物已装船，到货后却发现货物短少。造成这种情况可能有两种原因：一种是承运人的过失导致，另一种是偷窃或遗失导致。由于在实际业务中很难分辨短失的原因，因此，可凭运输合同和保险合同分别向承运人和保险公司索赔（如果货物在此之前办理了保险）。

4. 破损

破损（Damaged in Transit）是指运输途中的货物发生的人为、意外或自然因素造成的破坏和损毁。造成破损的原因多数情况下难以鉴别，当事人可以通过投保相关险别的保险，做到风险的预防。

5. 不符规格

不符规格（Non-conformity to Specification）是指卖方所交货物的全部或部分，经检验后发现品质低劣，与合同规定的品质不符。此时，买方可以向卖方提出索赔。

6. 装船延误

在国际货物买卖中，有时会因为码头罢工或天气问题等原因造成装船延误（Delayed Shipment）。买方可以通过事先在合同中与卖方约定的罚金条款来预防和解决此类争议。

以上是在贸易实践中经常出现的货物损害的几种情况。

理赔（Settlement of Claims）是指违约方受理受损方提出的赔偿要求。可见，索赔和理赔是同一个问题的两个方面。

三、不同违反合同的情况承担不同的责任

（一）违约的不同分类

买卖合同是对缔约双方均具有约束力的法律文件，任何一方违反了合同义务就应承担违约的法律后果，受损方有权提出损害赔偿要求。各国法律或国际组织文件对于违约方的违约行为以及由此产生的法律后果及处理有不同的规定和解释。

《英国货物买卖法》将违约分为违反要件和违反担保两种情况。违反要件（Breach of Condition）是指违反合同的主要条款，即违反与商品有关的品质、数量、交货期等要件。在合同的一方当事人违反要件的情况下，另一方当事人即受损方有权解除合同，并有权提出损害赔偿。违反担保（Breach of Warranty）是指违反合同的次要条款。在违反担保的情况下，受损方只能提出损害赔偿，而不能解除合同。

《联合国国际货物销售合同公约》将违约分为根本性违约和非根本性违约。根本性违约（Fundamental Breach）是指由违约方的故意行为造成的违约，如卖方完全不交货，买方无理拒收货物、拒付货款，其结果给受损方造成实质损害（Substantial Detriment）。如果一方当事人有根本性违约，另一方当事人可以宣告合同无效，并可要求损害赔偿。非根本性违约（Non-fundamental Breach）是指违约的状况尚未达到根本违反合同的程度，受损方只能要求损害赔偿，而不能宣告合同无效。

美国法律将违约程度按其造成的后果分成“严重违约”（Material Breach）和“轻微违约”（Minor Breach）。对于“严重违约”，受损方不但有权要求损害赔偿，而且有权宣告合同无效；对于“轻微违约”，则只能要求赔偿而不能解除合同。

（二）卖方违约的救济方法

1. 对于不交货的救济方法

《联合国国际货物销售合同公约》规定，对于卖方不交货的情况，可以采取以下措施：①要求卖方实际履行合同；②要求解除合同；③向卖方请求损害赔偿。而在英美法系中除了以上三种措施之外，还可要求补进货物。

2. 对于延迟交货的救济方法

对于卖方延迟交货的情况，各国法律和《联合国国际货物销售合同公约》做了同样的规定，即解除合同并请求损害赔偿。

3. 对于所交货物与合同规定不符的救济方法

对于卖方所交货物与合同规定不符的情况，各国法律和《联合国国际货物销售合同公约》都规定买方有权解除合同并请求损害赔偿。《联合国国际货物销售合同公约》明确规定，买方可以采取的救济方法有以下几种：①要求卖方支付替代物；②要求卖方对不符合合同的货物进行修补；③要求降低货价；④解除合同；⑤请求损害赔偿。

讨论分析

美国A公司向贸易商B公司购买一批火鸡，以供应圣诞节市场。合同规定卖方应在9月底以前装船。但是卖方违反合同，推迟到10月7日才装船。结果圣诞节销售时机已过，火鸡难以销售。因此，买方A公司拒收货物，并主张撤销合同。请问：在这种情况下，买方有无拒收货物和撤销合同的权利？

四、合同中的索赔条款

国际货物买卖合同中，索赔条款的订立有两种形式：一种是异议与索赔条款，另一种是罚金条款。在一般买卖合同中，多数只订立异议与索赔条款，而在大宗商品和机械设备类商品买卖合同中，除订立异议与索赔条款外，还会订立罚金条款。

（一）异议与索赔条款

异议与索赔条款（Discrepancy and Claim Clause）一般是针对卖方交货品质、数量或包装不符合约定而订立的，内容包括索赔依据、索赔期限、索赔的处理方法和索赔金额等。

（1）索赔依据，是指提出索赔所需具备的证据及出证机构。规定索赔依据时，应与检验条款规定的内容一致。

（2）索赔期限，是指索赔方向违约方提出的索赔要求的期限。超过这个期限提出，对方可不予受理。索赔期限的规定应慎重、合理，针对不同商品的具体情况，作出不同的规定。例如，对食品、农产品等易腐烂变质的商品，索赔期限一般应规定得短些；而对其他一般商品，索赔期限通常限定为货到目的地后30天内或45天内提出；对机器设备的出口索赔期限，可规定为货到目的地后60天内或更长一些时间提出。

（3）关于索赔的处理方法及索赔金额，除个别情况外，由于违约的情况较复杂，当事人在订约时难以事先预计，故通常在合同中不作具体规定。

【例2-10-1】异议与索赔条款示例：

买方对装运货物的任何索赔必须于货物到达提单及/或运输单据所订立的目的港之日起××天内提出，并须提供卖方同意的公证机构出具的检验报告。

Any claim by the buyer regarding the goods shipped should be filed within ×× days after the arrival of the goods at the port of destination specified in the relative bill of lading and/or transport document and supported by survey report issued by a surveyor approved by the seller.

（二）罚金条款

罚金条款（Penalty Clause），也称违约金条款，主要内容规定若一方未履行或未完全履行合同规定的义务，应向对方支付一定数额的约定罚金，以补偿对方的损失。

该条款适用于卖方延期交货或买方延期接货等情况，通常预先在合同中规定罚金的百分率，一般用于连续分批交货的大宗商品合同。

【例 2－10－2】 罚金条款示例：

买方因自身原因不能按合同规定的时间开立信用证，应向卖方支付罚金。罚金按迟开证每××天收取信用证金额的××%，不足××天按××天计算，但罚金不超过卖方已开信用证金额的××%。

Should the buyer for its own sake fail to open the Letter of Credit on time stipulated in the contract，the buyer shall pay a penalty to the seller. The penalty shall be charge at the rate ××% of the amount of Letter of Credit for every ×× days of delay in opening the Letter of Credit，however the penalty shall not exceed ××% of total value of the Letter of Credit which the buyer should have opened.

国际货物买卖合同中规定的罚金条款，在各国法律上有不同的解释和规定。德、法等国法律对合同中的罚金条款予以承认。而英、美等国法律对合同中的罚金条款的解释分两种情况：一种为“预定的损害赔偿”，法律予以承认；另一种为“罚款”，法律不予承认合同中规定的金额，而是根据受损方实际提出的损失金额，另行确定。

另外，支付罚金后并不等于合同解除，当事人一方因违约支付罚金后，除非合同另有约定，否则仍必须继续履行合同中规定的义务。

讨论分析

法国某贸易商以 FOB 价向我国某厂家订购一批货物，在买卖合同中订明若工厂未能于 7 月底之前交运，则工厂应赔付货款 5%的违约金。后工厂交运延迟 5 天，实际交货时间晚于 7 月份，以致法国贸易商被其买方索赔货款的 3%。请问：在这种情况下，法国贸易商能否向工厂索赔，索赔金额应为货款的 5%还是 3%?

五、索赔和理赔应注意的问题

（一）索赔时应注意的问题

办理对外索赔时一般应注意以下几个方面：

（1）关于索赔证据。对外提出索赔需要提供证据。首先，应自备索赔清单，随附商检局签发的检验证书、发票、装箱单、提单副本。其次，对不同的索赔对象还需另附有关证件。向卖方索赔时，应在索赔证件中提出确切依据和理由；向轮船公司索赔时，须另附由船长及港务局理货员签发的理货报告、船长签发的短卸或残损证明；向保险公司索赔时，须另附保险公司与买方的联合检验报告等。

(2) 关于索赔金额。在索赔金额中，除受损商品的价值外，有关费用也可提出。如商品检验费、装卸费、银行手续费、仓租、利息等，都可包括在索赔金额内。实际索赔金额包括哪些，应根据具体情况确定。

(3) 关于索赔期限。对外索赔必须在合同规定的索赔有效期限内提出，过期无效。如果货物检验工作需要更长时间，可向对方要求延长索赔期限。

除此以外，还应注意以下几点：

(1) 处理索赔案件应注重实际，查明责任。根据检验证明，查清损失造成的责任方：如果是买方责任，可向买方索赔；如果是船方或保险公司责任，应向有关责任人提出索赔。

(2) 起草索赔函件时，要引据合同条文或证明文件的语句，切忌前后矛盾。

(3) 提出的要求或解决的办法一定要明确，切忌含糊其词，以免对方误解。

(二) 理赔时应注意的问题

首先，在理赔时要认真研究分析对方提出的索赔理由是否充足，情况是否属实，是否确因我方违约而使对方遭受损失，是否符合合同或法律规定。

其次，仔细审核对方所提供的索赔证件和有关文件。例如：出证机构是否符合要求，检验标准和检验方法是否符合规定，索赔单证是否齐全、清楚，有无夸大损失的情况，等等。

最后，合理确定赔付办法。如果确属我方责任，应公平合理、实事求是地提出理赔方案，并与对方协商确定。赔付可以采取赔付部分货物、退货、换货、补货、修整、赔付一定金额以及对索赔货物给予价格折扣或按残损货物的百分比将全部货物降价等办法处理。

总之，我们应该认真对待索赔和理赔工作，注意策略，及时处理，做到有理、有利、有节。

讨论分析

某进出口公司以 CIF Rotterdam 出口食品 1 000 箱，以即期信用证付款，货物装运后，卖方凭已装船清洁提单和已投保一切险及战争险的保险单，向银行收妥结汇。货到目的港后，经进口人复验发现下列情况：

(1) 该批货物共有 10 个批号，抽查 20 箱，发现其中 2 个批号涉及 200 箱内沙门氏菌超过进口国标准。

(2) 收货人只实收 998 箱，短少 2 箱。

(3) 有 15 箱货物外表良好，但箱内货物共短少 60kg。

请问：以上情况下进口人应分别向谁索赔并提供什么样的索赔证据？为什么？

【学习测试】

一、名词解释

1. 索赔　　2. 理赔　　3. 根本性违约

4. 轻微违约　　5. 罚金

二、简答题

1. 引发争议的原因有哪些？
2. 一方违约，另一方可采取哪些措施？
3. 索赔和理赔应注意哪些问题？
4. 违约的法律后果是什么？

三、案例分析

1. 某公司以 CIF 条件出口 1 000 公吨大米，合同规定为一级大米，每公吨 490 美元，共 490 000 美元。卖方交货时，实际交货的品质为二级大米。按订约时的市场价格，二级大米为每公吨 470 美元。请问：①根据《联合国国际货物销售合同公约》的规定，此案例中，买方可以主张何种权利？②若买方索赔，其提出的索赔可包括哪些损失？

2. 中国 A 公司向德国 B 公司签订了一份购买某种工业精密仪器的合同，合同规定，货物若与合同不符，买方应在货到目的港后 30 天内提出索赔。另外，合同中还有货到目的港后 12 个月内品质保证的规定。货到目的港后，经检验，货物品质与合同规定不符。中国 A 公司遂于货到目的港后的第 45 天书面通知德国 B 公司，提出索赔要求。请问：中国 A 公司是否可以在货到目的港后超过 30 天但在品质保证期内向卖方索赔？

3. 我方向西欧某国出口布匹一批，货到目的港后，买方国正处购销旺季，未对货物进行检验就将布匹投入批量生产。数月后，买方寄来几套不同款式的服装，声称用我方出口的布匹制成的服装缩水严重，难以投入市场销售，因而向我方提出索赔。请问：我方是否应该理赔？为什么？

条款十一

仲裁条款

仲裁条款

知识要点

1. 仲裁协议的作用；
2. 仲裁裁决的效力及执行；
3. 仲裁条款的订立。

技能要求

1. 订立合同中仲裁条款或仲裁协议；
2. 处理仲裁案件。

在国际贸易中，履约过程有可能会发生各种争议。由于买卖双方之间是一种平等互利的合作关系，因此一旦发生争议，首先应通过友好协商的方式解决，以利于保护商业秘密和企业声誉。如果协商不成，双方当事人可按照合同的约定和争议情况采用调解、仲裁或诉讼方式解决。调解是指由双方当事人自愿将争议提交选定的调解机构（法院、仲裁机构或专门的调解机构），由该机构按调解程序进行调解。若调解成功，双方签订和解协议，作为一种新的契约予以执行；若调解意见不被双方或其中一方接受，则该意见对双方当事人无法律约束力，调解即告失败。我国在采取仲裁和诉讼方式解决争议时，均采用了先行调解的程序。仲裁是指双方当事人达成书面协议，自愿将争议提交给双方同意的仲裁机构进行仲裁，仲裁机构依据仲裁规则作出裁决，仲裁裁决无论双方是否接受，对双方都具有法律约束力，且是终局性的。诉讼是指一方当事人向法院起诉，控告合同的另一方当事人，要求法院判令另一方当事人承担违约责任、赔偿经济损失或支付违约金或者要求对方实际履行合同义务。诉讼是当事人单方面的行为，只要法院受理，另一方就必须应诉。但诉讼方式的缺点在于立案时间长，诉讼费用高，各国法律和司法程序不同，有时难以获得公正的判决。综观上述三种解决争议的方式，仲裁是国际贸易领域被广泛采用的一种。

一、仲裁的含义

所谓仲裁（Arbitration），又称公断，是指买卖双方在争议发生之前或发生之后，签订仲裁条款或仲裁协议，自愿将争议提交给双方都同意的第三方进行裁决，以解决争议的一种方式。仲裁裁决对双方均具有法律约束力，且为终局性的。仲裁是依照法律所允许的仲裁程序裁定争端，对于裁决结果当事人双方必须遵照执行。仲裁具有以下一些特点：

（1）出于双方自愿，并非对方施加压力而为之，可以保持双方的良好关系。

（2）解决迅速，较之诉讼程序，便捷、费用低廉。

（3）裁决效力具有终局性，对双方均具有法律约束力。

二、仲裁协议的形式、内容及作用

仲裁协议是双方当事人自愿将争议提交仲裁机构进行裁决的书面协议。仲裁协议是申请仲裁的必备材料，也是仲裁机构受理争议案件的依据。

（一）仲裁协议的形式

仲裁协议有两种形式：一种是合同中的仲裁条款（Arbitration Clause），是指在争议发生之前，双方当事人在合同中订立的有关双方同意将可能发生的争议提交仲裁机构进行仲裁的约定；另一种是提交仲裁协议（Arbitration Agreement），是指由双方当事人在争议发生之后订立的，同意将争议提交仲裁的协议。两种仲裁协议的形式虽然不同，但其法律效力及作用是相同的。

（二）仲裁协议的内容

仲裁协议是双方当事人都同意的仲裁机构对其争议进行仲裁的依据。仲裁协议的内容将直接关系到争议的解决。一般来讲，仲裁协议的内容主要包括以下几个方面：

（1）仲裁地点。

（2）仲裁组织形式。若双方同意由临时仲裁庭进行仲裁，则应在仲裁协议中写明其组成；若双方同意提交某一常设仲裁机构仲裁，则应在仲裁协议中写明仲裁机构的名称。

（3）提交仲裁的事项。

（4）仲裁适用的法律。

（5）仲裁裁决的效力。一般的仲裁协议都这样规定：“仲裁裁决是终局性的，对双方均有约束力。”

现在，在有关仲裁的各国立法和常设仲裁机构的仲裁规则中，原则上都承认双方当事人可以自由商定仲裁协议的内容，但同时又在不同程度上对其进行限制。例如：仲裁协议的内容不得违反一国公共秩序，不准许把一国法律规定不属于仲裁管辖的事项提交仲裁，不得在协议中规定将已提交仲裁的案件再向法院起诉等。

(三) 仲裁协议的作用

按照我国和多数国家仲裁法的规定，仲裁协议的作用主要有以下三个方面：

(1) 约束双方当事人解决争议的行为。仲裁协议表明双方当事人在发生争议时自愿以仲裁方式解决，而不得向法院起诉。

(2) 授予仲裁机构对仲裁案件的管辖权。任何仲裁机构都无权受理没有仲裁协议的案件，这是仲裁的基本原则。

(3) 排除法院对于争议案件的管辖权。世界上大多数国家的法律都规定，仲裁协议对签约的当事人具有法律约束力，都承认仲裁协议具有排除法院司法管辖权的作用，法院不得受理就同一争议事项提出的诉讼案件。

上述三个方面的作用既相互联系，又相互制约。其中最关键的是第三条，仲裁协议排除法院对有关争议案件的管辖权。如果一方违反仲裁协议，自行向法院提起诉讼，另一方即可根据协议要求法院停止司法诉讼程序，把争议案件发还仲裁机构处理。

讨论分析

某出口公司向外商出口货物一批，合同中明确规定，一旦在履约过程中发生争议，若友好协商不能解决，则将争议提交中国国际经济贸易仲裁委员会在北京进行仲裁。后来，双方就商品的品质发生争议，对方在其所在地法院起诉我方，法院也发来了传票，传我方公司出庭应诉。对此，我方应如何处理？

三、仲裁机构及仲裁程序

(一) 仲裁机构

国际贸易中的仲裁机构有两类：临时仲裁机构和常设仲裁机构。临时仲裁机构是为了解决争议，由双方共同指定的仲裁员自行组成的临时仲裁庭，争议处理完毕后，临时仲裁庭即解散；常设仲裁机构是根据一国的法律或有关规定设立的仲裁机构。

我国常设的涉外商事仲裁机构是中国国际经济贸易仲裁委员会，隶属于中国国际贸易促进委员会。该委员会有 4 个专门委员会（分别是专家咨询委员会、案例编辑委员会、仲裁员资格审查考核委员会、发展委员会）、12 个分会和 3 个行业委员会，此外还设有办事处、秘书局和仲裁院。我国外贸企业在订立国际货物买卖合同仲裁条款时，若双方同意选择在我国仲裁，一般都规定由中国国际经济贸易仲裁委员会进行仲裁。

世界上还有许多国家、地区都设有专门从事处理国际商事纠纷、进行有关仲裁管理和组织工作的常设仲裁机构，如瑞典斯德哥尔摩商会仲裁院、瑞士苏黎世商会仲裁院、英国伦敦国际仲裁院、美国仲裁协会等。这些常设的仲裁机构基本上都与我国仲裁机构有业务联系，在仲裁业务上进行合作。

（二）仲裁程序

仲裁程序是指双方当事人将所发生的争议根据仲裁协议的规定提交仲裁时应办理的各项手续。其主要程序如下：

1. 提出仲裁申请

这是仲裁程序开始的首要手续。各国法律对申请书的规定不一致。在我国，《中国国际经济贸易仲裁委员会仲裁规则》规定，当事人依据本规则申请仲裁时，应提交由申请人或申请人授权的代理人签名及/或盖章的仲裁申请书。仲裁申请书应写明：

（1）申请人和被申请人的名称和住所，包括邮政编码、电话、传真、电子邮箱或其他电子通信方式；

（2）申请仲裁所依据的仲裁协议；

（3）案情和争议要点；

（4）申请人的仲裁请求；

（5）仲裁请求所依据的事实和理由。

申诉人向仲裁委员会提交仲裁申请书时，附具申请人请求所依据的证据材料以及其他证明文件。另外，按照仲裁委员会制定的仲裁费用表的规定预缴仲裁费。

如果委托代理人办理仲裁事项或参与仲裁的，应提交书面委托书。仲裁委员会审查仲裁申请后，认为符合条件的，应当受理并通知当事人；认为不符合受理条件的，可以要求申请人在一定的期限内予以完备。申请人未能在规定期限内完备申请仲裁手续的，视同申请人未提出仲裁申请。仲裁委员会受理案件后，仲裁委员会仲裁院应指定一名案件秘书协助仲裁案件的程序管理。

2. 组织仲裁庭

仲裁庭由 1 名或 3 名仲裁员组成。双方当事人在收到仲裁通知后 15 天内选定或委托仲裁委员会主任指定 1 名仲裁员。如果未在上述期限内选定或委托仲裁委员会主任指定的，则由仲裁委员会主任直接指定。第三名仲裁员由双方当事人在被申请人收到仲裁通知后 15 天内共同选定或共同委托仲裁委员会主任指定。第三名仲裁员为仲裁庭的首席仲裁员。仲裁员不代表任何一方当事人，应独立于各方当事人，平等地对待各方当事人。

独任仲裁庭是指由 1 名仲裁员组成的仲裁庭。该名仲裁员又被称为独任仲裁员。独任仲裁员可以是当事人双方共同指定或共同委托仲裁委员会主任指定。

3. 审理案件

仲裁庭审理争议案件的步骤有很多，其中包括开庭审理、调解、收集证据和调查事实、采取保全措施等步骤。

(1) 开庭审理。仲裁庭依据争议的实际情况，可以进行开庭审核或在征得双方当事人同意的情况下，只依据书面文件进行审理。在开庭审核时，仲裁庭可以根据案件的具体情况采用询问式或辩论式的庭审方式审理案件。仲裁庭认为必要时可以就所审理的案件发布程序令、发出问题单、制作审理范围书、举行庭前会议等。经仲裁庭其他成员授权，首席仲裁员可以单独就仲裁案件的程序安排作出决定。

(2) 调解。采用仲裁与调解相结合的方法解决争议是我国涉外仲裁的一个重要特点。但是，调解不是仲裁的必要程序。我国仲裁规则规定，如果双方当事人有调解愿望，或者一方当事人有调解愿望，并经仲裁庭征得另一方当事人同意，那么仲裁庭可以在仲裁程序进行过程中，对其审理的案件进行调解。双方当事人经仲裁庭调解达成和解或自行和解的，应签订和解协议。双方当事人经调解达成或自行达成和解协议的，可以撤回仲裁请求或反请求，也可以请求仲裁庭根据双方当事人和解协议的内容作出裁决书或制作调解书。调解不成功的，仲裁庭应当继续进行仲裁程序并作出裁决，且任何一方当事人均不得在其后的仲裁程序、司法程序和其他任何程序中援引对方当事人或仲裁庭在调解过程中曾发表的意见、提出的观点、作出的陈述、表示认同或否定的建议或主张作为其请求、答辩或反请求的依据。

(3) 收集证据和调查事实。在仲裁审理过程中，当事人双方应对其申请、答辩或反请求所依据的事实提出证据，并由仲裁庭审定。仲裁庭认为必要时，可以自行调查事实和收集证据，也可以就案件中的专门问题请有关专家或指定鉴定人进行鉴定。

(4) 采取保全措施。保全措施又称临时性保护措施，是指在仲裁开始后到作出裁决前这个期间，对有关当事人的财产所作的一种临时性强制措施。

4. 作出裁决

裁决是仲裁程序的最后一个环节。裁决作出后，审理案件的程序即告终结，因而这种裁决被称为最终裁决。按照《中国国际经济贸易仲裁委员会仲裁规则》规定，仲裁庭应在组庭后 6 个月内作出裁决书；经仲裁庭请求，仲裁委员会仲裁院院长认为确有正当理由和必要的，可以延长该期限。

仲裁庭应当根据事实和合同约定，依照法律规定，参考国际惯例，公平合理、独立公正地作出裁决。当事人对于案件实体适用法有约定的，从其约定；当事人没有约定或其约定与法律强制性规定相抵触的，由仲裁庭决定案件实体的法律适用。仲裁庭在裁决书中应写明仲裁请求、争议事实、裁决理由、裁决结果、仲裁费用的承担、裁决的日期和地点；或者依照当事人协议不写明争议事实和裁决理由的，可以不写明争议事实和裁决理由。

由 3 名仲裁员组成的仲裁庭审理的案件，裁决依全体仲裁员或多数仲裁员的意见作出。少数仲裁员的书面意见应附卷，并可以附在裁决书后，该书面意见不构成裁决书的组成部分。仲裁庭不能形成多数意见的，裁决依首席仲裁员的意见作出。其他仲裁员的书面意见应附卷，并可以附在裁决书后，该书面意见不构成裁决书的组成部分。

裁决是终局性的，对双方当事人均有约束力。任何一方当事人均不得向法院起诉，也不得向其他任何机构提出变更仲裁裁决的请求。

四、仲裁裁决与执行

仲裁裁决应由当事人自觉执行。仲裁机构自身不具有强制执法的能力。一方如果逾期不予执行，另一方可向法院申请强制执行。强制执行仲裁裁决必须具备两个条件：一是败诉方当事人在规定的期限内未能履行裁决，二是由胜诉方当事人主动向有管辖权的法院提出强制执行申请。法院通常不主动强制另一方当事人履行裁决。

为了解决是否承认和执行外国仲裁裁决的问题，1958 年 6 月联合国通过了《承认和执行外国仲裁裁决公约》，简称《1958 年纽约公约》。我国于 1987 年 4 月 22 日正式执行这一公约。公约规定，各缔约国必须承认和执行外国的仲裁裁决。作为例外，缔约国可作两项保留。我国加入时作了两项保留：①中华人民共和国只在互惠的基础上对在另一缔约国领土内作出的仲裁裁决适用该公约；②中华人民共和国只对根据中华人民共和国法律认定为属于契约性和非契约性商事法律关系所引起的争议适用该公约。另外，我国与一些国家签订的双边贸易协定中规定，缔约双方应设法保证根据适用的法律和规则，承认并执行对方国家的仲裁裁决。

根据上述情况，在我国作出的仲裁裁决，需要在外国执行时，若对方是与我国签有互相执行仲裁裁决协议的，或者对方是上述公约缔约国并同意执行我国仲裁裁决的，或者是与我国签有相关双边贸易协定的国家，则可顺利执行；否则，我方只能到对方国家的法院去请求其强制执行。

五、仲裁条款的规定方法

《承认和执行外国仲裁裁决公约》

合同中的仲裁条款一般包括提请仲裁的争议范围、仲裁地点、仲裁机构、仲裁规则、裁决的效力、仲裁费用等内容。其中，仲裁地点的选择是一个关键问题，因为在一般情况下，在某国仲裁即采用某国的仲裁规则或相关法律。在我国的国际贸易实践中，仲裁地点一般有三种规定方法：①在我国仲裁；②在被告所在国仲裁；③在双方同意的第三国仲裁。关于仲裁裁决的效力，一般应在合同中明确订明：仲裁裁决是终局性的，对双方当事人均有约束力。

仲裁条款举例如下：

（一）规定在我国仲裁的条款

【例 2-11-1】 凡因执行本合同所发生的或与本合同有关的一切争议，双方应通过友好协商解决。如果协商不能解决，应提交北京中国国际贸易促进委员会对外经济贸易仲裁委员会依据其仲裁规则进行仲裁。仲裁是终局性的，对双方均有约束力。

Any dispute arising out of the performance of，or relating to this contract，shall be settled amicably through negotiation. In case no settlement can be reached through negotiation，the case shall then be submitted to China International Economic and Trade Arbitration Commission，Beijing，China，for arbitration in accordance with its Rules of Arbitration. The arbitral award is final and binding upon both parties.

（二）规定在被申请一方所在国仲裁的条款

【例 2-11-2】 凡因执行本合同所发生的或与本合同有关的一切争议，双方应通过友好协商解决。如果协商不能解决，应提交仲裁。仲裁在被申请一方所在国进行。如在中国，应提交北京中国国际贸易促进委员会对外经济贸易仲裁委员会依据其仲裁规则进行仲裁。如在××（被申请方所在国家的名称），由××（被申请方所在国家的仲裁机构的地址和名称）根据该仲裁机构的仲裁规则进行仲裁。仲裁裁决是终局性的，对双方都有约束力。

Any dispute arising out of the performance of，or relating to this contract，shall be settled amicably through negotiation. In case no settlement can be reached through negotiation，the case shall then be submitted for arbitration. The location of arbitration shall be in the country of the domicile of the defendant. If in China，the arbitration shall be conducted by China International Economic and Trade Arbitration Commission，Beijing，China，for arbitration in accordance with its Rules of Arbitration. If in ××，the arbitration shall be conducted by ×× in accordance with its arbitral rules of procedure. The arbitral award is final and binding upon both parties.

（三）规定在双方同意的第三国仲裁的条款

【例 2-11-3】 凡因执行本合同所发生的或与本合同有关的一切争议，双方应通过友好协商解决；如果协商不能解决，应提交××（第三国的仲裁机构的地址和名称），根据该仲裁机构的仲裁规则进行仲裁。仲裁裁决是终局性的，对双方都有约束力。

Any dispute arising out of the performance of，or relating to this contract，shall be settled amicably through negotiation. In case no settlement can be reached through negotiation, the case shall then be submitted ×× for arbitration in accordance with its Rules of Arbitration. The arbitral award is final and binding upon both parties.

【学习测试】

1. 我方出口企业按 FCA Shanghai Airport 条件向印度 A 进口商出口手表一批，货价为 5 万美元，规定交货期为 8 月份，自上海空运至孟买；合同中约定买方由孟买某银行转交的航空公司空运到货通知即期全额电汇付款。我方出口企业于 8 月 31 日将该批手表运到上海虹桥机场交由航空公司收货并出具航空运单后，随即向印商用电传发出装运通知。航空公司于 9 月 2 日将该批手表运到孟买，并将到货通知连同有关发票和航空运单送达孟买某银行。该银行立即通知印商前来收取上述单据并电汇付款。此时，国际市场手表价下跌，印商以我方交货延期为由，拒绝付款、提货。我方出口企业则坚持对方必须立即付款、提货。双方争执不下，遂提起仲裁。试分析该如何处理，并说明理由。

2. 1991 年 12 月，中国某进出口公司与瑞士某公司订购 9 180 吨、总价 229.5 万美元钢材。中方向瑞士公司汇付了全部货款后，迟迟未收到订购的钢材。为此中方曾多次与瑞士公司交涉，但瑞士公司方面或者拒不答复，或者以种种借口托词搪塞。经中方一再催促之后，瑞士公司才于 1992 年 9 月 5 日回电称“中国港口拥挤，船舶将改变航线”“最迟抵达日期预计为 1992 年 10 月 20 日”。但届时中方仍未收到钢材，再次去电交涉，瑞方竟然全盘推卸自己的责任。

事后查明，瑞士公司在意大利和西班牙既无钢厂，也无钢材；瑞方所提供的钢材质量检验证书、重量证书及装箱单均是伪造的，且瑞方提交的提单也是伪造的，意图欺诈中方货款。其所称“中国港口拥挤，船舶将改变航线”也是虚构的。

1993 年 3 月 24 日，中方向中国某市中级人民法院提起诉讼，指出瑞士公司侵权，要求其赔偿中方经济损失共计 550 万美元，起诉的同时申请财产保全。法院接到原告起诉及财产保全申请后，审查后准许中方的保全申请，裁定冻结了瑞士公司在某银行的托收货款 440 余万美元。被告在答辩的同时提出反诉，要求中方赔偿其货款被冻结而造成的利息损失及律师费用。

某市中级人民法院在一审后作出判决：瑞士公司应偿还中国公司的钢材货款 2 290 250 美元，并赔偿中方各项损失 2 846 418.60 美元；同时驳回被告的反诉。被告不服，向某市高级人民法院提出上诉，认为双方当事人之间签订的钢材买卖合同中订有仲裁条款，根据中国已加入的《承认和执行外国仲裁裁决公约》，中国法院对此案无管辖权；同时认为中方在不同法院对瑞方提出重复诉讼不当，一审法院裁定冻结与本案例无关的货款不当，认定其有欺诈行为无事实根据；另外认为根据《中华人民共和国涉外经济合同法》的规定，禁止把间接损失作为赔偿，一审判决损害赔偿数额过高，且无事实根据，请求撤销原判决。

试分析本案例。

模块三

交易磋商

交易磋商是进出口贸易中不可缺少的一个重要环节，指买卖双方就上一模块所涉及的合同条款或其他贸易条件进行协商以期达成交易的过程。本模块主要对交易磋商前应做的各项准备工作、交易磋商的基本程序及国际货物买卖合同的签订做了全面的阐述，尤其就交易磋商环节中的发盘和接受应具备的条件及效力做了重点讲解。

交易前的准备是交易磋商能否顺利进行以及能否实现预期目标的保证，但往往被很多进出口企业忽视。本模块则将交易前的准备作为交易磋商的一个准程序，重点介绍了出口方在市场的选择、产品的定位、客户的确定、成本的核算等方面应该如何做好准备工作。

交易磋商可以采取口头或书面两种形式。口头磋商可通过邀请客户来访、派遣出国推销组、参加各种交易会或国际博览会等，由出口企业外销人员同国外客户当面直接磋商交易。书面磋商包括由交易双方通过信函、电报、电传、传真等往来磋商交易。这两种形式可以交叉结合使用，但目前很多交易仍然以书面磋商为主。不论是口头磋商还是书面磋商，按照《联合国国际货物销售合同公约》的规定，它们的程序是基本相同的，一般都要经过询盘、发盘、还盘、接受四个程序，其中发盘和接受是必不可少的程序，是合同成立的重要条件。本模块主要从书面磋商的角度重点分析了发盘和接受两个主要程序所涉及的一系列国际规则。

按照《联合国国际货物销售合同公约》的规定，一项有效的发盘被对方有效接受后双方即构成合同关系。但在国际贸易实践中，买卖双方一般还是要通过签订合同来确定双方的法律关系。因此，本模块将签订合同作为交易磋商的最后一个程序，并就签订合同的意义、签订合同的时间和地点以及合同的内容和形式作一个简单的介绍。

项目一 交易前的准备

知识要点

1. 目标市场；
2. 交易对象。

技能要求

1. 能够准确选择目标市场；
2. 能够多途径确定交易对象。

一、选择目标市场

在国际贸易中，合作的客户都拥有不同的背景，并且国际市场行情错综复杂、变化多端，为了建立良好、稳定的合作关系，给贸易双方带来经济利益，在正式交易前，应做好以下几方面的工作：

（一）目标市场调研

企业能够生产的产品是有限的，而消费者的需求是无限的，因此企业只能在市场细分的基础上，选择部分消费者群体作为目标市场。

在国际贸易洽商交易之前，要做好国际市场的调查研究工作，通过各种途径了解市场供销状况、价格动态，以及各国的政策、法规及贸易习惯做法，以便选择合适的目标市场。

对目标市场进行调研，主要包括以下两个方面的内容：

1. 选择目标市场的步骤

（1）国际市场环境调研。所谓国际市场环境调研，就是系统地收集、记录和分析国际市场信息，以使外贸企业能够正确认识国际市场环境、评价企业自身行为，为其海外营销决策提供充分依据。

企业进行商品进出口业务，需要先了解国际市场环境，做到知彼知己、百战不殆。对国际市场环境调研的主要内容有：

① 国际经济环境，包括一国的经济结构、经济发展水平、经济发展前景、就业、收入分配等；

② 国际政治和法律环境，包括政府的重要经济政策、政府对贸易实行

的鼓励和限制措施，特别是有关外贸方面的法律法规，如关税、配额、国内税收、外汇限制、卫生检疫、安全条例等；

③ 国外文化环境，包括使用的语言、教育水平、宗教、风俗习惯、价值观念等；

④ 其他，包括国外人口、交通、地理等情况。

世界经济形势瞬息万变，外贸企业身处其中要时刻与市场保持一致，应重视国际市场调研工作，将它作为企业生死存亡的大事来抓。

（2）目标市场细分。通过对国际市场整体环境的调研分析，我们对自身所处行业的国际经济、政治、文化等环境有了充分的了解。在此基础上，外贸企业可以结合自身的规模、特点、优劣等进一步对国际市场进行细分，以便有针对性地找出适合我们的细分市场，做到事半功倍。市场细分具有两个层次的含义，即宏观细分与微观细分。

宏观细分是要决定我们应选择哪个国家或地区作为拟进入的市场。这就需要根据一定的标准将整个世界市场划分为若干子市场，每一个子市场具有基本相同的营销环境，企业可以选择某一组或某几个国家作为目标市场。国际市场宏观细分的标准有地理标准、经济标准、文化标准和组合法等。其中，地理标准是宏观细分最常用的标准，这是因为处于同一地理区域的各国具有相似的文化背景，易于跨国公司进行国际业务管理。特别是第二次世界大战后，区域性贸易和经济一体化发展迅速，从而使地理接近的市场更可能具有同质性。

微观细分类似于国内市场细分，即当企业决定进入某一海外市场后，它会发现当地市场的顾客需求仍有差异，需要进一步细分成若干市场，以期选择其中之一或几个子市场为目标市场。例如，我们可以将某个市场进一步细分为消费品市场和工业品市场。消费品市场有地理环境、人口状况、消费者心理、购买情况四大标准，工业品市场有地理环境、用户状况、需求特点和购买行为四大标准。

2. 选择目标市场的要求

国际市场营销中选择目标市场有两层含义：一是基于宏观细分的基础上，在众多国家选择某个或某几个作为目标市场；二是通过微观细分，在一国众多的子市场中选择某个或某些作为目标市场。

企业在选择目标市场时还应注意处理好以下几个关系：

（1）眼前和长远的关系。企业的经济活动具有连续性，它的现状是历史的继续、未来的开始。因此，在目标市场分析面前，成功的企业注意保持战略头脑，力争站得高一些、看得远一些，不计一时得失，根据企业的长期发展目标来选择现实的目标市场。

（2）集中和分散的关系。大多数企业特别是中小企业信奉市场集中的原则，它们在可能的目标市场体系中，选择一个目标市场投入企业的全部力量。它们认为中小企业的生产能力、生产规模、市场占有率有限，集中力量于目标市场有利于企业更好地了解市场状况和顾客需求，减少分散经营的开支，缩小经营管理空间，增加考察市场的次数。如果把力量分散在几个市场上，每一个目标市场只能投入有限的人力、财力，不利于与竞争对手相抗衡。只有全力以赴于一个目标市场，企业才能迅速发展，获得更多的资源、技术、利润和经验，为打下一个目标市场创造条件。

(3) 稳定与变化的关系。企业的目标市场一经确定，先有一段相对稳定的时期。既然开拓了一个新的市场，企业就要投入人力、物力、财力，想方设法地满足顾客需要，建立起企业和产品的信誉，在这个市场上站稳脚跟。任何一家成功的企业都有这方面的经历和体会。但是企业的目标市场是随着市场要求的变化而变化的，它不是一次性决策，企业要适应市场多变的特点，就必须不断开拓新市场。可见，企业的目标市场，既要讲求一定时期的稳定性，又要根据市场需求和企业生产、销售情况，不断变换，开拓出新的目标市场。

（二）商品市场调研

商品市场调研主要是针对某一具体选定的商品，调查其市场供需状况、国内生产能力、生产的技术水平和成本、产品性能和特点、消费阶层和高潮消费期、产品在生命周期中所处的阶段、该商品的市场竞争力和垄断程度等内容。市场调研的目的在于确定该商品贸易是否具有可行性、获益性，同时要摸清市场对不同产品的适销情况，研究市场畅销品种，积极、主动地适应市场需要，扩大我们的出口。

讨论分析

加拿大马西-弗格森公司是专业生产农业机械的公司。20 世纪 50 年代末，它就将世界农机市场划分为北美与非北美两大市场，并将其业务重点放在非北美市场，结果由于避免了与其他几个农机行业巨人，如福特汽车公司、迪尔公司、国际收割机公司的直接竞争而取得成功，在非北美市场上获得了较高的市场份额并持续盈利。请问：马西-弗格森公司所采取的营销策略是市场细分中的哪一种？

二、选择交易对象

在国际营销调研和国际市场细分的基础上完成国际贸易中目标市场的选择，接下来需要我们在目标市场中寻找并选择最终的交易对象。

（一）寻找客户的途径

寻找客户的途径有很多，下面介绍两种最常见和实用的寻找客户的途径。

1. 参加展会

(1) 展前的精心策划。

① 展位的选择。参展的目的就是将自己的产品展现在客户面前，吸引客户进而达成交易。一般的展会商会提前发来邀请函，并附有展位平面图，所以及早预订展位可获得较理想的展位。

② 展位的设计。展位是门面，展位的设计要醒目，要吸引客户的眼球，其重要的一点就是专业。

③ 样品的摆放。把公司的拳头产品摆在客户第一眼就能看到的位置，同时根据客户对样品的关注度及时调整样品的位置，有时公司的拳头产品并不是客户所需的，所以要根据客户的需求进行调整。

④ 人员的培训。展前要对参展人员进行培训，对外宣传要统一口径，对可能发生的意外提前进行模拟。比如公司的年销售额、员工数及产品报价等数据要统一说法。

⑤ 客户的邀请和与客户合影留念。配合合影努力记住客户的模样和名字。如果客户是老客户，需要掌握以下两点信息：一是询问客户对以前使用的产品有何建议，二是询问客户将来需要什么样的产品。对于新客户，要了解对方是厂家还是经销商，做到心中有数。

⑥ 每天的工作总结。每天参展结束后，要对当天的客户进行归类整理，并将谈话要点记录下来。另外，根据客户谈话中所提出的需求判断今年的产品流行趋势，展后和公司决策层讨论新产品的开发及推广。

(2) 展后的及时跟进。

① 客户分类。根据展会上与客户谈判的过程及结果，将客户分为正式客户、潜在客户、无效客户。这里的正式客户是指老客户，根据上面提出的两点来开展工作即可。潜在客户即指对公司的产品有明确的订购意向，只需进一步跟进，确定一些细节即可订货的客户。还有一些客商虽然没有明确的订购意向，但进行了深入的交流并留下了一些有效的信息，只要加强联系，也可能成为潜在客户。无效客户是指仅在展会上进行过简短交流，收集了一些资料，没有留下任何有用信息的客户。

② 联系客户。展后要及时联系客户，分清主次。对正式客户要重点联系，对潜在客户要及时联系，邮件中应体现出展会上的内容，添加展会时的合影。

③ 回复客户。邮件发送出去以后，陆续会收到一些回复。对这些回复要认真阅读，掌握客户的真实想法，针对客户的回信内容及时复信；对一些暂时没有合作意向的客户也要保持联系，不能对对方的回复不予理睬。

④ 再次跟进。如果客户对产品及价格比较满意，则需要引导订购，比如问订购的数量、时间、交易条件等，用这些来引导客户进入正题。如果发送邮件，客户没有反应，那么一周之后再发一封与上次有所变化的邮件。如果客户仍旧没有回复，则要考虑客户是否对产品不感兴趣。如果频繁地发送

邮件会引起客户的反感，那么不妨在接下来的第三封邮件里加上一条："如果贵司不希望收到此封邮件，请回复说明。"

总之，参加展会就应有所收获，这与你展前、展中及展后所做的工作密不可分。展览自己的产品及自己的形象是参展商的一大工作，所以说参加展会要"会展"。

2. 网络渠道

（1）行业展会网。各个行业都有各自的行业展会网，比如欧洲的 Eurobike、德国的 IFMA，还有美国的 CES 展会等。这些知名展会都有相关的主页，主页上面有所有参展商的联系方式、产品种类、参展商公司网站等重要的资料。

（2）外贸行业各大黄页网站。网络黄页，或称电子黄页、在线黄页等，将超链接引入，可以获得更加详细的公司及产品信息。区域黄页更把电子地图引入，拓展了网络黄页的价值。欧洲很多企业都有在黄页上刊登自己公司信息的习惯，这点类似于国内的中国电信出版的电话簿，不过这些黄页上一般没有公司的 E-mail 信息，这就需要你将黄页上查到的国外客户信息放入搜索引擎上进行相关的信息查询，比如在 Google 上输入 ABC 这个公司的名称，就有可能找到该公司的网站，从而找到联系人和 E-mail 地址之类的信息。国外黄页网站包括：欧洲黄页（www. europages. com）、美国黄页（www. superpages. com）、澳大利亚黄页（www. yellowpages. com. au），等等。

（3）搜索引擎。搜索引擎开发国外客户是较为普遍的营销渠道。我们要学会使用各个国家本地的搜索引擎，因为同样的关键词在某个国家的搜索引擎和在 Google 上搜索的结果肯定不一样，但应注意的一点是，在使用不同国家的搜索引擎时最好把关键词翻译成对应国家的语言。世界各国的搜索引擎地址可以通过 www. ustop. cn/world-search. htm 查找。

（4）国内网站资源。中国商务部主办的世界买家网（http://win. mofcom. gov. cn/）中的国外客户资料全部来自广交会，其中的《世界进口商》和《最新数据》每个工作日都会更新；福步外贸论坛是国内最大的外贸 BBS，从这里可以获得很多从事进出口所需要的信息。

（5）注册免费的 B2B 网。网上免费注册的 B2B 平台有很多，如阿里巴巴、环球资源网、中国制造网等，通过这些平台可以进行企业注册以及上传产品信息，达到让国外客户主动来联系我们的目的；也可以将免费与付费策略交叉使用，以提高产品信息的发布质量。

（二）选择客户的条件

客户调研在于了解欲与之建立贸易关系的国外厂商的基本情况，如客户的发展历史、资金规模、经营范围、组织情况、信誉等级等，还包括它与世界各地其他客户和与我国客户开展对外经济贸易关系的历史和现状。只有对国外厂商有了一定的了解，才可以与之建立外贸联系。我国对外贸易实际工作中，常有因对对方情况不清，匆忙与之进行进出口交易活动而造成重大损失的事件发生。因此在交易磋商之前，一定要对国外客户的资金和信誉状况有十足的把握，不可急于求成。

对客户的了解主要包括以下一些内容：

1. 客户背景

客户背景主要是指客户的政治经济背景及所在国对我国的态度，重点了解客户的政治背景、与政界的关系、公司企业负责人参加的党派及对我国的政治态度。

2. 资信状况

客户的资信包括企业的资金和信用两个方面。资金是指企业的注册资本、流动资金、固定资产、其他财产以及资产负债等情况，信用是指企业的信用等级、经营作风等。

3. 经营范围

企业的经营范围，主要包括商品的类别、经营的性质（用户或中间商、专营商或兼营商等）、经营业务的范围等。

4. 经营能力

经营能力主要是指企业的活动能力、销售渠道、贸易关系、经营做法以及经营的历史长短等。

（三）了解客户的途径

1. 银行调查

通过银行调查是最常见的一种方法。在我国，一般是委托中国银行办理。中国银行根据各进出口公司的要求，通过其国外的分支机构或其他往来银行在当地进行调查。

2. 驻外机构

委托我外贸公司驻外分支公司或商务参赞处进行调查，这种通过业务往来所获得的材料一般都比较具体可靠，对业务的开展有较大的参考价值。

3. 各种交流会议

利用国际博览会、交易会、各种洽谈会和客户来华做生意的机会了解有关信息。

4. 工商团体和征信机构

西方国家的工商团体如商会、贸易协会等一般都接受国外厂商委托调查所在地厂商的情况。征信所是西方国家专门办理这类业务的企业，广泛接受委托事项，并收取一定的费用。通过这种途径得到的资料，必须经过认真分析，不能轻信，只能作一般参考。

5. 官方资料

政府或有关部门公布的经济资料，如一国官方公布的国民经济总括性数据和资料，内容包括国民生产总值、国际收支状况、对外贸易总量、通货膨胀率和失业率等。

6. 专门的小组

可通过派遣专门的出口代表团、推销小组等进行直接的调研，获得第一手资料。

三、出口成本核算

出口商品的成本主要包括实际采购成本、国内费用和国外费用，这是构成出口商品价格的主要因素。加强成本核算，掌握出口总成本、出口销售外汇（美元）净收入和人民币净收入的数据，对估算和比较各种商品出口的盈亏情况，具有现实的意义。

（一）换汇成本的核算

换汇成本是指某出口商品换回一单位外汇需要多少元人民币成本，也就是说，用多少人民币（出口总成本）可换回单位外币（出口外汇净收入）。换汇成本反映出口商品换取外汇的能力。

$$\text{换汇成本}=\frac{\text{出口总成本（人民币）}}{\text{出口外汇净收入（美元）}}$$

从公式中可以看出，换汇成本与出口总成本成正比，与出口外汇净收入成反比。如果换汇成本值高于美元对人民币汇率，则意味着亏损，反之则为盈利，数值越低，盈利越多。

（二）盈亏率的计算

出口商品的盈亏率是考核出口商品的盈亏程度。根据以下公式计算，结果为正，为盈利率；结果为负，则为亏损率。

$$\text{盈亏率}=\frac{\text{出口外汇净收入（本币）}-\text{出口总成本（本币）}}{\text{出口总成本（本币）}}\times 100\%$$

四、制定进出口商品经营方案

制定经营方案，是指有关进出口公司在一定时期内根据国家的政策、法令，对其所经营的出口商品作出一种全面业务计划安排。它是交易有计划、有目的地顺利进行的前提。进出口商品经营方案一般包括以下内容：

1. 商品的国内货源情况

如生产地、主销地、主要消费地分布情况，商品的特点、品质、规格、包装、价格、产量、库存情况等。

2. 国外市场情况

如市场容量、生产、消费、贸易的基本情况，主要进出口国家的交易情况，今后可能发展变化的趋势，对商品品质、规格、包装、性能、价格等各方面的要求，国外市场经营该商品的基本做法和销售渠道等。

3. 确定出口地区和客户

在第一步行情研究、信息分析的基础上，选择最有利的出口地区和合作伙伴。

4. 经营历史情况

如我国出口商品目前在国际市场上所占地位、主要销售地区及销售情况、主要竞争对手、经营该种商品的主要经验和教训等。

5. 经营计划安排和措施落实

如销售数量和金额、增长速度、采用的贸易方式、支付手段、结算办法、销售渠道、运输方式等。

一般情况下，对大宗商品或重点推销的商品，应逐个制定商品经营方案；对其他商品，可以按商品大类制定经营方案；对一些中小商品，可以制定内容较简单的价格方案，仅对市场和价格提出分析意见，并规定对各个地区的出口价格以及掌握出口价格的原则和幅度。

经营方案应该是主观意图和客观实际的统一，但一个方案是否符合实际，需要在实践过程中加以检验。若在执行过程中发现不符合或不完全符合实际情况，应做出新的判断，并进行相应的修订。执行方案的过程，也是继续进行调查研究的过程。

【学习测试】

1. 外贸企业如何选择目标市场？
2. 外贸企业如何选择交易对象？
3. 企业在选择目标市场时还应注意处理好哪几个关系？

项目二 交易磋商环节

交易磋商（Business Negotiation），俗称商务谈判（Business Discussion），是指买卖双方或合作双方为购买、出售某种产品，提供某种服务，达成某种合作意向等就各项交易条件、服务类型、合作细节等进行详细洽谈、相互商量，以求双方能达成意见一致、互惠共赢的具体过程。

交易磋商一般流程

总体来说，交易磋商可以分为口头或书面两种形式。其中，口头磋商通常发生在客户来访、拜访客户、各类交易会或博览会等期间，交易双方通过面对面沟通，洽谈相关合作意向，或者在业务过程中通过电话、语音通话等方式沟通，为签订合同做交易前的准备工作；书面磋商通常包括买卖双方通过电子邮件（E-mail）、传真、微信（WeChat）、QQ、WhatsApp 等通信方式，以文字、图片、视频等形式确认交易细节，为签订合同做交易前的最后磋商确认。这两种磋商形式通常相互交替使用、优势互补，以书面磋商形式最为正式，且可以长期保存、核查。

不论是口头磋商还是书面磋商，一般都可以概括为询盘、发盘、还盘、接受四个程序。其中，发盘和接受是必不可少的两个程序，是合同签订、成立的重要条件。一项“有效”发盘一旦经对方“有效”接受后，双方即构成合同关系，交易合同即告成立。在国际贸易实践中，买卖双方一般通过签订书面合同来确定双方的法律关系，明确双方的权利、义务，彼此约束。

环节一 询盘

知识要点

1. 询盘的含义、内容及其重要性；
2. 询盘的法律效力。

技能要求

1. 能够口头列举、识别简单的询盘；
2. 能够用商务英语进行常规询盘。

询盘（Inquiry or Enquiry）是交易的一方有意购买或出售某种商品或提供某种服务，向对方探询买卖该商品或提供某种服务及有关交易条件的一种表示，或者就该项交易提出带有保留条件的建议。

实际业务操作中，询盘俗称询价，在法律上称询盘为“要约邀请”。询盘是一项交易的起点、源头，仅仅表达一种交易的意向，邀请未来可能开展合作的对象向自己发盘。询盘可以采用面对面洽谈、长途电话或语音通话等口头方式，也可以采用传真（FAX）、电子邮件（E-mail）、WeChat/QQ/WhatsApp 等沟通工具书面方式。

询盘主要是探询对方交易的意向和了解其交易条件，内容可以涉及价格、规格、品质、数量、包装、交货期以及索取样品、商品目录等，而多数是询问价格，所以俗称询价。如果是新客户，则必然有建立贸易关系的愿望，因此，在往来沟通中，除了说明要询问的内容外，一般还应告知信息来源、沟通目的、本公司简介、产品介绍、激励性语言和期望等，以促使对方尽快发盘为目的。

询盘既可由卖方发出，也可由买方发出。由于所涉及的内容均为探询和建议、参考性质，没有必须购买或出售的义务，因此对买卖双方均无法律约束力，也不是交易磋商的必经程序。但询盘是为了更好地了解市场行情、寻找最合适的交易伙伴的最佳途径，意义重大。

除了上述说法外，询盘还可以提出内容不肯定或附有保留条件的建议。例如，报价时使用参考价（reference price）或价格倾向（price indication）；再如，“以我方最后确认为准”（subject to our final confirmation）或“有权先售”（subject to prior sale）等。

在国际贸易实践中，通常使用下列一类词语来表示询盘，如：

请发盘……	PLEASE OFFER/SEND...
请告……	PLEASE ADVISE...
请报价……	PLEASE QUOTE/GIVE...
对……感兴趣，请报盘……	INTERESTED IN... PLEASE OFFER...

【例 3-2-1】买方询盘：

PLEASE OFFER CHINESE GROUNDNUT KERNELS UNGRADED 100MT NOVEMBER SHIPMENT CIF LONGDON.

（请报中国不分等级花生仁 100 公吨，11 月份装船，CIF 伦敦价格。）

【例 3-2-2】卖方询盘：

WE CAN SUPPLY CHINESE GROUNDNUT KERNELS W GRADE SHIPMENT NOV. /DEC. , PLEASE BID.

（可供中国花生仁 W 级，11 月至 12 月装船，请递盘。）

【学习测试】

1. 询盘的含义是什么？
2. 询盘有哪些方式？

环节二 发盘

知识要点

1. 发盘的含义、俗称及其重要意义；
2. 一项有效发盘成立的条件；
3. 发盘有效期的相关规定；
4. 发盘失效的分类。

技能要求

1. 能够准确判断一项发盘是否有约束力；
2. 能够用英文准确表述发盘的有效期。

一、发盘的含义

发盘（Offer）是指交易的一方（发盘人）向另一方（受盘人）提出各项交易条件并愿意按这些条件与对方达成交易、订立合同的行为表示。在实际业务中，发盘也可称为报盘、报价、发价、出价，发盘是交易磋商的必要环节。

发盘可以是应对方的询盘作出的答复，也可以在没有邀请的情况下主动发盘。发盘多数是由卖方发出，称作售货发盘（Selling Offer），也可以由买方发出，称作购货发盘（Buying Offer）或称递盘（Bid）或订单（Order）。

发盘在法律上称为要约（Condition），在发盘有效期内，发盘人不得任意撤销或修改其内容。发盘一经对方无条件接受，合同即告成立，将受其约束，发盘人承担按照发盘条件与对方订立合同的法律责任。发盘的交易条件通常以清单形式列出，一目了然。

【例 3-2-3】我进出口公司在收到买方发来的询盘（例 3-2-1）后发盘如下：

OFFER CHINESE GROUNDNUT KERNELS UNGRADED 55MT USD950 PER MT CIF LONDON SHIPMENT DECEMBER PAYMENT IRREVOCABLE SIGHT L/C SUBJECT REPLY HERE 18TH OCTOBER.

（兹发盘中国不分等级花生仁 55 公吨，每公吨 950 美元 CIF 伦敦，12 月份交货，以不可撤销的即期信用证付款，限 10 月 18 日复到。）

二、构成有效发盘的必要条件

1. 发盘应向一个或一个以上特定的人提出

即发盘必须指定受盘人，可以是一个人也可以是多个人，但必须向真实的公司或个人提出。若受盘人不指定，则只能视为发盘的邀请。提出此项要求的目的在于，把发盘同普通的商业广告及向广大公众散发的商品价目单区别开来。出口商向国外广泛寄发商品目录、价目表等一般也不构成有效发盘。

2. 发盘内容必须完整、明确、无保留

关于构成一项发盘究竟应包括哪些内容，各国法律规定不一。大多数国家的法律要求将合同的主要条件，一般包括品名规格、数量、价格、品质标准、付款方式、包装运输、交货时间、售后服务等，都要完整、明确、肯定地加以规定，不得附有任何保留条件。《联合国国际货物销售合同公约》规定："一个建议如果写明货物的名称并明示或暗示地规定数量和价格或规定如何确定数量和价格即为十分确定。"所谓"十分确定"，即指在提出的建议中至少包括下列三项基本要素：①应标明货物的名称（即"品名"）；②应明示或暗示地规定货物的数量或规定如何确定货物的数量（即"数量"）；③应明示或暗示地规定货物的价格或规定如何确定货物的价格（即"价格"）。但凡包含这三项基本要素订约建议，即可构成一项发盘。其他所缺少的条件、要素应理解为"按惯例"和"行业内一般交易条件"做法来处理，也就是说，发盘内容表面上不完整，但实际上是完整的。

《联合国国际货物销售合同公约》中关于发盘内容的上述规定，只是对构成发盘的起码要求。在实际业务中，若发盘的交易条件太少或过于简单，将会给合同的履行带来困难，容易产生误解，甚至引起争议。因此，企业在对外发盘时，最好将合同交易过程中涉及的主要内容一一列明。

在实践中，一个有效发盘的内容应该是完整的、明确的和无保留的。完整是具备主要交易条件，一般指品名、品质、数量、包装、价格、装运期和支付方式；明确是指意思表达清楚，解释确切，不会导致对当事人权利和义务理解的明显分歧；无保留是指发盘中不附有交易条件以外的限制性说明，如"以我方最后确认为准"等。

3. 发盘应有明确的订约意旨

即发盘人必须表明：其发盘一旦被受盘人接受、确认，就受其约束，承担与受盘人按发盘条件订立合同的责任，即告合同成立，无须再经发盘人确认。如果发盘只是订立合同的建议，根本没有"承受约束"的意思，就不能被认为是一项发盘。例如，在订约建议中加注"仅供参考""以……确认为准"等保留条件，都不是一项发盘，只是邀请对方发盘。

4. 发盘必须送达受盘人

按《联合国国际货物销售合同公约》规定，任何一项发盘只有被送达到受盘人时才生效。

讨论分析

我某公司与外商洽谈进口交易一宗，经往来电邮磋商，就合同的主要条件全部达成协议，并规定合同的争议适用中国法律，但在最后一次我方所发的表示接受的电邮中列有"以签订合同为准"。事后对方拟就合同草稿要求我方确认，但由于对某些条款的措辞尚待进一步研究，因此我方未及时给予答复。不久，该商品的国际市场价格下跌，外商催我方开立信用证，我方以合同尚未签订为由拒绝开证，双方发生争议。请问：我方拒绝开证是否可以？为什么？

三、发盘的有效期

发盘的有效期（Time of Validity，Duration of Offer）是指可供受盘人对发盘作出接受的时间或最后期限。每一项发盘应有一个合理的有效期。发盘人只有在发盘的有效期内受其约束，超过有效期，发盘人则不再受其约束。换句话说，受盘人在有效期内接受发盘，发盘人须承担按发盘条件与之订立合同的责任；而受盘人超过有效期作出接受，发盘人就不承担与之订立合同的责任。发盘的有效期对发盘人和受盘人而言，既是一种限制又是一种保障。

（一）发盘有效期的规定

对外发盘，一般采用明确有效期的规定方法，常见方式如下：

（1）规定接受最迟送达发盘人的时间点，即要求受盘人的接受必须在这一时间点前发出并送达发盘人，以及说明该时间点以何处时间为准。例如，“本发盘限 8 月 11 日复到有效，以北京时间为准”（Offer subject reply reaching here before Aug. 11th，Beijing Time）。

（2）规定一段接受时间，如“本发盘有效期为 10 天，或发盘限 10 天内复到有效（Offer reply in ten days）”。这种规定方法必须明确“一段时间”的起止问题。《联合国国际货物销售合同公约》规定：从电报交发时刻或信上载明的发信日期起算，若信上未载明发信日期，则从信封上所载日期起算；发盘人以电话、电传或其他快捷通信方式（如 WeChat/QQ/WhatsApp/E-mail）规定的接受期限，从发盘送达受盘人时起算。在计算接受期间时，接受期间内的正式假日或非营业日应计算在内。若接受期限的最后一天是发盘人营业地的正式假日或非营业日，则应顺延至下一个营业日。

讨论分析

H 公司有一批羊毛待售，4 月 2 日公司销售部以信件的形式向某市第一纺织厂发出要约，将羊毛的数量、质量、价格等主要条款做了规定，约定若发生争议将提交某仲裁委员会仲裁，并特别注明希望在 15 日内得到答复。但由于工作人员疏忽，信件没有说明要约的起算日期，信件的落款也没有写日期。4 月 4 日公司人员将信件投出，4 月 17 日纺织厂收到信件。恰巧纺织厂急需一批羊毛，第二天即拍发电报请其准备尽快发货。邮局于 4 月 19 日送达 H 公司。不料 H 公司却在 4 月 18 日由于未收到纺织厂的回信，已将羊毛卖给另一纺织厂。第一纺织厂几次催货未果，向仲裁委员会提请仲裁，要求 H 公司赔偿其损失。试对此案例进行分析。

（二）合理时间与口头发盘

在国际贸易实践中，对发盘的有效期可作明确规定，也可以不作明确规定。不作明确规定有效期的发盘，按惯例在“合理时间”内有效。在实际业务中，对何谓合理有效期，国际上并无统一规定，一般要结合商品的特点、市场行情等具体情况而定。例如，市场行情稳定时，发盘有效期可以规定较长，反之较短，甚至有“现时报价、一单一报价”等做法，多半按惯例处理。《联合国国际货物销售合同公约》中规定采用口头发盘时，除非发盘人发盘时另有声明外，受盘人只有当场表示接受，方可有效，事后无效。考虑到国际贸易交易双方营业地点的地理位置不同、公共节假日不同、时差等因素，发盘的有效期需要合理、科学。

没有约束力的发盘（Offer Without Engagement），是发盘人有保留地愿意按照所提条件达成交易的一种不肯定表示，也是发盘人不受发盘本身约束的一种发盘。从结构上看，没有约束力的发盘一般有下列特点：（1）交易条件不肯定；（2）交易条件不完整；（3）附有保留条件。

我们向国外新客户初次推销，或者应新客户的询盘，大多对外寄送报价单（Quotation Sheet）、价目表（Price List），这些都属于没有约束力的发盘，报价单上往往仅列出商品品名、规格、包装、单价，不提数量或装运期限。更主要的是，在报价单上，均声明“价格随时变更，无须通知”（The prices are subject to change without notice）或“以我方确认后有效”（Subject to our final confirmation）。

有些国家要求我们提供形式发票（Proforma Invoice），它是非正式的参考性发票，也属于没有约束力的发盘，一般最好在形式发票上注明“以我方确认后有效”字样。

四、构成发盘失效的情况

在实际业务中，一项发盘发出后，一般有生效、撤回、撤销、终止失效几种情况发生。

发盘失效即发盘的终止（Termination），是指发盘的法律效力消失，也就是发盘人不再受发盘的约束，受盘人失去接受该发盘的权利。在日常实践中，以下情况会造成原发盘的失效。

1. 发盘过期

过期是指超过发盘时规定的有效期。若是明确规定有效期的发盘，则指超过其规定的具体期限；若未明确规定有效期，则超过合理时间后，发盘即告失效。

2. 受盘人拒绝或还盘

拒绝是指受盘人收到发盘后，表示不接受或部分接受；一旦作出拒绝，发盘立即失效，即使尚未到期，也不再有效。还盘是指受盘人对发盘条件不完全同意而提出修改意见的表示，这种表示，实质上是对原发盘的拒绝或部分接受。因此，一旦作出还盘，原发盘也立即失效。

3. 有效的撤销

若发盘人对发盘进行有效撤销，则发盘失效。

4. 不可控因素出现

不可控因素是指发生了发盘人或受盘人难以控制的情况，如战争、封锁、政府禁令、发盘人死亡、法人破产等，这些情况或类似情况一旦出现，发盘立即失效。

以上四种情况的发生都可能导致发盘失效，但通常出现的情况是还盘及发盘过期，至于撤销、拒绝及不可控因素是很少出现的。

讨论分析

我方A公司3月15日向美国旧金山B公司发盘出售某商品200公吨，价格为每公吨1 500美元CIF旧金山，装运期为收到信用证后两个月内交货，凭不可撤销的信用证支付，限5天内答复。A公司于第二天收到B公司回电称："请将价格降至1 450美元CIF旧金山，其他交易条件不变。"A公司未做答复，又过了2天，B公司重新来函，表示愿意接受3月15日发盘，当时该商品的国际市场价格上涨了20%，A公司拒绝交货。试分析A公司这样做有无道理，并说明理由。

五、发盘的撤回和撤销

实际业务中，一项发盘发出后，出于某种原因，发盘人可能要求撤回或撤销原发盘，但发盘的撤回和撤销适用的情景不同。

发盘的撤回（Withdrawal），是指一项发盘在尚未送达受盘人之前亦即尚未生效之前，发盘人通知撤回的行为。按《联合国国际货物销售合同公约》规定："一项发盘，即使不可撤销，得予撤回，如果撤回通知于发盘送达受盘人之前或者同时送达受盘人。"

发盘的撤销（Revocation），是指一项发盘在已经送达受盘人之后亦即开始生效后，发盘人将其取消的行为。发盘在一定条件下可以撤销，但在某些条件下不得撤销。各国法律对发盘能否被撤销解释不一，英美法与大陆法存在严重的分歧：英美法系国家认为，在受盘人表示接受之前，即使发盘中规定了有效期，发盘人也可以随时予以撤销，除非受盘人付出"对价"以取得发盘人不得取消发盘的承诺；而大陆法系国家则认为，发盘一经发出后，原则上不得撤销。为了协调上述两大法系在发盘可否撤销的问题上的分歧，《联合国国际货物销售合同公约》采取了折中的规定：如果撤销的通知在受盘人发出接受通知之前送达受盘人，则发盘可以撤销；一旦受盘人发出接受通知，则发盘人无权撤销发盘。

此外，《联合国国际货物销售合同公约》还规定，下列两种情况下，发盘不得撤销：

第一，在发盘中规定了有效期，或以其他方式表明该发盘是不可撤销的；

第二，受盘人有理由信赖该发盘是不可撤销的，并已本着信赖采取了行动。

在实际业务中，一项发盘是否可以撤销，主要取决于受盘人是否因为撤销发盘而损害了自己的“切实利益”。

讨论分析

英国A商于10月3日向德国B商发出一项要约，出售某商品一批，B商于收到要约的次日（10月4日）上午答复A商，表示完全同意要约内容。但A商在发出要约后发现该商品行情趋涨，遂于10月5日下午致电B商，要求撤销其要约。A商收到B商承诺通知的时间是10月6日上午。根据《联合国国际货物销售合同公约》，A、B双方是否存在合同关系？请简述理由。

【学习测试】

1. 有效发盘的条件是什么？
2. 发盘的有效期有哪些规定方法？
3. 构成发盘失效的情况有哪些？
4. 发盘的撤回和撤销有什么异同？

环节三　还盘

知识要点

还盘的含义。

技能要求

能够准确判断还盘。

还盘（Counter Offer），也称还价，是指受盘人接到发盘后，对发盘的交易条件不同意或不完全同意的行为表示，为了进一步磋商交易，对发盘提出变更或修改意见。还盘可以口头提出，也可以书面方式提出，可以针对价格条款、品质标准、数量要求、装运时间、付款方式、售后政策等提出修改要求。法律上称还盘为“反要约”或“新要约”。

【例 3-2-4】国外买方收到我进出口公司的发盘（例 3-2-1）后，于 10 月 17 日还盘：

YOUR OFFER PRICE TOO HIGH COUNTER OFFER USD930 SUBJECT REPLY HERE 23RD. OCT.

（你方发盘价太高，还盘 930 美元，限 10 月 23 日复到。）

还盘实际上是受盘人以发盘人的角色发出的一个新盘，原发盘人成为新盘的受盘人；还盘又是受盘人对发盘的拒绝，发盘因对方还盘而失效，原发盘人不再受其约束，即受盘人不得再接受原发盘。

还盘可以在交易双方之间反复进行，还盘的内容通常仅陈述需要变更或增添的条件，对双方同意的交易条件无须重复。所谓再还盘，就是对还盘的还盘，同上述还盘的性质一样，再还盘是对还盘的拒绝，是还盘人针对还盘而发出的新发盘，是双方考虑成交的新的条件。一笔交易往往经过还盘及往返多次的再还盘才能达成。

还盘与再还盘不仅可以就商品价格的高低提出意见，也可以就交易的其他条件提出意见。在我国出口业务中，对国外商人所作的还盘与再还盘，应进行认真的分析：(1) 从结构上判断其是有约束力的发盘还是没有约束力的发盘：如果是没有约束力的发盘，一般只作参考，不一定要作答复；如果是有约束力的发盘，则必须进一步与原盘认真核对，分析其变更和新添的内容；(2) 结合市场动态、客户经营情况、客户所在国的经济政治情况以及其他客户的磋商经历，摸清对方的真实意图后，有针对性地就还盘或再还盘中所提出的条件进行磋商，争取达成交易、互利双赢。

【学习测试】

1. 什么是还盘?
2. 还盘是不是一项新的发盘?

环节四　接受

知识要点

1. 接受的含义及重要性；
2. 有效接受成立的条件；
3. 几种特殊情况下接受的效力。

技能要求

1. 能够准确判断一项接受的效力，以便明确合同关系是否确立；
2. 能够运用所学的知识对相关案例进行分析。

一、接受的含义及重要性

接受（Acceptance）是指受盘人在发盘的有效期内，以声明或行为表示无条件地同意发盘中提出的各项交易条件，愿意按这些条件和对方达成交易、订立合同的一种肯定表示。一方的发盘经另外一方接受，交易即告达成、合同即告订立，对买卖双方都有约束力，任何一方都不得任意更改或撤销。接受在法律上称为"承诺"，它是交易磋商的最后一个环节，发盘和接受是达成交易的两个必不可缺少的程序。

接受可由卖方作出，也可由买方作出。表示接受的电邮、信息或口头答复，内容可以很简单，如仅列明"你方 8 月 10 日邮件内容，我方接受（或确认、同意）"（WE ACCEPT（CONFIRM/AGREE）YOUR EMAIL/INFORMATION/REPLY DATED 10TH AUGUST），而不重复列出有关的交易条件。有时因成交金额较大、产品细节多、交易条件多和变化大、邮件或其他沟通方式来回次数多等而反复还盘；力求谨慎，避免差错或误解，虽还盘中仅涉及需要变更的交易条件，但在接受时最好汇总全部条件，尤其是重要部分。

二、构成有效接受的条件

根据各国法律和《联合国国际货物销售合同公约》的有关规定，要求受盘人对一项发盘表示接受，必须同时具备以下四个条件，才能构成一项法律上的有效接受。

1. 接受必须由受盘人作出

发盘是向特定的受盘人作出，与其相对应，接受必须由指定的受盘人作出。除受盘人之外的第三者作出的接受都不是有效接受，只能视作一项新的发盘。

2. 接受必须表示出来

根据《联合国国际货物销售合同公约》规定，缄默与不行动本身不等于接受，接受必须由受盘人以某种方式明确表示出来。在实际业务中，接受的表示方式有口头或书面声明，也可以用行为来表示，通常是用卖方发运货物或买方支付货款（或开立信用证）来表示，也可以用其他"实际行动"行为来表示，如发盘人开始生产合同约定的货物等。该类行为必须在发盘明确规定的有效期内或者在合理的有效期内，也能构成有效接受。

3. 接受必须是无条件的

根据《联合国国际货物销售合同公约》规定，受盘人必须无条件地全部接受发盘的条件，才能表明双方就有关的交易条件达成一致，合同才能成立；只接受发盘中的部分，或对发盘条件提出实质性的变更，或提出有条件的接受，均不能构成接受，只能视作还盘。因此，接受应该是绝对地、完全地、无条件地符合发盘要求。

4. 接受必须在发盘规定的有效期内送达发盘人

通常情况下，一项发盘要有明确的有效期，接受必须在发盘的有效期内送达发盘人才能生效。如果发盘中没有明确的有效期，那么接受通知必须在一个合理的时间内送达发盘人方为有效。有效期既是对发盘人约束的期限，又是受盘人接受发盘的期限。受盘人只有在有效期内接受发盘，发盘人才承担按发盘条件与之订立合同的责任，过期则不再受其约束。此外，发盘人发盘时，有的需要具体规定接受的传递方式，但大多数情况下并不规定接受的传递方式。如果发盘没有规定接受的传递方式，则受盘人可按发盘所采用的，或采用比其更快的传递方式将接受通知送达发盘人。

讨论分析

香港某中间商 A，就某商品以电传方式邀请我方发盘，我方于 6 月 8 日向 A 方发盘并限 6 月 15 日复到有效。12 日我方收到美国 B 商人按我方发盘条件开来的信用证，同时收到中间商 A 的来电称："你方 8 日发盘已转美国 B 商"。经查该商品的国际市场价格猛涨，于是我方将信用证退回开证银行，再按新价直接向美商 B 发盘，而美商 B 以信用证于发盘有效期内到达为由，拒绝接受新价并要求我方按原价发货，否则将追究我方的责任。请问：对方的要求是否合理？为什么？

三、有条件的接受

如前所述，接受必须与发盘相符，是无条件的接受。但实际业务中，有相当一部分，受盘人在答复发盘时，使用了"接受"（Accepted）字样，但又对接受的发盘内容作出某些添加、限制或其他变更，对发盘条件提出了实质性的更改，这类接受均为无效接受。

从法律上讲，有条件的接受，只能是还盘。但是便于国际贸易开展需要，《联合国国际货物销售合同公约》对"有条件的接受"又做出了一些特殊规定，把发盘中交易条件的变更、限制或添加，分为实质性变更（Material Alteration）和非实质性变更（Non-material Alteration）。

受盘人对货物的价格、品质、数量、支付方式、交货时间和地点、一方当事人对另一方当事人的赔偿责任范围或解决争端的办法等条件提出的添加或变更，均为实质性变更，此类接受无效，只能视作还盘。如果所作的添加、限制或变更的条件属于非实质性交易条件，如需要重量单、原产地证明或增加某些单据的份数、指定船公司等，则除非当事人及时对这些变更或添加提出异议，否则该接受视为有效，合同将按原发盘添加或变更后的交易条件履行生效。一般地，涉及货物成本的变化、承担的风险变化等切身利益都为实质性变更。

讨论分析

我方A公司向美国旧金山B公司发盘出售某商品100公吨，价格为每公吨2 500美元CIF旧金山，装运期为收到信用证后两个月内交货，凭不可撤销的信用证支付，限三天内答复。A公司于第二天收到B公司回电称："ACCEPTANCE YOUR OFFER SHIPMENT IMMEDIATELY"。A公司未做答复，又过了两天，B公司由花旗银行开来即期信用证，证内注明："SHIPMENT IMMEDIATELY"。当时该商品国际市场价格上涨了20%，A公司拒绝交货，并立即退回信用证。试分析A公司这样做有无道理，并说明理由。

四、重新接受

重新接受是指受盘人接到一项发盘时，首先作出了拒绝或还盘，然后又表示接受。这种接受是否有效，要根据情况而定。如果受盘人采用更加快捷的传递方式将接受通知发出，并使其先于拒绝或还盘送达发盘人，则该项接受有效；如果接受通知与拒绝或还盘同时送达发盘人，或者迟于拒绝或还盘送达发盘人，则此项接受无效。这是因为拒绝或还盘一旦送达发盘人，原发盘即告失效，受盘人只是在接受一项无效的发盘。但在实际业务中，大部分取决于发盘人的态度或合作意愿。

讨论分析

我某公司于10月17日向美商发电，以每打95.50美元CIF纽约的价格提供全棉男衬衫500打，限10月23日复到有效。10月20日收到美商来电称价格太高，若每打为85美元则可接受。10月22日又收到美商来电："接受你10月17日发盘，信用证已开出。"但我方由于市价上涨未作回答，也没有发货，后美商认为我方违约，要求赔偿损失。请问：我方是否应赔偿？为什么？请结合该案例，谈谈诚信问题在国际贸易中的意义和作用。

五、逾期接受

如果接受通知超过发盘规定的有效期或超过合理的时间才送达发盘人，那么这就是一项逾期接受或称为"迟到"接受。一般情况下，发盘人不受其约束，逾期接受无效。但按《联合国国际货物销售合同公约》的相关规定，以下两种情况下，逾期接受仍然有效：

（1）如果发盘人收到逾期接受后，毫不迟延地用口头或书面通知受盘人，确认该项接受继续有效，则该逾期接受仍然有接受的效力，合同关系也是接受通知到达时生效。

（2）接受通知在传递过程中出现的不顺畅情况，造成了接受通知传递延误。从传递过程中使用的信函、电邮或其他方式载明的发出时间推断，足以证明能在有效期内送达，不会出现逾期接受，而实际出现了不可控意外情况干扰，对于这种逾期接受，除非发盘人毫不迟延地通知受盘人，发盘因逾期而失效，否则该接受有效，合同关系也是接受通知到达时生效。

讨论分析

1. 某出口公司于10月20日向外商A发盘某商品，限10月28日复到。10月28日外商A电传表示接受，由于传递过程中的延误，表示接受的电传于10月29日上午送到我方。我方认为答复逾期，未予理睬。这时，该商品的国际市场价格已上涨，我公司以较高价将该商品出售给另一个商人。11月3日，外商A来电称："信用证已开出，请立即装运。"我公司复电："逾期接受合同不成立。"而外商A坚持认为合同已成立。请问：根据《联合国国际货物销售合同公约》的解释，此合同是否成立？为什么？

2. 我某出口企业于8月2日向法商发盘供应东北大豆1 000公吨，限8月8日复到，法商表示接受的电传于8月9日上午送到我方，当时我方即电话通知对方其接受有效，并着手备货。一周后，大豆价格剧烈下跌，法商于8月17日来电称："9日电传系在你方发盘已失效时作出，属无效接受，故合同不能成立。"请问：你认为法商这一说法合理吗？

六、接受的撤回

对于接受能否撤回或撤回是否有效，《联合国国际货物销售合同公约》规定：在接受送达发盘人之前，受盘人将撤回或修改接受的通知送达发盘人，或两者同时送达，则接受可以撤回或修改。

《联合国国际货物销售合同公约》采用的是"到达生效"原则，接受一旦送达，即告生效，合同成立，受盘人无权单方面撤销或修改其内容；否则，撤销接受，即撤销合同，本质上已经属于毁约行为。

【学习测试】

一、简答题

1. 构成有效接受的条件有哪些？
2. 有条件的接受分为几种类型？请具体阐述。

3. 什么是重新接受和逾期接受?

二、名词解释

1. 有条件的接受　　2. 逾期接受　　3. 重新接受

三、比一比

有条件接受中的实质性变更和非实质性变更。

四、案例分析

某进出口公司欲进口包装机一批，对方发盘的内容为:“兹可供普通包装机 200 台，每台 100 美元 CIF 青岛，6 至 7 月份装运，限本月 21 日复到我方有效。”我方收到对方发盘后，在发盘规定的有效期内复电:“你方发盘接受，请内用泡沫，外用木条包装。”请问:我方的接受是否可使合同成立?为什么?

项目三 签订合同

知识要点

1. 合同的含义;
2. 合同的形式、内容和组成部分。

技能要求

1. 能够根据交易磋商的内容或所给的条件填制合同或制作形式发票的主要条款;
2. 能够在实践中真正认识到书面合同签订的意义及其重要性;
3. 能够在实践中掌握买卖双方签署合同的细节、流程等。

一、合同成立的时间和地点

《中华人民共和国合同法》第 2 条规定:“本法所称合同是平等主体的自然人、法人、其他组织之间设立、变更、终止民事权利义务关系的协议。”这一定义表明，合同的本质是两个或两个以上的当事人意思相合、意愿一致所订立的协议。在国际贸易中，买卖合同成立的时间和地点是十分重要的问题。

《联合国国际货物销售合同公约》和我国《合同法》均规定，合同于接受生效时成立。根据《联合国国际货物销售合同公约》的规定，接受送达发盘人时生效，接受生效的时间，实际上就是合同成立的时间，合同一经订立，买卖双方即存在合同关系，双方必须按合同规定行事。我国《合同法》还规定，接受生效的地点为合同成立的地点。

我国《合同法》还进一步规定，采用合同书形式订立合同的，合同自双方签字或盖章时成立；双方的签字或盖章地点即为合同成立的地点。但有一种情况例外，即在签字或盖章之前，若一方当事人已经履行主要义务且对方已接受的，则合同已经成立，对方接受履行的地点即为合同成立的地点。

当事人采用信件、数据电文、电子邮件及现代化通信工具（如 WeChat/QQ/WhatsApp）等形式订立合同的，可以在合同成立之前要求签订确认书，签订确认书时合同成立。除当事人另有约定外，采用信件、数据电文、电子邮件及现代化通信工具（如 WeChat/QQ/WhatsApp）等形式订立合同的，收件人的主营业地为合同成立的地点；没有主营业地的，其经常居住地为合同成立的地点。

以上是《联合国国际货物销售合同公约》和我国《合同法》总则中涉及合同成立地点、时间的条款规定，从条款来看，二者没有必然的联系。合同成立时间多关联诉讼时效，合同签订地有可能成为确定解决合同纠纷的有管辖权的法院的依据。如果双方当事人在合同中约定，合同纠纷由合同签订地的法院管辖，那么当产生纠纷时，应当在合同签订地的法院提起诉讼。

二、签订合同的意义

在实际业务开展中，经过交易磋商，一方的发盘或还盘被对方有效接受后，就达成了交易，建立了合同关系。一般地，买卖双方通常还需要签订一份正式的书面合同来明确约定双方的权利、义务等。《联合国国际货物销售合同公约》以及大多数国家的法律对买卖合同的形式，原则上不加以限制，无论是采用书面形式还是口头形式，均不影响合同的效力。我国《合同法》明确规定，依法成立的合同，自成立时生效，对当事人具有法律约束力，并受法律保护。

按惯例，签订书面合同具有以下三个方面的意义：

1. 书面合同是合同成立的证据

根据法律的规定和国际惯例，合同必须通过提供证据能被证明双方合同关系的存在。

当双方当事人在事后发生争议提交仲裁或诉讼时，仲裁庭或法庭首先要先确定双方是否建立了合同关系，要求双方当事人对合同关系的存在提供有力的证据，可以是人证，也可以是物证；如果没法提供充足的证据，则合同很难得到法律保护。通常情况下，交易双方采用函电、E-mail 以及现代化通信工具（如 WeChat/QQ/WhatsApp）磋商达成的合同，举证很容易；但如果是采用口头谈判达成的合同，则难以举证，尽管《联合国国际货物销售合同公约》及大多数国家的法律都认可口头合同的效力，但在茫茫的国际贸易商海中，交易双方签订一份合法、合规、明确的书面合同意义重大。

2. 书面合同是履行合同的依据

在国际贸易程序中，交易磋商达成后，合同的履行将涉及企业内部许多部门和企业外部相关机构。例如，企业内部需要通知财务部门收付款、采购部门采购物料、物流仓储部门收发货等，企业外部需要沟通银行、物流货代、保险融资公司、报关商检手续办理等，程序非常多而复杂。如果仅有口头合同，那么履行内容在相关部门及跟进人员之间沟通、传递、流转过程中将非常不便，很可能会导致理解上有偏差，造成误解、产生损失等，且在向外部相关机构申报、办理相关手续时，将不会被受理等。即使是通过信件、电报、E-mail 以及现代化通信工具（如 WeChat/QQ/WhatsApp）磋商达成的交易，若不整理成一份正式的书面合同，履行过程中也会出现很多问题。因此，买卖双方无论通过口头磋商还是书面磋商，在达成交易后，双方签订一份书面的合作合同，明确交易条件，确定双方的权利、义务，作为合同履行的依据，是十分重要的。

3. 书面合同有时作为合同生效的条件

《联合国国际货物销售合同公约》和大多数国家的法律规定，只要接受生效，合同即告成立。但在有些情况下，签订书面合同则是合同成立的前提条件，如在交易磋商过程中，一方事先声明“以签订书面合同为准”等。经买卖双方签署的合同或确认书都是法律上有效的文件，对买卖双方具有同等的约束力。

三、书面合同的形式与内容

（一）书面合同的形式

从国际贸易产生至今，书面合同的形式没有特定的格式和限制，形式多样。买卖双方既可采用正式的合同、确认书、协议，也可采用备忘录、往来 E-mail 打印、现代化通信工具（如 WeChat/QQ/WhatsApp）确认记录打印等各种形式。在我国对外贸易历史进程中，传统上使用合同（Contract）、确认书（Confirmation）、协议（Agreement）、备忘录（Memo）等形式，但随着经济全球化、贸易便利化、市场规范化、沟通信息化的不断深入，尤其是中小型企业，基本都是直接互签形式发票（Proforma Invoice，PI）、订单

(Purchase Order，PO) 来代替合同，以此来简化贸易程序。

1. 合同 (Contract)

日常业务开展中，主要使用销售合同 (Sales Contract) 和购货合同 (Purchase Contract) 两类。其格式基本一致，主要内容包括品名规格、质量标准、货物数量、价格术语、装运细节、付款方式、运输包装、售后服务、检验检疫、保险办理等，以及索赔、仲裁、不可抗力等一般交易条款。

我国《合同法》第 12 条规定："合同的内容由当事人约定，一般包括以下条款：(1) 当事人的名称或者姓名和住所；(2) 标的；(3) 数量；(4) 质量；(5) 价款或者报酬；(6) 履行期限、地点和方式；(7) 违约责任；(8) 解决争议的方法。当事人可以参照各类合同的示范文本订立合同。"

2. 确认书 (Confirmation)

关于确认书，我国《合同法》第 33 条规定："当事人采用信件、数据电文等形式订立合同的，可以在合同成立之前要求签订确认书。签订确认书时合同成立。"双方达成书面协议以后，一方要求以其最后的确认为准，即所发出的确认书实际上是其对要约所作出的最终的、明确的、肯定的承诺。

一般地，外贸业务中所使用的确认书，分为销售确认书 (Sales Confirmation) 和购货确认书 (Purchase Confirmation)。这两种名称不同的确认书，其格式基本一致，但都比较简单，是合同的简化形式。内容一般包括商品的名称、规格、数量、单价、运输、交货期、付款方式、保险等条款，一般都没有把异议索赔、仲裁、不可抗力等条款列入。确认书主要适用于交易金额不大、批量订单较多，或者常见贸易中的代销、包销等长期合作的交易双方之间，当达成交易后，通常由一方填制一式两份，经双方签字后，各自保存一份，无正本和副本之分。

(二) 书面合同的内容

在国际贸易实践中，交易合同的内容通常包括约首、本文和约尾三个部分。

(1) 约首，即合同第一部分（首部）。主要有合同名称、合同编号、缔约双方全名（或姓名）、完整地址和联系方式（如电话、传真、E-mail 地址等）、合同签订的日期和地点、合同引言等内容。合同引言通常是表达双方订立合同的意愿和履行合同的保证，对双方具有约束力。例如：This Sales contract is made by and between The Sellers and the Buyers，whereby the Sellers agree to sell and the Buyers agree to buy the undermentioned goods according to mutual benefits.

(2) 本文，即合同的主体部分，是合同的主要组成部分，通常分为主要交易条款、一般交易条款，是交易双方通过充分磋商达成的一致内容，明确了双方当事人具体的权利和义务。主要条款有品名、品质、单价、数量、总额、包装、装运、保险、支付方式等，一般条款有检验检疫、索赔、不可抗力、仲裁、单据要求等内容。

1）主要条款：①商品名称（Name of Commodity）；②品质和规格（Quality and Specification）；③数量（Quantity）；④价格（Price）；⑤金额（Total Amount）；⑥包装（Packing）；⑦装运（Shipment）；⑧保险（Insurance）；⑨支付方式（Terms of Payment）等。

2）一般条款：位于合同主体部分的最后，又称作一般交易条件（General Terms and Conditions），通常以备注（Remarks）形式出现在合同结尾部分。主要有检验检疫（Inspection & Quarantine），包括检验检疫机构名称、证书的作用等内容；不可抗力（Force Majeure），包括不可抗力的范围、通知对方的方式、责任的免除等；仲裁（Arbitration），包括仲裁机构、仲裁地点、仲裁程序和仲裁结果；单据（Documents），包括单据的种类、份数及特殊要求等。

（3）约尾，即合同的结尾部分，通常列明合同使用的文字（一般为中文/英文）、效力、份数及其附件效力和合同双方当事人的签字、盖章等内容。

在订立书面合同时，应做到内容完备、条款明确、文字严密、逻辑清晰，且与双方磋商的最终内容要一致，便于保障合同的正常履行。

【学习测试】

国际贸易中“六个环节”和“五个一体”概述

一、简答题

1. 合同成立的时间和地点分别有哪几种情况？请具体说明。
2. 请细述签订书面合同的意义。
3. 书面合同包括哪些内容？
4. 合同和确认书有哪些异同点？

二、名词解释

1. 约首　　2. 合同主体　　3. 约尾

国际贸易的环节

三、技能实训

1. 下面是我国某出口公司与伦敦某公司洽谈蝴蝶牌缝纫机JA-1型的往来电传。

9月5日来电：

有兴趣购买蝴蝶牌缝纫机JA-1型3000架，即装，请报价。

（INTERESTED IN BUTTERFLY BRAND SEWING MACHINE MODEL JA-1 3000 SETS PROMPT SHIPMENT PLEASE QUOTE）

9 月 6 日去电：

蝴蝶牌缝纫机 JA-1 型 3000 架木箱装每架 137 美元 CIFC2 伦敦 10/11 月装运即期信用证支付限 9 日复到

（BUTTERFLY BRAND SEWING MACHINE MODEL JA-1 PACKED IN WOODEN CASES 3000 SETS USD137 PER SET CIFC2 LONDON OCT/NOV SHIPMENT SIGHT CREDIT SUBJECT REPLY HERE NINTH）

9 月 8 日来电：

你 6 日电传歉难接受竞争者类似品质报 125 美元请速复

（YOUR TLX SIXTH REGRET UNABLE ACCEPT COMPETITORS QUOTING SIMILAR QUALITY USD125 PLEASE REPLY IMMEDIATELY）

9 月 10 日去电：

我 6 日电传重新发盘限 13 日我方时间复

（OURS SIXTH RENEW OFFER SUBJECT REPLY THIRTEENTH OUR TIME）

9 月 12 日来电：

你 10 日电传接受如 125 美元 CIFC3D/P 即期请确认

（YOURS TENTH ACCEPT PROVIDED USD125 CIFC3 D/P SIGHT PLEASE CONFIRM）

9 月 13 日去电：

你 12 日电传最低价 130 美元即期信用证限 15 日复到

（YOURS TWELVETH BEST USD130 SIGHT CREDIT SUBJECT REPLY REACHING HERE FIFTEENTH）

9 月 14 日来电：

你 13 日电传接受再订购 500 架同样条件即复

（YOURS THIRTEENTH ACCEPT BOOK ADDITIONAL 500 SETS SAME TERMS REPLY PROMPTLY）

9 月 15 日去电：

你 14 日电传确认请速开证

（YOURS FOURTEENTH CONFIRMED PLEASE OPEN L/C IMMEDIATELY）

9 月 16 日来电：

你 15 日电传信用证将由伦敦邮政信箱第 345 号 ABC 公司开立

（YOURS FIFTEENTH CREDIT WILL BE OPENED BY ABC COMPANY P. O. BOX NO. 345 LONDON）

根据上述往来电传回答下列问题：

（1）判断上述电传哪些是发盘，哪些是还盘。

（2）列出此笔交易达成的主要条款内容。

2. 根据下列成交资料缮制合同：

品名：Tri-Circle Brand Brass Padlock

单价：USD7.357 per dozen CFR Bangkok（FOB Value USD6,290.90, Freight USD330.4）

总值：USD6,621.30

包装：In wooden cases of 80 doz. each

船名：East Wind

Shipping Mark：ABD
BANGKOK
NO. 1－9

合同编号：0511

签约日期：2018 年 11 月 25 日

装运期：不迟于 2019 年 3 月 15 日

付款条件：不可撤销的、全部发票金额之即期信用证，在上海议付，有效期至装运日期后第 15 天在中国到期。

模块四

合同履行

在国际贸易中，买卖双方经过交易磋商、签订合同以后，就进入合同的履行阶段，双方各自享有合同所规定的权利和承担合同所约定的义务。履行合同是当事人双方的共同责任，是进出口业务中的重要环节。《中华人民共和国合同法》规定："依法成立的合同，对当事人具有法律约束力。当事人应当按照约定履行自己的义务，不得擅自变更或者解除合同。"卖方的基本义务是，按照合同规定交付货物，移交一切与货物有关的单据和转移货物的所有权；买方的基本义务是，按照合同规定支付货款和收取货物。我国《合同法》还规定："当事人应当遵循诚实信用原则，根据合同的性质、目的和交易习惯履行通知、协助、保密等义务。"按时、按质、按量履行合同规定的义务，不仅关系到买卖双方行使和取得各自的权利和义务，而且关系到国家的对外信誉。合同履行涉及进出口企业、银行、检验检疫机构、海关、运输、保险、有关政府机构等相关部门，只有各部门通力协作，合同履行才能顺利进行。

合同履行分为出口合同履行和进口合同履行两种情况。

出口合同履行如果以 CIF 价格条件成交，以信用证方式付款，其程序一般是：申请出口许可证→备货→催证→审证、改证→托运订舱→关检申报、投保→制单结汇→出口退税和出口收汇核销等。程序复杂，环节众多，但概括起来，又以货（备货）、证（催证、审证、改证）、船（租船、订舱、报关和保险）、款（制单结汇）四个环节最为重要。

进口合同如果以 FOB 价格条件成交，以信用证方式付款，其程序一般是：申请进口许可证→开立信用证→租船订舱→办理保险→审单付款→关检申报→提货和索赔等。

进口贸易与出口贸易是一个问题的两个方面，进口贸易所涉及的合同条款及交易磋商的内容与前两个模块相同，因此并没有分开编写。为保证教材体系的完整性，本模块将分别介绍出口合同履行和进口合同履行的主要环节，但每个环节的具体操作不是本教材的重点，具体内容将会在其他课程中体现。

业务一

出口合同履行

出口合同的履行

出口合同履行是出口商根据与外方签订的国际贸易合同，履行合同里规定的卖方义务的行为。我国出口贸易大多采用海洋运输，一般贸易是最基本的形式，而以 CIF 条件成交并按信用证方式收款的出口合同涉及面广且工作环节更多。为了提高履约率，出口商必须加强同有关部门的协作与配合，力求把各项工作做到精确细致，尽量避免出现脱节情况，做到环环扣紧、井然有序。

环节一　申领出口许可证、备货

知识要点

1. 申请出口许可证的材料；
2. 备货的流程；
3. 备货的注意事项。

技能要求

1. 能够遵守国家法规规定，申请出口许可证；
2. 能够重合同、守信用，按照合同或信用证要求备货。

一、申请出口许可证

出口许可证是由国家对外经贸行政管理部门代表国家统一签发的、批准某项商品出口的具有法律效力的证明文件，也是海关查验放行出口货物和银行办理结汇的依据。我国对部分出口商品实行出口许可证管理制度，每年底商务部和海关总署会联合发布下一年的《出口许可证管理货物目录》。出口企业可以登录商务部网站，查询当年的目录以确定出口商品是否需要申请出口许可证，同时也可查到出口许可证的发证机构。需要申请许可证时，出口企业应按照国家法规的规定，向发证机构交验出口许可证申请表、出口货物配额或者其他有关批准文件、对外贸易经营者备案登记表等规定的材料。发证机构自收到符合规定的申请之日起 3 个工作日内签发出口许可证。

二、备货

备货就是根据出口合同和信用证的规定，按时、按质、按量地准备好应交货物，以保证按时出运。备货是履行出口合同的基础，在整个出口流程中有着非常重要的地位。备货工作的内容主要包括：向生产、供货部门或仓储部门安排和催交货物，核实应交货物的品质、规格、花色、数量，进行必要的加工整理、包装、刷唛等。

（一）备货的流程

出口交易中，出口方的主体不同，出口备货的流程也有所不同。如果出口方是外贸企业，则需要与国内生产供货企业签订采购合同；如果出口方是具有进出口经营权的生产企业，则应该及时安排好出口商品的生产；如果出口方是通过外贸企业代理出口的生产企业，则应该与代理公司密切合作，按时完成出口商品的生产。相对来说，外贸企业的备货流程环节最多，而有进出口经营权的生产企业的备货比较简明。

生产企业的备货是向自己的生产加工或仓储部门下达联系单（在有些企业称其为加工通知单、备货单等），要求按联系单的内容进行生产加工或者要求仓储部门按联系单的内容对货物进行清点、整理、包装和刷制唛头，使货物符合合同中规定的要求。外贸企业的备货，要先与国内有关生产企业联系货源，按照进出口合同有关货物品质、数量等要求订立国内采购合同；工厂交货前，外贸企业应提前做好准备，包括确定进货的存放地点、堆码垛型、保管方法、必要的检验工具等；工厂交货时，外贸企业应认真验货，保证出口货源的数量准确、质量完好。

（二）备货的注意事项

按照重合同、守信用的原则和为了顺利结汇，备货过程中要注意以下几点：

1. 货物的品质必须与出口合同的规定相一致

货物的品质、规格等应与出口合同的规定保持一致，对不符合规定的商品应立即更换，以免买方拒收货物或提出索赔要求。在备货过程中，要充分注意到这一点。

2. 备货的数量应保证能满足合同或信用证的要求

货物的数量是国际货物买卖合同的主要条件之一，卖方按合同规定的数量交付货物是卖方的重要义务。备货数量一般以略多于出口合同的规定数量为宜。

3. 货物的包装要与合同规定一致

卖方必须按照合同规定的包装方式交付货物。倘若合同对包装未作具体规定，应按《联合国国际货物销售合同公约》第 35 条第 2 款的规定：“应按照同类货物通用的方式装箱或包装。如果没有此种通用方式，则应按照足以保全和保护货物的方式装箱或包装。”

4. 运输标志（唛头）的式样要符合合同的规定

整装刷唛的意义是“将货物特定化”。业务中，仓储货运部门应及时按合同、信用证规定的内容刷制唛头。对于运输标志的式样，若合同有规定或进口方另有指定，则必须按合同规定或客户指定的办理；若合同未规定，进口方对此也无要求，则由出口方自行选定刷制，而且要做到字迹清晰、位置醒目、刷制正确。若进口国有关当局规定包装标志必须使用特定文字的，应予照办。

5. 货物备妥的时间应与出口合同和信用证规定的装运期限相适应

交货时间是国际货物买卖合同的主要交易条件，若有违反，买方不仅有权拒收货物并提出索赔，甚至还可宣告合同无效。因此，货物备妥的时间，尤其是进出口公司在与国内生产企业签订采购合同时，企业的交货期必须适应出口合同和信用证规定的交货时间和装运期限，并结合运输条件，进行妥善安排。

【学习测试】

1. 根据一个商品的名称及 HS 编码，查询出口该商品是否需要申请出口许可证。

2. 模拟备货工作的流程。

环节二　催证、审证和改证

知识要点

1. 审证的重要性和依据；
2. 不同当事人审核信用证的侧重点；
3. 需要改证的情形和应注意的问题。

技能要求

1. 初步掌握信用证审核的要点及方法；
2. 能够撰写信用证修改函；
3. 认识工作责任心的重要性。

一、催证

在信用证支付方式下，按时开来信用证是买方的一项义务，也是卖方履约的前提。但在实际出口业务中，有时国外客户由于资金短缺或市场形势发生变化等原因，往往会拖延开证，从而影响卖方按期履行出口合同和安全、及时地收汇。因此，在实际业务中，若合同规定的开证期将到或已到，应及时提醒或催促买方开证；若合同中未规定开证日期，卖方应结合备货情况和装运期在合理的时间内催开信用证。

催证可以采用的方式有信函、传真、E-mail或请银行代为催证等。对那些经反复催证仍不按时开证的进口商，卖方一定要提出保留索赔权的申明，否则，可能要承担因买方开证迟延而不能按期装运的责任，或者双方会因此产生不必要的纠纷。

二、审证

在收到买方开来的信用证之后，卖方应对信用证各条款的内容进行认真审核，以判断各条款的规定是否合适，对于不合适的条款要尽快通知申请人修改。

（一）审证的重要性和依据

在信用证支付中，出口方遵守信用证的规定是获得开证行付款的前提。信用证是依据合同开立的，信用证的内容理应与合同的条款相一致。但在实际业务中，由于种种原因，如国外客户或开证银行工作的疏忽和差错，或者某些国家对开立信用证有特别规定，或者国外客户对我国政策不了解，或者开证申请人或开证行的故意行为等，往往会出现开立的信用证条款与合同的条款不符。当信用证与合同存在不一致的条款时，卖方如果没有审核信用证或者审核中没有发现这些不一致的条款，则很可能会面临要么违反合同、要么违反信用证的两难局面。有的不良外商在信用证中故意设置一些难以发现的陷阱条款，达到控制交易甚至诈骗的目的。因此，审核信用证是一项重要性和技术性都很强的工作。

审核信用证是银行和外贸企业的共同责任，但其审核内容各有侧重。银行着重审核开证银行的政治背景、资信能力、付款责任及索汇路线等方面的问题；外贸企业则着重审核信用证与买卖合同是否一致，是否符合国内的有关政策和规定，是否符合国际商会《跟单信用证统一惯例》（UCP600）的最新规定，以及业务的可操作性和风险性等。

（二）审证的要点及方法

出口商在收到信用证后，要注意认真审核以下要点：

1. 信用证的通知方式是否安全、可靠

信用证一般是通过受益人所在国家或地区的通知行通知给受益人的。这种方式的信用证通知比较安全，因为根据《跟单信用证统一惯例》

(UCP600) 的有关规定，通知行应对所通知的信用证的真实性负责。如果信用证是直接从海外寄给卖方单位的，那么卖方应该小心查明它的来历。如果信用证是从本地某个地址寄出的，要求卖方把货运单据寄往海外某个银行，而卖方并不了解那家指定的银行，那么这时卖方应该首先通过银行调查核实。

2. 信用证的付款保证是否有效

应注意有下列情况之一的，信用证的付款保证是存在缺陷的：

(1) 信用证明确表明是可以撤销的。信用证如果无须通知受益人或未经受益人同意可以随时撤销或变更，那么应该说对受益人是没有付款保证的，对于此类信用证，一般不予接受；信用证中如果没有表明该信用证是否可以撤销，按照《跟单信用证统一惯例》(UCP600) 的规定，应理解是不可以撤销的。

(2) 应该保兑的信用证未按要求由有关银行进行保兑。

(3) 信用证未生效。

(4) 有条件生效的信用证，如“待获得进口许可证后才能生效”。

(5) 信用证密押不符。

(6) 信用证简电或预先通知。

(7) 由开证人直接寄送的信用证。

(8) 由开证人提供的开立信用证申请书。

3. 信用证到期地点和时间

(1) 在国外到期。规定信用证在国外到期，有关单据必须寄送至国外。由于我们无法掌握单据到达国外银行所需的时间且容易延误或丢失，有一定的风险，因此这时我们要求改在国内交单付款。在来不及修改的情况下，应提前一个邮程（邮程的长短应根据地区远近而定）以最快方式寄送。

(2) 若信用证中的装运期和有效期是同一天，即通常所称的“双到期”，则务必请客户重新列明合理的装运期及有效期。如果没有修改，卖方在实际业务操作中，应将装运期提前一定的时间（一般在有效期前 10 天），以便有合理的时间来制单结汇。

4. 信用证受益人和开证人的名称和地址是否完整、准确

卖方应特别注意信用证上的受益人名称和地址应与自己公司的名称和地址内容相一致，如果受益人的名称不正确，将会给今后的收汇带来不便。买方的公司名称和地址写法是否正确也需要检查，因为在后期制作单据时可能会照抄信用证上写错了的买方公司名称和地址。

5. 装运期的有关规定是否符合要求

超过信用证规定装运期的运输单据将构成不符点，银行有权不付款。信用证审核时应注意检查能否在信用证规定的装运期内备妥有关货物并按期出

运。如果来证收到时装运期太近，无法按期装运，应及时与客户联系修改。

6. 能否在信用证规定的交单期交单

对于交单期信用证有规定的，应按信用证规定的交单期向银行交单；信用证没有规定的，向银行交单的日期不得迟于提单日期后 21 天。在来证规定交单期的情况下，如果交单过了限期或单据不齐、有错漏，银行有权不付款。如果来证规定的实际装运期与交单期相距时间太短，卖方容易来不及交单，则需要联系买方修改信用证。

7. 信用证的数量、金额、币制是否符合合同规定

信用证的数量、金额应与合同相一致。若合同规定产品在数量上可以有一定幅度的伸缩，那么信用证在规定支付金额时也应相应允许有一定幅度。信用证中的单价与总值要准确，大小写并用且内容要一致。注意检查币制是否正确，若合同中使用的是“英镑”而信用证中使用的是“美元”，币制就是错误的。

8. 价格条款是否符合合同规定

不同的价格条款涉及具体的费用，如运费、保险费等由谁分担。如果合同中规定 FOB SHANGHAI AT USD50/PC，根据此价格条款，有关运费和保险费由买方即开证人承担；如果信用证中的价格条款没有按合同的规定作上述表示，而是规定 CIF NEW YORK AT USD50/PC，对此条款如不及时修改，那么受益人将承担有关运费和保险费。

9. 检查信用证分批装运和转运的规定是否与合同一致

允许分批装运时，如果信用证中规定了每一批货物出运的确切时间，则必须按此照办；若不能办到，则必须修改。如果信用证规定不准在某港口转船，那么要确定能否办到。

10. 检查有关的费用条款

信用证中规定的有关费用，如运费或检验费等，应事先协商一致，否则，对于额外的费用原则上不应承担；银行费用若事先未商定，则应以双方共同承担为宜。

11. 检查信用证规定的文件能否及时提供

主要是确定由其他机构或部门出具的有关文件能否及时提供，如出口许可证、运费收据、检验证明等。另外，要确定一些需要认证的单据特别是使馆认证等能否及时办理和提供。

12. 检查信用证中有无陷阱条款

应特别注意下列信用证条款是有很大陷阱的条款，具有很大的风险：

(1) 1/3 正本提单直接寄送客人的条款。

如果接受此条款，将随时面临货款两空的危险。

（2）将客检证作为议付文件的条款。

接受此条款，受益人正常处理信用证业务的主动权很大程度上掌握在对方手里，影响安全收汇。

13. 检查信用证中有无矛盾之处

比如，明明是空运，却要求提供海运提单；明明价格条款是 FOB，保险应由买方办理，而信用证中却要求提供保险单。

14. 检查有关信用证是否受《跟单信用证统一惯例》（UCP600）的约束

明确信用证受《跟单信用证统一惯例》（UCP600）的约束可以使我们在具体处理信用证业务中，对于信用证的有关规定有一个公认的解释和理解，避免因对某一规定有不同的理解而产生争议。

实训操作

请根据合同审核信用证。

SALES CONFIRMATION

Contract No. YM0806009

Date：June 05，2018

The Seller：Tianjin Yimei International Corp.

Address：58 Dongli Road Tianjin，China

The Buyer：VALUE TRADING ENTERPRISE，LLC

Address：Rm1008 Green Building Kuwait

This Sales Contract is made by and between Seller and Buyer，whereby the Seller agree to sell and the Buyer agree to buy the under-mentioned goods according to the terms and conditions stipulated below：

Specification of Goods	Quantity	Unit Price	Amount
Man's Wind Breaker Style No. YM082 Color：Black Khaki	 2500PCS 2500PCS	CIFC5 KUWAIT USD15. 10/PC USD15. 10/PC	 USD37750. 00 USD37750. 00
TOTAL	5000PCS		USD75500. 00
TOTAL AMOUNT：Say U. S. Dollars Seventy Five Thousand Five Hundred Only.			

Packing：20pcs are packed in one export standard carton.

Shipping Marks：VALUE
ORDER NO. A01
KUWAIT
C/No. 1-UP

Time of Shipment：Before AUG. 10，2018
Loading Port and Destination：From Tianjin，China to Kuwait
Partial shipment：Not allowed
Transshipment：Allowed
Insurance：To be effected by the seller for 110% invoice value covering All Risks and War Risk as per CIC of PICC dated 01/01/1981
Terms of Payment：By L/C at 60 days after sight，reaching the seller before June 15，2018，and remaining valid for negotiation in China for further 15 days after the effected shipment. L/C must mention this contract number. L/C advised by BANK OF CHINA. All banking charges outside China（the mainland of China）are for account of the Drawee.
Documents：
+Signed commercial invoice in triplicate.
+Full set（3/3）of clean on board ocean Bill of Lading marked Freight Prepaid made out to order blank endorsed notifying the applicant.
+Insurance Policy in duplicate endorsed in blank.
+Packing List in triplicate.
+Certificate of Origin issued by China Chamber of Commerce.
Signed by：

THE SELLER：	THE BUYER：
TianjinYimei International Corp.	VALUE TRADING ENTERPRISE，LLC
Jack	Julia

信用证

27：SEQUENCE OF TOTAL：1/1
40A：FORM OF DOC. CREDIT：IRREVOCABLE
20：DOC. CREDIT NUMBER：KR369/03
31C：DATE OF ISSUE：180619
40E：APPLICABLE RULES：UCP LATEST VERSION
31D：DATE AND PLACE OF EXPIRY：180815 KUWAIT
51D：APPLICANT BANK：VALUE TRADING ENTERPRISE CORP.
RM1008 GREEN BUILDING KUWAIT
50：APPLICANT：AORE SPECIALTIES MATERIAL CORP.
YARIMCA，KOCAELI 41740，IZMIT，TURKEY
59：BENEFICIARY：TIANJIN YIMEI INTERNATIONAL CORP.
58 DONGLI ROAD TIANJIN，CHINA

32B：CURRENCY CODE，AMOUNT：USD71500.00
41A：AVAILABLE WITH…BY：BANK OF CHINA
BY NEGOTIATION
42C：DRAFTS AT…：90 DAYS AFTER SIGHT
42A：DRAWEE：VALUE TRADING ENTERPRISE，LLC
43P：PARTIAL SHIPMENTS：NOT ALLOWED
43T：TRANSSHIPMENT：NOT ALLOWED
44E：PORT OF LOADING/AIRPORT OF DEPARTURE：ANY CHINESE PORT
44F：PORT OF DISCHARGE/AIRPORT OF DESTINATION：KUWAIT BY SEA FREIGHT
44C：LATEST DATE OF SHIPMENT：180710
45A：DESCRIPTION OF GOODS AND/OR SERVICES：
5000PCS WIND BREAKER
STYLE NO. YM085
AS PER ORDER NO. A01 AND S/C NO. YM009
AT USD15.10/PC CIF KUWAIT
PACKED IN CARTON OF 20PCS EACH
46A：DOCUMENTS REQUIRED
+SIGNED COMMERCIAL INVOICE IN TRIPLICATE INDICATING LC NO. AND CONTRACT NO.
+FULL SET（3/3）OF CLEAN ON BOARD OCEAN BILL OF LADING MADE OUT TO APPLICANT AND BLANK ENDORSED MARKED "FREIGHT TO COLLECT" NOTIFY THE APPLICANT
+SIGNED PACKING LIST IN TRIPLICATE SHOWING THE FOLLOWING DETAILS：
TOTAL NUMBER OF PACKAGES SHIPPED；CONTENT（S）OF PACKAGE（S），GROSS WEIGHT，NET WEIGHT AND MEASUREMENT.
+CERTIFICATE OF ORIGIN ISSUED AND SIGNED OR AUTHENTICATED BY A LOCAL CHAMBER OF COMMERCE LOCATED IN THE EXPORTING COUNTRY
+INSURANCE POLICY/CERTIFICATE IN DUPLICATE ENDORSED IN BLANK FOR 120% INVOICE VALUE，COVERING ALL RISKS AND WAR RISK OF CIC OF PICC（1/1/1981）

71B：CHARGES：ALL CHARGES AND COMMISSIONS ARE FOR ACCOUNT OF DRAWEE INCLUDING REIMBURSING CHARGES

三、改证

改证是对已开立的信用证中的某些条款进行修改的行为。受益人在审证中发现信用证存在问题时，可以向开证申请人提出修改信用证；有时信用证申请人或开证行也会提出修改信用证。

（一）需要改证的情形

1. 由信用证受益人即出口商提出的修改

由受益人提出信用证的修改是最为常见的情形。对出口商而言，信用证是一份以银行信用为基础的有条件的付款承诺。通过对信用证的全面审核，若发现问题，应分别情况及时处理。对于影响安全收汇、难以接受或做到的信用证条款，必须要求国外开证申请人修改。

2. 由信用证的开证申请人即进口商提出的修改

进口商提出修改信用证的情况有主观、客观两方面的原因。

主观原因是进口商可能在订立交易合同时对国际市场或国内销售形势估计和预测有误，现要求根据新掌握的情况修改信用证，如要求出口商提前或推后发货，增加或减少货物数量，改变货物的品种，修改信用证单价、金额，改变或增加目的港等。

客观原因如战争爆发时货物运输风险增大，进口商要求增保战争险或改变航运路线等；或者政府颁布新规定，要求进口货物必须具备某种单据才能进口，进口商只得修改信用证以通知出口商按新规定办理单据等。

3. 由开证行提出的修改

开证行开立信用证后，发现由于自己的工作疏漏，如在打字或传递上造成信用证的错误，必须及时、主动地提出修改。

（二）改证的一般流程

这里主要介绍由受益人提出信用证修改的常见程序。第一，出口商根据审核信用证发现的问题撰写改证函，并发送给进口商要求修改信用证；第二，进口商在收到改证函后，向进口地开证行提交开证申请书，要求开证行修改信用证；第三，开证行根据改证申请书的内容制作信用证修改书，并发送给出口地通知行；第四，通知行向出口商通知信用证修改书。由于信用证的修改涉及各当事人的权利和义务，因此不可撤销的信用证在其有效期内的任何修改只有征得各有关当事人的同意后，才能生效。

（三）改证的注意事项

信用证的修改应掌握的原则和注意的问题有：

（1）在同一信用证上，如有多处需要修改的，原则上应一次提出。

（2）非改不可的坚决要改，可改可不改的酌情处理。

（3）收到修改后的信用证，应及时检查修改内容是否符合要求，并分情况表示接受或重新提出修改。

（4）一份修改通知书包括两项或多项内容，要么全部接受，要么全部拒绝，不能只接受一部分而拒绝另一部分。

（5）不可撤销信用证的修改必须被各有关当事人全部同意后，方能有效。

（6）受益人应对开证申请人提出的修改发出接受或拒绝的通知。根据《跟单信用证统一惯例》（UCP600）的规定，受益人对不可撤销信用证的修改表示拒绝的方法有两种：一是向通知行提交一份拒绝修改的声明书；二是在交单时表示拒绝修改，同时提交仅符合未经修改的原证条款的单据。

技能实训 1

（7）保兑行有权对修改不保兑，但它必须不延误地将该情况通知开证行及受益人。

（8）明确修改费用由谁承担，一般按照责任归属来确定修改费用由谁承担。

（9）修改书必须经原通知行传递方始有效。《跟单信用证统一惯例》（UCP600）第 11 条 b 款规定：“如银行利用通知行的服务将信用证通知受益人，它必须仍利用同一银行的服务通知修改。”

【学习测试】

技能实训 2

一、名词解释

1. 有效期　　2. 交单期　　3. 到期地点　　4. 双到期

二、简答题

1. 在信用证支付中，卖方审核信用证有何重要意义？
2. 卖方审核信用证的依据是什么？审核信用证的主要内容有哪些？
3. 有关信用证条款的修改，受益人应注意哪些问题？
4. 哪些情况下信用证的付款保证是有缺陷的？

环节三 托运、关检申报及投保

知识要点

1. 订舱程序及所需单据；
2. 出口关检申报程序及相关要求；
3. 办理投保的程序及对保单的要求。

技能要求

1. 能够模拟订舱的流程；
2. 能够模拟关检申报和投保的流程；
3. 养成与时俱进、不断学习的习惯。

一、租船订舱

如果出口合同采用的是 CIF 或 CFR 贸易术语，出口商要负责租船订舱。租船订舱是租船和订舱的合称。如果出口货物的数量较大，可以洽租整船甚至多船来装运，这就是“租船”；如果货物量不大，则可以租赁部分舱位来装运，这就是“订舱”。除货量较大时可以联系船公司办理租船外，一般会委托货运服务公司代为办理订舱事宜。常见的货运服务机构有国际货运代理公司、国际储运公司等。

（一）订舱的一般程序

如图 4－1－1 所示，订舱的一般程序如下：

（1）出口企业，即货主在货、证齐备后，填制订舱委托书（Shipping Note），委托货代代为订舱。有时还委托其代理报关及货物储运等事项。

（2）货代接受订舱委托后，缮制托运单（Booking Note），随同商业发票、装箱单及其他必要的单证一同向船公司办理订舱。

（3）船公司根据具体情况，如果接受订舱则在托运单的几联单证上编上与提单号码一致的编号，填上船名、航次，并签署，即表示已确认托运人的订舱，同时把配舱回单、装货单（Shipping Order，S/O）等与托运人有关的单据退给托运人。托运人是指货代或货主。

（4）托运人持船公司签署的装货单，填制出口货物报关单、商业发票、装箱单等，连同其他有关出口单证向海关办理货物出口报关手续。

（5）海关根据有关规定对出口货物进行查验，若同意出口，则在装货单上盖放行章，并将装货单退回给托运人。

（6）托运人持海关盖章的由船公司签署的装货单要求船长装货。

(7) 装货后，由船方签署大副收据（Mate's Receipt，M/R），交给托运人。

(8) 托运人持大副收据，向船公司换取正本已装船提单。

(9) 船公司凭大副收据，签发正本提单并交给托运人凭以结汇。

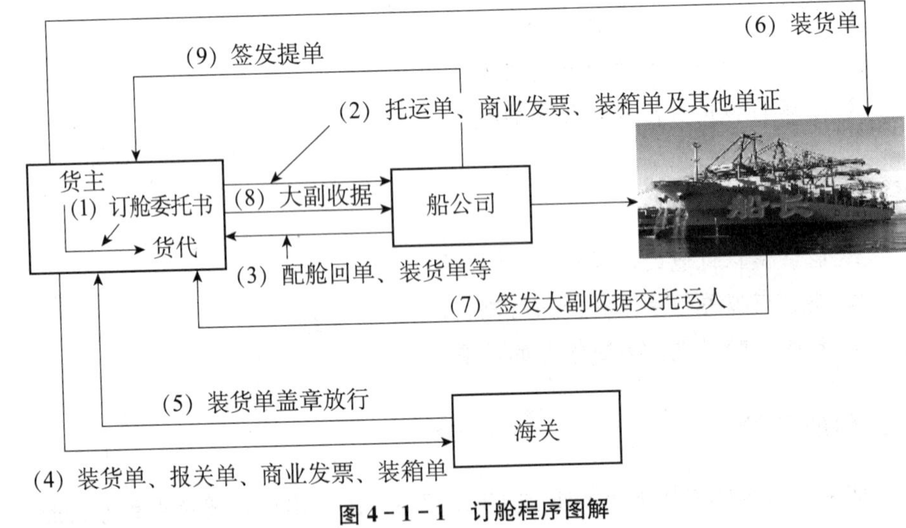

图 4-1-1 订舱程序图解

(二) 订舱的主要单据

1. 订舱委托书（Shipping Note）

订舱委托书是出口企业与货代之间委托代理关系的证明文件。出口企业委托货代向承运人或其代理办理出口货物运输业务时需要向其提供订舱委托书，委托其代为订舱。各家货代的订舱委托书格式不完全相同，但基本项目相似，主要内容包括：托运人的名称、收货人名称、货物明细、启运港、目的港、装运期限、结汇期限、关于分批和转运的规定、对运输的要求等。

2. 托运单（Booking Note）

托运单是货代向船公司订舱配载的依据。货代接受出口企业的订舱委托后须立即缮制托运单。托运单一般一式十联，分别用于货主留底、船代留底、运费通知、装货单、缴纳出口货物港务费申请书、场站收据、货代留底、配舱回单、场站收据副本（大副联）等。其中比较重要的是装货单和收货单。

装货单

(1) 装货单（Shipping Order，S/O）。装货单俗称为下货纸或关单。它是船公司或其代理签发给货物托运人的一种通知船方装货的凭证。船公司收到托运单后根据船舶配载原则，结合货物和具体航线、港口的情况，安排船只和舱位，然后签发装货单表示接受这批货物的承运。

装货单一经签发，承运、托运双方即受其约束。托运人凭船公司签章的装货单要求船长将货物装船之前，还需要到海关办理货物装运出口的报关手续，经海关查验后，在装货单上加盖海关放行章，表示该票货物已允许装船出口，才能要求船长装货。这也是装货单习惯被称为关单的由来。

(2) 收货单 (Mate's Receipt，M/R)。收货单是托运单十联中的场站收据副本（大副联）。它是船方收到货物的凭证，在货物装船后船方在大副联签署后还给托运人，故又称为大副收据。托运人凭此向船公司换取正本已装船提单（B/L）。若装船时船方发现货物包装不良或有其他残损等缺陷，即在大副收据上作各种批注，这些批注将全部转移到提单上，就成为不清洁提单。托运人不能凭有批注的大副收据换取清洁提单，除非向船公司出具保函。

收货单

二、关检申报

为了贯彻《深化党和国家机构改革方案》中将检验检疫机构划入海关管理的要求，促进贸易便利化，2018 年 4 月海关总署印发《全国通关一体化关检业务全面融合框架方案》，明确决定将检验检疫作业纳入全国通关一体化整体框架，实现关检业务全面融合。目前海关已经完成关检融合整合申报项目和企业报关报检资质合并的改革，预计未来还会有更多的关检融合措施出台。在以后工作中，我们要了解国家最新政策，不断学习。

（一）出口关检申报程序及要求

1. 出口申报前监管

改革后，以前的出口报检改名为出口监管前申报。根据我国法律规定，凡列入《出入境检验检疫机构实施检验检疫的进出境商品目录》的进出口商品，只有检验合格海关才准放行。未经检验或经检验不合格的出口商品，一律不准出口。没有列入法检商品目录的商品，如果外贸合同、信用证或申请人要求出具商检证书的，也可向海关申请报验。

根据我国海关总署 2018 年第 89 号公告，实施出口检验检疫的货物，企业应在报关前通过中国国际贸易单一窗口向产地/组货地海关提出申请；海关实施检验检疫监管后建立电子底账，向企业反馈电子底账数据号，符合要求的按规定签发检验检疫证书。企业在报关时应在新版的报关单上填写电子底账数据号，检验检疫信息会自动返填到出口报关界面中，海关据此办理通关手续。

2. 关检整合申报

关检整合申报是关检业务融合标志性的改革举措，它将原来的报关单和报检单融合为一张报关单，实现报关报检“一张大表”货物申报。出口货物应该在装货前 24 小时内向海关申报。整合申报可以通过中国国际贸易单一窗口或海关总署网站“互联网＋海关”进行申报。

3. 出口查验

查验是指海关接受报关单位的申报并以已经审核的申报单证为依据，通过对进出口货物进行实际的核查，以确定其申报的单证内容是否与实际进出口货物相符的一种监管方式。出口货物是否需要查验由海关决定；如果申报企业收到海关的查验通知，就要配合海关查验。申报企业应持查验通知单、发票、装箱单等单证到现场海关查验受理部门安排查验计划。查验时申报人应派人到场配合查验，负责搬移货物、开拆和重封货物的包装，当海关对相关单证或货物有疑问时应负责解答。查验结束后，申报人应在“查验记录单”上签字确认。

4. 缴税

只有少数出口货物需要征收关税。出口企业在收到纸质的“海关专用缴款书”后，凭缴款书到指定的银行缴纳关税。在网上申报系统查询到缴税信息后，出口企业也可以在网上完成缴税操作。

5. 放行

放行是出口货物海关监管现场作业的最后一个环节。海关在接受进出口货物的申报后，经审核报关单据、查验实际货物，并依法办理进出口税费计征手续并缴纳税款后，在装货单上签盖放行章；无纸通关时，出口企业在网上申报系统会查到放行通知。放行后，出口货物就可以装船离境。

（二）出口关检申报的主要单证

准备好关检单证是保证出口货物顺利通关的基础。关检融合改革后，报关和报检所需的随附单证整合为一套随附单证。一般情况下，出口关检申报所需单证可分为基本单证、货运单证、法定单证、备用单证四大类。

1. 基本单证

（1）出口报关单。新版报关单以原报关单 48 个项目为基础，增加部分原报检内容，形成了具有 56 个项目的新报关单格式。新报关单版式由竖版改为横版，与国际推荐的报关单样式更加接近，纸质单证全部采用普通打印方式，取消套打，不再印制空白格式单证。新版出口报关单的打印格式见表 4-1-1。

（2）报关委托书。代理报关时，报关单位应该提供代理报关委托书。

（3）商业发票。

（4）装箱单。

2. 货运单证

（1）海运装货单。

（2）空运总运单或分运单。

（3）铁路运单。

（4）汽运载货清单。

3. 法定单证

（1）来料、进料加工手册。

（2）出口许可证。

（3）其他海关监管的法定单证。

表 4-1-1

中华人民共和国海关出口货物报关单 *E20190000000137585*

预录入编号：　海关编号：　（京车站关）　页码/页数：1/1

境内发货人	出境关别		出口日期		申报日期		备案号
境外收货人	运输方式		运输工具名称及航次号		提运单号		
生产销售单位	监管方式		征免性质		许可证号		
合同协议号	贸易国（地区）		运抵国（地区）		指运港		离境口岸
包装种类	件数	毛重（千克）	净重（千克）	成交方式	运费	保费	杂费
随附单证及编号							
标记唛码及备注 备注：N/M							

项号	商品编号	商品名称及规格型号	数量及单位	单价/总价/币制	原产国（地区）	最终目的国（地区）	境内货源地	征免

特殊关系确认：　价格影响确认：　支付特许权使用费确认：　自报自缴：否

报关人员　报关人员证号　电话 兹申明对以上内容承担如实申报、依法纳税之法律责任 申报单位（110152361011152450）中国山货花卉进出口公司　申报单位（签章）	海关批注及签章

4. 备用单证

（1）贸易合同或出口代理协议。

（2）出口货物保险单。

为了使报关工作顺利进行，报关企业在制作和提交上述单证时要做到：单证齐全、有效；单证相符，单货相符，单单相符；符合有关法令法规的规定；符合海关的要求。

三、投保

以 CIF 条件成交的出口货物，卖方应该在装船前及时办理货物的投保手续。投保时要严格遵守合同和信用证规定的险别、保险金额、适用的保险条款等，否则会引起纠纷或影响收汇。出口货物的投保一般采取逐笔投保的办法。办理投保的具体程序如下：

（1）投保人根据合同或信用证的规定，在备妥货物并确定装运日期和运输工具后，联系保险公司，并填制“海运出口货物投保单”向保险公司投保。投保单是保险公司接受投保、出具保单的依据。

（2）保险公司在确定承保后向投保人发承保回执，列明保单号码、保单日期、投保日期等相关内容。

（3）投保人缴纳保险费。

（4）保险公司开立保险单交投保人。

（5）投保人在保险公司出具保险单后，若需更改相关内容，如险别、保险金额、投保期限、航程或运输工具等，则需要向保险公司提出申请，保险公司出立批单，附在保险单上作为保险单的组成部分。批单的法律效力优先于保险单。

【学习测试】

一、名词解释

1. 订舱委托书　　2. 装货单　　3. 收货单　　4. 托运单

二、简答题

1. 订舱工作的一般程序是什么？
2. 出口关检申报一般经过哪些环节？
3. 出口货物的投保手续是什么？

环节四　制单结汇

知识要点

1. 出口单证工作的基本要求；
2. 交单结汇的主要方式；
3. 主要出口单证制作说明。

技能要求

1. 能够根据合同、信用证等填制汇票、商业发票、装箱单、装船通知等主要出口单证。
2. 养成耐心细致的工作习惯。

一、出口单证工作概述

出口单证是出口货物交付的证明，也是结算的工具。比如，信用证付款方式下，出口货物发运后，卖方应该提交符合信用证要求的单证，开证行才会付款。因此，出口单证工作在出口贸易中具有重要的作用。

（一）出口单证工作的重要性

1. 出口单证是卖方收汇的基础

国际贸易主要是国际间的商品买卖，但在实际业务中主要表现为单据的买卖。在信用证支付方式下，银行在履行付款义务时所依据的是单据而不是与之有关的货物。只要出口人所提交的单据符合信用证规定，即使货物在运输途中受损，抑或根本没能到达买方，银行也一样承担付款责任；反之，即使货物完好无缺地到达买方，而单单或单证不一致，银行也同样可以拒付货款。

在托收方式下，进口商也是凭必要的、符合买卖合同规定的单据付款，若单据不符合合同要求，也有可能被进口商借故拒付。因此，正确地缮制出口单证是卖方安全收汇的基础和保证。

2. 出口单证是履行合同的必要手段

买卖合同的履行，主要包括卖方交货与买方付款两方面。而在国际货物买卖中，由于买卖双方相隔遥远，在大多数情况下，货物与货款的对流并非直接进行，而必须通过单证来作为交换的手段。

这些单证大致可分为两大类：一类具有货物的属性，它们有的代表货物所有权（如海运提单），有的说明所交货物的详情（如商业发票），有的为货物输入进口国提供必要的证件（如原产地证书），有的为货物在运输途中可能遭遇的灾害和损失承担风险（如保险单）；另一类具有货币的属性，它们有的直接代表货币（如汇票、本票、支票等），有的为货款的支付作出承诺或作出有条件的保证（如信用证等）。

各种单证都有其特定的功能，它们的签发、组合、交换和应用反映合同履行的进程，也反映买卖双方权责的发生、转移和终止。因此，若无出口单证作为履行合同的手段，国际货物贸易恐怕寸步难行。

3. 单证工作是一项政策性很强的涉外工作

出口单证虽然是商业文件，但大都是根据我国国内法和参与的国际贸易规则和惯例由企业制定或国家机关签发的，具有很强的规范性和涉外性。单证工作一定意义上代表了国家，必须遵守我国有关外贸的各项法规和制度。出口单证既然用于收汇，就必须在国外流通，在发生纠纷时又常常是处理争议的依据。因此，它是涉外的法律文件。

4. 出口单证的质量与外贸企业的经济效益密切相关

出口单证工作是合同履行的重要环节，与安全收汇有着内在的必然联系。一个企业加强审单工作，提高单证质量，就能在完成出口任务的同时，也使得企业的利益有了可靠的保障；若单证质量不过关，制单时粗心大意，往往会给企业带来无法挽回的经济损失。

（二）出口单证工作的基本要求

出口单证应该做到正确、完整、及时、简明、整洁。

1. 正确

正确是出口单证的前提和核心，单证不正确就不能达到安全收汇的目的。在信用证支付方式下，要严格做到"单单一致"和"单证一致"。此外，还应注意单据与货物一致。在跟单托收业务中，虽然对单据正确性的要求不像信用证业务要求那样严格，但若不符合买卖合同的规定，也可能被进口商借故拒付货款或延期付款。

2. 完整

出口单证的完整性包括两个方面的内容。一方面是出口单证在通过银行议付或托收时是成套而不是单一的。在信用证业务下，进口商需要哪些单据，一般都在信用证中表明，出口商只有按规定提交全部合格单据，开证行才保证付款。然而，随着国际贸易的不断发展，进口商为了更好地维护自己的利益，通过信用证要求的单据越来越多，除商业发票、提单、保险单等主要单据外，还要有各种附属证明及办理有关事项的收据，如船公司的船龄证明、船级证明、装船通知的副本、寄单的邮局收据等，这些单据都要经过一定的手续和事先联系才能取得。因此，在制单审单的过程中必须密切注意，及时催办，以防遗漏或误期，以保证全套单据的完整。另一方面是要求每一种单据本身内容必须完备。任何单证都有其特定的作用，而这特定的作用又是通过其特定的格式、项目、内容、文字、签章等表现出来的。如果格式使用不当、项目漏填、内容不完整、文字不通、签章不全，就不能构成一份有效的文件，也就不能被银行接受。例如，海关发票需用进口国海关制定的固定格式而没有使用、单据上需要背书的而没有背书、更改处需加盖更正章的而没有加盖，都会引起严重的后果。

3. 及时

在国际贸易中，出口单证的时间性是很强的，各种单证都要有一个适当的出单日期。例如：提单的日期不得迟于装运期限，保险单和商检证书的日期不得迟于提单的日期，装船通知书必须在货物装运后立即发出等。单据制好后，应在信用证的有效期和交单期内送交银行办理议付结汇手续，争取早日结汇。在可能的情况下，最好在货物装运前，先将有关单据送交银行预审，以便早日发现问题及时予以修正，这样可以避免在货物出口后，因单证不符而被拒绝。

讨论分析

我某公司向美国公司出口花生仁 2 000 公吨，美国公司于 2018 年 6 月底开来信用证，证中规定最迟装运期为 2018 年 7 月 31 日，议付有效期为 2018 年 8 月 15 日。我方于 2018 年 7 月 20 日装船完毕并取得海运提单，后经制单审单，在 2018 年 8 月 12 日将单据交银行议付，但遭到银行的拒绝。请问：你认为银行有无拒付的权利？为什么？

4. 简明

单据内容应按信用证规定和国际贸易惯例填制，力求简明，力戒烦琐。简化单证不仅可以减少工作量和提高工作效率，而且有利于提高单证质量。为简化单证，《跟单信用证统一惯例》（UCP600）第 37 条 c 款规定："商业发票中货物的描述必须与信用证中的描述相符。在所有其他单据中，货物的描述可使用与信用证对货物的描述无矛盾的统称。"如棉布类商品，除商业发票外，除非信用证另有具体规定，在提单、保险单等单据中的货名栏内，都可使用"Cotton Piece Goods"这一统称。

讨论分析

某公司出口罐装苹果（CANNED APPLES）1 000 箱，客户开来的信用证中注明商品的名称为"CANNED APPLES"。该公司发运货物后持单到银行议付，银行发现发票上写的是"CANNED APPLES"，而提单和保险单上均写的是"CANNED GOODS"，就以单单不一致与单证不一致为由拒绝付款。请问：该公司应如何处理？为什么？

5. 整洁

单据的布局要美观、大方，其格式的设计和缮制应力求标准化和规范化。一些重要的单据如提单、汇票等的金额、数量、件数、重量等主要项目，一般不宜更改。各种单证的更改都应有一个限制点，不允许在一份单子上作多处改动，否则容易产生错觉，导致不必要的麻烦。

二、交单结汇

交单结汇是交单和结汇的合成词。交单是指出口商（信用证受益人）在规定的时间内向银行提交信用证要求的全套单据；结汇是指银行审核出口商所交单据无误后，根据信用证规定的付汇条件将外汇付给出口商。

几种主要单证的制作说明

（一）交单方式

交单方式有两种：一种是两次交单或称预审交单，在运输单据签发前，先将其他已备妥的单据交银行预审，若发现问题则及时更正，待货物装运后收到运输单据，可以当天议付并对外寄单；另一种是一次交单，即在全套单据收齐后一次性送交银行，此时货已发运。一次交单方式下，银行审单后若发现不符点则需要退单修改，耗费时日，容易造成逾期而影响收汇安全，因此出口企业宜与银行密切配合，采用两次交单方式，加速收汇。

（二）结汇方式

议付信用证、付款信用证和承兑信用证的结汇方式不同。这里主要介绍我国使用较多的议付信用证的结汇方式。

1. 买单结汇

买单结汇，又称“出口押汇”，即国际上银行界通常采用的“议付”做法，是指议付行在审单无误的情况下，按信用证条款买入受益人（外贸公司）的汇票和单据，从票面金额中扣除从议付日到估计收到票款之日的利息，将净额按议付日外汇牌价折成人民币，先行付给外贸公司。议付行向受益人垫付资金买入跟单汇票后，即成为汇票的善意持有者，可凭票向付款行索取票款。议付是可以追索的，若开证行拒付，议付行可向出口商追还已垫付的货款。

2. 收妥结汇

收妥结汇又称“先收后结”，是指议付行收到出口商提交的单据后，经审核无误，将单据寄往国外开证行或付款行索汇，待收到国外银行将价款转入议付行账户的贷记通知书时，即按当日外汇牌价折成人民币付给外贸公司。

3. 定期结汇

定期结汇是指议付行根据向国外银行索偿的邮程远近，预先确定一个固定的结汇期限，到期后主动将票款金额折成人民币付给外贸公司。

（三）单证不符的处理

在实际业务中，凭信用证成交的货物，在货物出运后发现单证不符而又无法更正单据的情况下，可根据实际情况做灵活处理。

1. 担保议付

此种做法又称为“表提”，即在征得进口商同意的情况下，出口商向开证行出具担保书，要求议付行凭担保议付具有不符点的单据。议付行向开证行寄单时，在随附单据的表盖上注明单证不符点和“凭保议付”字样。

2. 采用“电提”方式征求意见

当出口商所交单据与信用证的规定存在不符，或成交金额较大时，由议付行先用电讯方式向开证行列明不符点，待开证行确认接受后，再将单据寄去。“电提”的目的是在尽可能短的时间内了解开证行对单证不符的态度。

3. 改为跟单托收

当出现单证不符的情况，而议付行又不愿意采用“电提”或“表提”的做法时，出口商只能采用托收方式，委托银行寄单收款。

值得注意的是，上述做法能否成功是不确定的。因此，应注意与进口方联系，争取通过友好协商方式求得合理解决。同时，还应准备其他措施（如转售、运回等），以防损失进一步扩大。

【学习测试】

一、名词解释

1. 收妥结汇　　2. 定期结汇　　3. 买单结汇
4. 两次交单　　5. 商业发票　　6. 原产地证书

二、简答题

1. 出口单证工作的基本要求是什么?
2. 我国出口结汇的主要方式是什么?
3. 商业发票的主要作用有哪些? 缮制商业发票应注意哪些问题?

三、案例分析

我国某公司向国外进口商以 CIF 条件出口货物一批。国外来证中单据条款规定：(1) 商业发票一式三份；(2) 全套清洁已装船的海运提单，注明“运费已付”，做成凭指示抬头，空白背书，通知开证申请人；(3) 保险单一式两份，根据中国人民保险公司 1981 年 1 月 1 日《海洋运输货物保险条款》投保一切险和战争险。同时规定：本信用证受《跟单信用证统一惯例》(UCP600) 约束。

我公司在信用证规定的装运期内将货物装上船，并在信用证的有效期内向银行交单议付。议付行议付后即将单据寄到开证行索偿，但遭到开证行的拒绝。其理由是单证有下列不符点：(1) 商业发票上没有受益人的签字；(2) 要求提供一套正本提单，而只交了一份；(3) 提单上未标明出单人的身份；(4) 保险单上保险金额与发票金额相等，因此，投保金额不足。

试分别说明开证行以上的拒付理由是否成立，并说明理由。

环节五　业务善后

技能实训 3

知识要点

1. 货物贸易外汇管理制度改革；
2. 出口退税的含义；
3. 出口退税所需的单证。

技能要求

1. 熟悉外汇收支信息申报的程序；
2. 能够模拟出口退税的流程；

3. 形成“诚信守法便利、失信违法惩戒”的意识。

一、外汇收支信息申报

外汇收支信息申报是指进出口企业根据我国外汇监管的要求，向银行和国家外汇管理机构报告外汇收支情况。这是我国取消出口收汇核销单，外汇管理由现场逐笔核销变为非现场总量核查后，采取的外汇管理新措施。

（一）货物贸易外汇管理制度改革介绍

为推进贸易便利化、进一步改进货物贸易外汇服务和管理，国家外汇管理局、海关总署、国家税务总局决定，自 2012 年 8 月 1 日起在全国实施货物贸易外汇管理制度改革。

1. 对外汇收支企业实行名录管理

外汇管理局实行“贸易外汇收支企业名录”登记管理。企业依法取得对外贸易经营权后，要持有关材料到外汇管理局办理名录登记手续。不在名录的企业无法在金融机构办理贸易外汇收支业务。

2. 企业要进行贸易外汇收支申报

企业要按规定进行贸易外汇收支信息申报，并凭规定的单证在金融机构办理贸易外汇收支业务。金融机构将对企业申报的信息和单证进行合理审查，及时向外汇管理局报送信息。

3. 外汇管理局对贸易外汇收支实行非现场和现场核查

外汇管理局建立进出口货物流与收付汇资金流相匹配的核查机制，对企业贸易外汇收支进行非现场总量核查和监测，对存在异常或可疑情况的企业进行现场核实调查。

4. 对企业实行分类管理

外汇管理局根据非现场或现场核查结果，结合企业遵守外汇管理规定等情况，根据“诚信守法便利、失信违法惩戒”的原则，将企业分成 A、B、C 三类。在分类管理有效期内，对 A 类企业贸易外汇收支，适用便利化的管理措施；B 类企业贸易外汇收支由银行实施电子数据核查；C 类企业贸易外汇收支须经外汇管理局逐笔登记后办理。根据企业在分类监管期内遵守外汇管理规定的情况，企业对分类结果进行定期动态调整。

（二）外汇收支信息申报的程序

出口企业收到外汇收入后，需要网上登录国家外汇管理局数字外管平台，办理贸易外汇收支信息申报，填写的内容包括交易对方国别、交易编码、币种及金额等。

为了审核外汇收支的合法性，银行还会要求 A 类企业提交涉外收入申报单。B类企业除向银行提交涉外收入申报单外，根据结汇方式不同，还须向银行提交其他单证。出口业务以汇款方式结算的，须提交出口货物报关单和出口合同；以信用证、托收方式结算的，须提交出口合同；以预收货款方式结算的，须提交出口合同和发票。同时，对B类企业设置收付汇额度，当贸易外汇收支业务超出规定的额度，须到外汇管理局办理登记手续，然后凭外汇局签发的货物贸易外汇业务登记表到银行办理出口结汇业务。而C类企业在向银行结汇时除了提交涉外收入申报单外，每笔业务都要向银行提交货物贸易外汇业务登记表。也就是说，C类企业的每笔业务在结汇前都要到外汇管理局办理登记手续。C类企业向外汇管理局办理登记手续时提交的单证与B类企业提交给银行的其他单证是相同的。

此外，对于超过规定期限的预收货款、预付货款、延期收款以及延期付款等信息，会影响贸易外汇收支与货物进出口一致性的匹配，各类企业要向外汇管理局报告。

二、出口退税

出口退税是指已报关离境的产品，由税务机关将其出口前在生产和流通环节中已征收的中间税款返还给出口企业。这是国际上的通行做法，它使出口商品以不含税价格进入国际市场，对扩大出口生产、增强国际竞争力具有积极作用。出口退税政策也体现了自由竞争、公平税负、不将本国税收转嫁给他国消费者的课税原则。

（一）我国出口退税办法

我国对不同类型出口企业实行不同的出口退税办法。对外贸企业出口货物实行免税和退税的办法，即对出口货物销售环节免征增值税，对出口货物在前面各个生产流通环节已缴纳的增值税予以退税。对生产企业自营或委托出口的货物实行免、抵、退税办法；对出口货物本道环节免征增值税；对出口货物所采购的原材料、包装物等所含的增值税允许抵减其内销货物的应缴税款，对未抵减完的部分再予以退税。

（二）申请出口退税的时间及单证

生产企业应在货物报关出口之日次月起至次年4月30日前的各增值税纳税申报期内收齐有关凭证，向主管税务机关申报办理出口货物增值税免抵退税及消费税退税。提交的资料包括免抵退税申报汇总表、免抵退税申报汇总表附表、生产企业出口货物免抵退税申报明细表、免抵退税申报资料情况表、出口发票及根据不同条件应该提交的其他资料。

外贸企业自营或委托出口货物，应在货物报关出口之日次月起至次年4月30日前的各增值税纳税申报期内收齐有关凭证，向主管税务机关办理出口货物增值税、消费税免退税申报。提交的资料包括外贸企业出口退税汇总申报表、外贸企业出口退税进货明细申报表、外贸企业出口退税出口明细申报表、增值税专用发票抵扣联或海关进口增值税专用缴款书及根据不同条件应该提交的其他资料。

(三) 出口退税的一般程序

出口单位在规定的时间内使用国家税务总局认可的出口货物退税电子申报系统填写出口退(免)税数据，并通过系统进行自助检查，检查通过后再进行申报。

1. 数据自检

出口企业在出口货物退税电子申报系统(如税务局、网上办税平台、综合服务平台、单一窗口等系统)中填写并上传电子表格申报数据，根据系统反馈的疑点进行信息修改，修改完善后的数据作为下一步的申报数据。

2. 退税申报

出口企业将经过自检和修改的申报数据，通过出口货物电子申报系统发送给税务机关，并将纸质单证按税务机关规定的顺序装订成册，送交税务机关现场服务窗口。

税务机关审核纸质单据并与电子数据进行比对无误的，开具税收收入退还书给出口企业，企业凭税收收入退还书到银行领取出口退税款项。

【学习测试】

一、名词解释

1. 外汇收支信息申报　　2. 出口退税

二、简答题

1. 不同类型的出口企业进行外汇收支信息申报应提交哪些单证?
2. 简述货物贸易外汇管理制度改革的内容。
3. 简述出口退税的两种方法。
4. 简述出口退税的一般程序。

三、技能实训

首次办理出口退税的企业需要到税务局办理备案。请到税务局网站查询办理备案的程序及所需单证。

业务二

进口合同履行

进口合同的履行是进口商根据与外方签订的国际贸易合同，履行合同里规定的买方义务的行为。与出口合同履行类似，进口合同履行的介绍将以海洋运输的一般贸易合同为例，选择买方义务最多的FOB贸易术语和信用证付款方式。

进口合同的履行

环节一 开证、改证、租船订舱、投保

知识要点

1. 进口开证应该注意的问题；
2. 修改信用证的程序；
3. 进口货物运输投保的两种做法。

技能要求

1. 了解进口许可证申领程序；
2. 掌握信用证开立的程序，能够填制开证申请书。
3. 能够与外商协作配合履行合同。

一、申领进口许可证

我国对部分货物实行进口许可证管理。凡属于进口许可证管理的货物，除国家另有规定外，进口企业必须在进口前申领进口许可证，海关凭进口许可证验放货物。商务部门每年发布《进口许可证管理货物目录》和《进口许可证管理货物分级发证目录》，进口企业进口的商品如果在《进口许可证管理货物目录》中，应该到《进口许可证管理货物分级发证目录》指定的发证机构申领进口许可证。

申请进口许可证应提交的文件包括：(1) 进口许可证申请表。进口企业需要填写进口许可证申请表，并加盖申领企业印章。(2) 进口管理部门的批准文件。根据进口货物的不同，进口企业应向相应的管理机构获取批准文件，如机电产品进口配额证明、受控消耗臭氧层物质进口审批单等。(3) 进口企业具有进口经营资格的证明文件。该文件是指《中华人民共和国进出口

企业资格证书》，外商投资企业提交《外商投资企业批准证书》。

二、开立信用证

信用证支付方式中，进口商应按照合同规定的时间及时申请开立信用证。合同没有规定时，开立信用证的时间以不影响出口商履行合同为准，一般掌握在合同规定的装运期前一个月到一个半月左右。

（一）开立信用证的程序

进口商申请开立信用证的程序为：

(1) 递交相关合同的副本及附件。进口商在向银行申请开立信用证时，应向银行递交相关进口合同副本及附件，如进口许可证、进口配额证（进口配额商品时）、某些部门的批文等。

(2) 填写信用证开证申请书。填写银行统一印制的信用证开证申请书是进口商申请开立信用证过程中最重要的工作。开证申请书是开证行对外开立信用证的基础和依据。进口商填写开证申请书时，必须按合同条款规定写明对信用证的各项要求，内容须明确、完整，无词意不清的记载。

(3) 缴纳押金和开证手续费。按国际惯例，进口商向银行申请开立信用证，应向银行缴纳一定比例的押金或其他担保金。押金一般为信用证金额的百分之几到百分之几十，缴纳比例根据进口商的资信情况而定。在我国，开证行会根据不同企业和交易情况，要求开证申请人缴纳一定比例的人民币保证金。此外，进口商向银行申请开立信用证，还必须按规定支付一定金额的开证手续费。

(4) 银行开立信用证。开证行收到进口商的开证申请，将对开证申请书的内容及其与合同的关系、开证申请人的资信状况等进行审核，在确信可以接受开证申请人的申请并收到开证申请人提交的押金及开证手续费后，即向信用证受益人开出信用证，并将信用证正本寄交（有时使用电传开证）受益人所在地分行或代理行（统称通知行），由通知行将信用证通知受益人。申请开立信用证的时间须按合同规定。

（二）进口开证应注意的问题

开证申请书的填写

(1) 开证前一定要落实进口批准手续及外汇来源。

(2) 应满足“证同一致”的要求。最好不用“参阅××号合同”（As per S/C No. ××）的规定，因信用证是自足文件，签发后就与买卖合同无关了。

(3) 单据条款要明确。开证时必须列明需要出口商提供的各项单据的种类、份数及签发机构，规定各单据表述的内容。

(4) 信用证申请书中含有某些条件而未列明应提交与之相应的单据，银行将认为未列此条件，而不予理睬。

（5）我国银行一般不接受开立他行保兑的信用证，对可转让信用证也持谨慎态度。

（6）开证申请书文字应力求规范、完整、明确。进口商要求银行在信用证上载明的事项，必须完整、明确，不能使用含糊不清的文字，应避免使用“约”“近似”或类似的词语。这样，一方面可使银行处理信用证或卖方履行信用证的条款时有所遵循，另一方面也可以此保护自己的权益。

三、信用证的修改

当我方通过银行开出信用证后，有时国外卖方会向我方提出修改信用证的要求，对此，我方须根据具体情况进行处理：

（1）一般情况下应尽量避免修改信用证。修改信用证不仅会使买方增加一笔可观的银行费用，还会直接或间接地影响合同的履行。如果卖方来电要求改证，但经我方仔细研究审核后认为对方的要求不合理，或者根本就没有修改的必要，可以拒绝。

（2）必须改证时要按国际惯例办事。如果对方提出的修改有合理而充分的理由，或者提出由对方负担相关的费用等补偿措施，对我方不会造成直接或间接的损失，我方应同意改证，并按照国际上银行业务的惯例具体办理。

（3）对方的改证请求与实际操作须符合国际惯例。申请改证的一方其申请手续和具体做法必须符合国际银行业务中的惯例，否则我方可以拒绝。如果要求修改的内容没有一次性提出，或者对修改通知在超过合理时间后没有提出不接受等，我方均可拒绝并不承担责任。

四、租船订舱

以 FOB 贸易术语成交的合同，进口商负责租船订舱。进口商租船订舱时，特别要注意做好船货衔接。进口商要注意与卖方沟通了解货物准备情况，租船订舱的时间应结合卖方备货情况和合同要求来确定。有的外贸合同规定卖方应在装货前一定时间将预计货物备妥日期和货物情况通知进口商，以便进口商及时租船订舱。进口商完成租船订舱手续后，要及时将船名和预计到港接货时间通知出口商，以便出口商按时装船。出口商装船后，要及时向进口商发出装运通知，以便进口商做好接货准备或办理保险。进口商租船订舱的程序和单据与出口商租船时相同，可参考前面出口流程的内容。

五、投保

以 FOB 和 CFR 成交的进口合同，进口商负责办理保险。进口商的投保方式有两种。

（一）逐笔投保

逐笔投保的方式适用于不经常办理进口货物保险的进口商。进口商在接到出口方的装运通知后，要立即联系保险公司办理投保手续。进口逐笔投保的程序与前面出口流程中的投保程序相同，这里不再赘述。

（二）预约保险

预约保险适用于经常有货物进口的进口商。预约保险可简化投保手续，免去逐笔投保的麻烦，还可防止漏保。具体做法是：进口企业与我国保险公司签订预约保险合同（Open Policy），作为办理预约保险的依据。预约保险合同规定总的保险范围、保险期限、保险种类、总保险限额、航程区域、运输工具、保险条件、保险费率、适用条款及赔偿的结算支付办法等。同时，具体规定预约保险合同对每艘船舶每一航次承担的最高保险责任，如果承运货物超过此限额，则应于货物装船前书面通知保险公司，否则仍按原限额作为最高赔付金额。只要属于预约保险合同规定的承保范围内的货物，投保单位在接到国外出口商的装船通知后，应立即填写进口货物装船通知送交保险公司，保险公司即开始承保。进口货物装船通知上应载明起运货物的品名、价值、包装、数量、起讫港口、运输工具、起运日期等。

【学习测试】

技能实训 4

一、名词解释

1. 进口许可证　　2. 开证申请书　　3. 预约保险合同

二、简答题

1. 办理进口许可证应提交哪些资料？
2. 简述开立信用证的程序。
3. 简述进口开证应该注意的问题。
4. 简述进口商投保的两种方式。

环节二　审单付款、关检申报、提货、索赔

知识要点

1. 进口商审核单据的要点；
2. 审单中不符点的处理；
3. 进口付汇中的外汇收支信息申报。

技能要求

1. 能够根据货损的原因选择索赔对象；

2. 能够模拟关检申报的流程；

3. 养成诚实守信、依法合规的职业素养。

一、审单付款

审单付款是审单和付款的合称。审单是开证行和开证申请人对受益人提交的单据是否符合信用证的规定进行审核的行为。付款是指单据审核无误后，开证行或付款行向议付行偿付票款的行为。

（一）审单

1. 开证行审单

国外出口商交货后提交信用证项下的汇票和全套单据给我方开证行。按照我国现行的做法，开证行收到国外寄来的全套单证后，要根据信用证条款全面逐项审核单据与信用证之间、单据与单据之间在表面上是否相符。开证行若审单无误，即将上述单证交进口商进行复审，同时准备履行付款责任。如果开证行发现单据与信用证条款不符，《跟单信用证统一惯例》（UCP600）规定开证行须持单至开证申请人做出进一步指示，但是须在 5 个工作日内决定是否付款。

2. 进口商审单

进口商在收到开证行交来的全套货物单据和汇票后，应根据合同和信用证的规定认真审核。主要审核各种单据的内容是否符合信用证要求、单据的种类和份数是否齐全，即单证（单同）是否一致。同时，以商业发票为中心，将其他单据与之对照，审核单单是否一致。如果到了 5 个工作日的付款时间，进口商仍没有提出异议，开证行即视同进口商同意付款。

（二）付款

经开证行和进口商审核单据无误，开证行会根据信用证中规定的付款方式对国外议付行偿付货款。与此同时，通知进口商按当日国家外汇管理局公布的人民币外汇牌价，向银行付汇赎单。进口商应遵守诚实守信的原则，及时付款赎单。

根据我国外汇管理制度，在办理对外付汇前，进口商应当按国际收支申报和贸易外汇收支信息申报的规定，在网上办理贸易外汇收支信息申报，并填写“对外付款/承兑通知书”提交给银行。同出口结汇的监管类似，外汇管理局根据企业的守法合规情况实行分类管理。外汇管理 A 类企业进口付汇单证简化。A 类企业可提交给银行进口报关单、合同或发票等任何一种能够证明交易真实性的单证，完成进口付汇手续。B 类企业贸易外汇收支实施电子数据核查管理。C 类企业须逐笔到所在地外汇管理局办理登记手续，然后凭登记证书到银行办理付汇手续。此外，超过规定期限的预付货款、延期付款等信息，会影响贸易外汇收支与货物进出口一致性匹配，进口商要向外汇管理局报告。

二、不符点的处理

实际业务中，银行或进口商在审单过程中发现不符点时，是否对外付款主要看进口商的态度。如果进口商愿意接受这些不符点，可以指示银行对外付款；如果进口商不愿意接受，可以根据“不符”的性质做出处理。

（一）“不符”性质严重

“不符”性质严重，包括：所交单据份数或种类与信用证规定不符，货款金额大于信用证金额，单据中重要项目的内容与信用证规定不符，或者单据之间相同项目的填写不一致。我方可拒绝接受单据并拒付全部货款。

（二）“不符”性质不太严重

如果卖方提供的单据“不符”性质不太严重，买方可采取部分付款、部分拒付的办法解决这种问题。进口商也可向银行提出货到后若经检验货物符合合同规定，则再接受单据并支付货款；还可以要求卖方或议付行出具货物与合同相符的担保，然后凭此担保付款。如果“不符”是打印错误导致的，且时间允许，那么可在卖方更改单据后付款。

三、关检申报

货物到港后，进口商可以自己进行关检申报，也可以委托专业公司代理申报。关检融合改革后，申报企业需要同时具备报关和报检资质。

（一）关检整合申报

进口货物的报关和报检可以通过中国国际贸易单一窗口或海关总署网站“互联网+海关”一次申报完成。对于不涉及检验检疫的，企业申报时只需填写新版报关单的通用数据项，法定检验商品、木制包装商品、来自疫区的商品等除填写通用数据项外，还需要补充录入检务独有项。报关报检的随附单证整合成了一套随附单证，企业只需在申报系统中进行一次上传。

（二）查验

进口货物可能会被海关要求查验，具体查验流程与出口查验类似，这里不做赘述。对于申报时在新版报关单中填写了检务独有项的进口货物，海关将会对货物进行检验检疫，只有检验合格的商品才可以允许入境。

（三）缴税和放行

进口商品往往会涉及缴税，企业可以选择到银行现场缴税和网上电子缴税两种方式。缴税结束后，由海关在提货单上盖放行章，无纸通关时在网上申报系统中会查到放行通知。放行后，进口商或其代理才可以向船公司提取货物。

四、提货

关检申报结束后，进口商或其代理凭提货单或海关计算机系统发送的放行通知，到港口所卸货物的港埠公司货运科，交付港口费用后换取港口码头提货凭证，然后按提货凭证上注明的货物存放地点提取货物。

五、索赔

进口商品到货后，若有品质、数量、包装等不符合合同规定的，需要根据造成损失的原因，分别向有关责任方索赔。

（一）向卖方索赔

卖方不交货或不按期交货或交货的品质、数量、包装与合同规定不符等，均构成卖方违约，卖方应承担违约的法律责任。买方可以根据卖方违约所造成的结果，区别情况，依法提出撤销合同或提出损害赔偿。买方向卖方索赔的金额应与因卖方违约所造成的实际损失相等，除受损商品的价值外，商品检验费、装卸费、仓租费、合理的预期利润等有关费用也可计入索赔金额。索赔应在合同规定的索赔有效期内提出，过期无效。《联合国国际货物销售合同公约》规定，买方行使索赔权的最长期限是自其实际收到货物起不超过 2 年。

（二）向承运人索赔

承运人是指在运输合同中承担运输任务的任何人。进口货物若发生残损或到货数量少于提单所载数量，而运输单据是清洁的，则表明是承运人的过失造成货物残损、缺少。买方可以及时向有关承运人提出索赔。向轮船公司索赔期限为货物到达目的港交货后 1 年之内。

（三）向保险公司索赔

若由于自然灾害、意外事故或运输装卸过程中事故等致使货物受损，并属于承保范围以内的，应向保险公司索赔。凡属于承运人的过失造成的货物残损、遗失，而承运人不予赔偿或赔偿金额不足抵补损失的，只要属于保险公司承保范围以内的，也应向保险公司提出。根据国际保险业的惯例，保险索赔或诉讼的时效为自货物在最后卸货地卸离运输工具时起算，最长不超过 2 年。

在办理索赔时要注意证据确凿，要制备索赔清单和检验证明书、合同、发票、装箱单、提单等证明文件。同时，对不同的索赔对象还要另附有关文件，如保险单、联合检验报告、理货报告、残损短缺证明等。

【学习测试】

一、名词解释

1. 审单　　2. 付款　　3. 索赔

二、简答题

1. 简述进口商审核单据的要点。
2. 进口商应如何处理审单中发现的不符点?
3. 如何根据造成货物损失的原因，判断索赔对象?

参考文献

1. 胡俊文，戴瑾．国际贸易实战操作教程［M］. 北京：清华大学出版社，2010.

2. 全国外经贸单证专业培训考试办公室．国际商务单证理论与实务［M］. 北京：中国商务出版社，2016.

3. 黄晓玲．中国对外贸易概论［M］. 3 版．北京：对外经济贸易大学出版社，2016.

4.《关于企业报关报检资质合并有关事项的公告》（海关总署公告 2018 年第 28 号），http://www.customs.gov.cn/customs/302249/302266/302269/1482471/index.html.

5.《关于修订〈中华人民共和国海关进出口货物报关单填制规范〉的公告》（海关总署公告 2018 年第 60 号），http://www.customs.gov.cn/customs/302249/302266/302269/1897372/index.html.

6.《关于修改进出口货物报关单和进出境货物备案清单格式的公告》（海关总署公告 2018 年第 61 号），http://www.customs.gov.cn/customs/302249/302266/302269/1897399/index.html.

7.《出入境检验检疫报检规定》，http://www.customs.gov.cn/customs/302249/302266/302267/2371163/index.html.

8.《出入境检验检疫机构实施检验检疫的进出境商品目录（201800201）》，http://www.customs.gov.cn.

9. 张卿．国际贸易实务［M］. 2 版．北京：对外经济贸易大学出版社，2015.

10. 孟祥年．外贸单证实务［M］. 2 版．北京：中国财政经济出版社，2018.

11. 周桂凤，郑文革．国际贸易理论与实务［M］. 2 版．北京：对外经济贸易大学出版社，2016.

12. 李二敏．进出口贸易综合实训教材［M］. 北京：对外经济贸易大学出版社，2016.

13. 汪志林，孙梦溪．国际货运代理实务［M］. 武汉：华中科技大学出版社，2018.

14. 李春富，山囡囡．国际货运代理操作实务［M］. 2版．北京：中国人民大学出版社，2014.

15. 郑俊田．中国海关通关实务［M］. 北京：中国对外经济贸易出版社，2001.

图书在版编目（CIP）数据

国际贸易实务/张卿，曹云主编．--北京：中国人民大学出版社，2021.1

21世纪高职高专规划教材．国际经济与贸易系列

ISBN 978-7-300-28560-3

Ⅰ.①国… Ⅱ.①张… ②曹… Ⅲ.①国际贸易-贸易实务-高等职业教育-教材 Ⅳ.①F740.4

中国版本图书馆CIP数据核字（2020）第172554号

全国职业院校国际贸易专业“新形态”教材

21世纪高职高专规划教材·国际经济与贸易系列

国际贸易实务

主　编　张　卿　曹　云

主　审　黄光明

副主编　徐　琼　汪志林

Guoji Maoyi Shiwu

出版发行	中国人民大学出版社		
社　　址	北京中关村大街31号	**邮政编码**	100080
电　　话	010－62511242（总编室）		010－62511770（质管部）
	010－82501766（邮购部）		010－62514148（门市部）
	010－62515195（发行公司）		010－62515275（盗版举报）
网　　址	http://www.crup.com.cn		
经　　销	新华书店		
印　　刷	北京宏伟双华印刷有限公司		
开　　本	787 mm×1092 mm　1/16	**版　　次**	2021年1月第1版
印　　张	18 插页1	**印　　次**	2023年9月第4次印刷
字　　数	340 000	**定　　价**	42.00元

信息反馈表

尊敬的老师：

您好！为了更好地为您的教学、科研服务，我们希望通过这张反馈表来获取您更多的建议和意见，以进一步完善我们的工作。

请您填好下表后以电子邮件、信件或传真的形式反馈给我们，十分感谢！

一、您使用的我社教材情况

您使用的我社教材名称			
您所讲授的课程		学生人数	
您希望获得哪些相关教学资源			
您对本书有哪些建议			

二、您目前使用的教材及计划编写的教材

您目前使用的教材	书名	作者	出版社
您计划编写的教材	书名	预计交稿时间	本校开课学生数量

三、请留下您的联系方式，以便我们为您赠送样书（限1本）

您的通信地址			
您的姓名		联系电话	
电子邮箱（必填）			

我们的联系方式：

地　址：苏州工业园区仁爱路158号中国人民大学苏州校区修远楼

电　话：0512-68839320　　传　真：0512-68839316

网　址：www.crup.com.cn　　邮　编：215123